LE CÉLIBAT POUR DIEU

NICOLE JEAMMET

LE CÉLIBAT POUR DIEU

Une autre manière de créer des liens

Regard psychanalytique

L'histoire à vif

LES ÉDITIONS DU CERF
www.editionsducerf.fr
PARIS

2009

Imprimé en France

www.editionsducerf.fr
(29, boulevard La Tour-Maubourg
75340 Paris Cedex 07)

ISBN 978-2-204-08758-2
ISSN 0299-2833

Ma reconnaissance va d'abord à tous ceux, moines, moniales, religieux, religieuses, prêtres, pasteurs et prêtres orthodoxes qui ont accepté, avec tant de simplicité, de me confier leur histoire.

Ma reconnaissance va ensuite à toute la Communauté de Maumont qui m'a accueillie, et m'a permis de recueillir son témoignage autour de sa quête de Dieu ; puis elle va à Claude Corlier qui m'a assistée dans la retranscription des entretiens, et enfin aux quelques amis qui m'ont aidée par leur lecture critique : Maurice Fourmond, Philippe Jeammet, Jean-Baptiste Lecuit et Benoît Verdon, sans oublier Laurent Lemoine qui, par sa demande d'article, m'a donné l'idée de cette recherche.

INTRODUCTION

Après la publication de mon dernier livre *Amour, sexualité, tendresse, la réconciliation*[1] *?*, un article m'avait été demandé pour une revue de théologie morale traitant de la maturation affective quand précisément la sexualité n'est pas agie. Sur le moment, la question me sembla marginale, mais sans doute m'intéressa-t-elle suffisamment pour que j'aie l'envie de demander à une religieuse contemplative de me raconter son histoire depuis ses souvenirs avec ses grands-parents. Je fus alors tout à fait convaincue de l'intérêt de la question… Le seul problème étant que je ne pouvais plus en rester là ; d'une part il eût été indélicat de trahir la confidentialité d'un entretien en me livrant dans un article à son analyse sauvage, mais aussi et surtout, comment généraliser à partir de ce seul cas particulier ?

Si je voulais être un minimum crédible, il me fallait donc faire plusieurs entretiens avec un certain nombre de « célibataires pour Dieu »… et du coup l'ampleur de la tâche allait transformer le projet d'article en celui d'un livre !

Cependant les choses se complexifiaient dans la mesure où ces « célibataires » n'étaient pas tous les mêmes : il y avait d'abord les prêtres de paroisse qui, chez les catholiques, ne peuvent être que des hommes, puis les religieux, hommes et femmes, de vie monastique aux multiples facettes : trappistes, carmélites, bénédictins, etc., et tous ceux de vie non monastique avec là encore une incroyable diversité : franciscains, dominicains, carmes, jésuites, congrégations missionnaires, etc.

1. Paris, Odile Jacob, 2005.

Même s'il m'était évident que ce n'est pas du tout la même chose de se sentir appelé à être trappiste ou à être prêtre, mon axe de recherche ne se situait pas à ce niveau : la question essentielle pour moi demeurait celle du choix d'un célibat pour Dieu et j'ai donc décidé d'interroger des personnes représentant toutes ces catégories, et en ce qui concerne moines et religieux, avec un même nombre d'hommes que de femmes. Mais alors émergea un autre biais – quand il s'agissait de moines, il me fallait d'abord être mise en contact avec le père (ou la mère) abbé de la communauté et c'est le hasard des relations qui m'a permis d'obtenir leur accord (ou qui ne l'a pas permis pour une des communautés de carmélites contactées) – puis, l'accord donné, ils décidaient eux-mêmes quelles personnes me faire rencontrer : quels critères de sélection ont été les leurs ? Pour ce qui est des autres catégories, chacun pouvait librement accepter ou refuser – or j'ai eu effectivement quatre refus, et on peut supposer que seuls ont accepté ceux qui ne se sentaient pas trop mis en danger par le fait de raconter leur histoire à quelqu'un. Que cachait le refus de certains ?

Mais pour rendre valide cette recherche, manquait encore un élément de comparaison déterminant : il me fallait trouver un échantillon témoin : à des « célibataires pour Dieu » il me fallait opposer des « mariés pour Dieu » ! J'ai alors opté pour des pasteurs protestants et des prêtres orthodoxes. Bien sûr de ce fait j'introduisais une autre variable : celle du dogme sensiblement différent et du « statut » du prêtre qui ne revêt pas chez ces derniers le même caractère d'absolu dans l'engagement ; mais j'ai pensé que, contrairement à ce qui en aurait été si j'avais choisi d'interroger des rabbins, la foi en la personne de Jésus-Christ était suffisamment commune pour que ces trois cas de figure soient comparables.

C'est donc munie d'une trentaine d'entretiens entièrement enregistrés et retranscrits[1] (dans lesquels il était demandé

1. Une précision : si tous les entretiens ont été retranscrits, quelques-uns n'ont, pour diverses raisons, pas été utilisés ici.

un récit de vie depuis les souvenirs avec les grands-parents jusqu'à aujourd'hui, d'une durée allant d'une heure à une heure quarante-cinq) et auxquels s'ajoutent quelques témoignages tirés de livres, de revues et de deux vidéocassettes[1] que je vais essayer de penser ce célibat pour Dieu comme autre manière de vivre la sexualité, ou plutôt devrais-je dire, autre manière de vivre la relation à l'autre et à soi-même.

Et c'est sans doute à ce niveau que ce livre représente une certaine gageure. Même si nous ne baignons pas dans un milieu psychanalytique – et *a fortiori* si tel est le cas – la conception freudienne d'un primat du sexuel nous est devenue familière. Il est vrai qu'à l'époque de Freud, tout ce qui y avait trait était fortement occulté et que sa prise en compte a été extrêmement éclairante et libératrice ; car comment nier la place importante de la sexualité dans la construction de la personnalité ainsi que dans la rencontre de l'autre ? Mais cette place primordiale donnée par la psychanalyse à la sexualité a fini par devenir exhaustive. Il n'est que de lire les gros titres des magazines pour voir comment peu à peu s'est imposée l'idée que santé et épanouissement personnel marchent nécessairement de pair avec un « bien faire l'amour ». Dans ce contexte, continence et chasteté sont devenues complètement incompréhensibles : que de fois ai-je été témoin de jugements sarcastiques sur la « prétendue » continence des moines ou des prêtres ; pour beaucoup de nos contemporains, le fait même de choisir cette voie est signe d'un déséquilibre, voire d'une forme de pathologie, et ce choix hors norme doit à n'en pas douter cacher mille pratiques perverses. Faut-il toutefois rappeler que si bien sûr *la sexualité* nous constitue tous dans notre être-au-monde, elle déborde largement l'acte sexuel ? Et qu'en outre *elle colore différemment les relations suivant les expériences faites avec les personnages de l'environnement.*

1. Ces vidéocassettes sont reprises de reportages passés à la télévision : l'un a été filmé par Mireille Darc et s'intitule « Vivre d'amour » et l'autre a été filmé à l'abbaye des bénédictines de Maumont.

Ainsi des auteurs comme Winnicott, réfléchissant sur cet espace initié entre la mère et le bébé qu'il appelle l'espace transitionnel[1] ou Bowlby se centrant sur l'« attachement » avec, par exemple les notions d'attachement sécure ou insécure, ont largement contribué à replacer ce concept de sexualité dans le cadre plus large du lien à l'autre. « Alors que les psychanalystes, écrit Winnicott, se sont efforcés de décrire la psychologie de l'individu, les processus dynamiques de développement et de l'organisation des défenses, et qu'ils y ont inclus la pulsion *en se centrant sur l'individu*, à ce stade où la créativité advient ou non, *le théoricien doit tenir compte de l'environnement*[2]. » Autrement dit, pulsion et sexualité ne peuvent plus être considérées comme des « en-soi », mais ont à être repensées en interaction constante avec les expériences relationnelles. En première approche, on pourrait donc dire que si *la sexualité accompagne inéluctablement la trace de l'autre en chacun d'entre nous, cette dernière non seulement ne s'y réduit pas, mais s'exprimera différemment en fonction de la qualité du lien vécu avec l'autre.* Nous verrons ainsi par exemple que la sexualité sera d'autant plus insistante et contraignante que ce lien à l'autre est plus menacé, renforçant le besoin et la recherche de stimulations dans le but de conjurer la solitude et de se sentir vivant : dans ce cas, la sexualité agie peut devenir besoin incoercible.

Ainsi, répétons-le, et ce sera notre hypothèse de recherche, c'est la qualité du lien expérimenté avec l'autre qui sera déterminante dans notre façon de vivre la sexualité. Que nous choisissions alors d'inscrire notre vie dans un projet de célibat ou de mariage, il y sera toujours question d'une réponse donnée à cet autre qui nous habite, voire nous possède, ou encore parfois nous dépossède de nous-même…

1. Nous allons beaucoup développer ce concept – disons pour l'instant que l'espace transitionnel ou espace du paradoxe est une aire intermédiaire d'expérience qui se situe entre le subjectif et ce qui est objectivement perçu.

2. *Jeu et réalité*, p. 100.

et nous verrons que quand la confiance en l'autre n'a pu s'installer, le mariage ne règle alors aucun problème dans ces registres aussi bien de la sexualité que de la solitude éprouvée. En revanche, le célibat assumé pour Dieu nous sera un terrain quasi expérimental pour en vérifier les effets de potentiel épanouissement et de fécondité.

Mais avant d'écouter ceux et celles qui vivent célibat ou mariage pour Dieu, je voudrais d'abord poser la question de la crédibilité à accorder à un discours dans lequel quelqu'un raconte son histoire puisque je vais me fonder sur des récits de vie [1]. En effet, une première question s'impose : de quelle « réalité » historique va-t-il être question dans ces récits et les distorsions conscientes et inconscientes, invalideront-elles toute possibilité de recherche ? Car bien sûr qui peut dire la distance existant entre ce qui a pu se passer à un moment donné, le souvenir qui en a été formé et ce qui est raconté à partir de ce souvenir ? Ce que nous pouvons toutefois affirmer c'est que quelqu'un qui veut raconter sa propre histoire va obéir à deux principes sur lesquels nous pourrons nous appuyer pour essayer d'en reconstruire une meilleure cohérence : un récit de sa propre vie est toujours un essai d'intelligibilité de soi par soi-même et a donc une prétention logique ; toutefois cette logique participera des principes guidant le fonctionnement mental : y sera à l'œuvre le principe de plaisir dans un essai d'évacuation des tensions. C'est cet essai d'intelligibilité de soi dans une exigence d'éviter le déplaisir qui donnera au texte son plus ou moins grand équilibre où il y aura lieu d'interroger et le choix des événements racontés et la manière de les raconter car ils prendront sens dans un essai de cohérence et d'unification du moi.

Dans un premier chapitre j'ai tenu à préciser quelques points théoriques sur lesquels sont construits à la fois le questionnaire des entretiens et la grille de lecture utilisée pour

1. Pour un développement argumenté je renvoie à un de mes articles publié dans *La Psychiatrie de l'enfant* chap. XXV, 2, 1982, intitulé « Ébauche d'une méthodologie dans le champ de la recherche clinique ».

leur analyse. Un exemple : pourquoi avoir voulu commencer l'entretien par l'évocation des grands-parents ? « On ne saurait écrire l'histoire d'un bébé en tant qu'individu en se référant uniquement au bébé. *Il faut l'écrire en tenant également compte de l'apport de l'environnement qui va au-devant des besoins de l'enfant, ou échoue à les rejoindre*[1]. »

Bien sûr l'environnement pour un bébé c'est d'abord sa propre mère, mais quelle mère peut aller au-devant des besoins de son enfant si elle ne l'a pas d'abord expérimenté pour elle-même avec ses propres parents ? Une loi implacable préside à nos échanges : on ne peut donner que ce qu'on a reçu… donc si c'est bien la qualité du lien expérimenté qui colore toute sexualité, il s'avérait essentiel d'interroger l'histoire intergénérationnelle des personnes depuis cette relation qu'ils ont vécue bébé avec leur mère (ou un substitut), avec leur père, avec leurs frères et sœurs puis les différentes personnes rencontrées.

Mais il fallait surtout répondre à cette question : que veut dire « aller au-devant des besoins de l'enfant ou échouer à les rejoindre » ? Quels sont les modes d'être en relation qui favorisent ou non le douloureux enfantement de soi-même et de l'autre, comme autres ? Comment comprendre ce qu'est l'« espace transitionnel » où, nous dit Winnicott, quand la mère sait aller au-devant des besoins de son enfant celui-ci vit ce paradoxe de créer la mère… qu'il trouve-là ? – espace d'illusion qui non seulement n'aliène pas, mais est la condition pour se sentir vivant et créatif car, nouveau paradoxe, seule cette illusion expérimentée permet dans un second temps de renoncer à la toute-puissance de la pensée et d'accepter qu'il y ait potentiellement de l'« autre ». Et nous verrons que c'est cet espace du paradoxe qui, se prolongeant dans toutes les expériences culturelles, dont l'art et la religion, « apporte à l'espèce humaine cette continuité transcendant l'expérience personnelle[2] ».

1. *Jeu et réalité*, p. 99.
2. *Ibid.*, p. 139.

1

Célibat consacré, mariage, un même but : aimer un autre

On pourrait faire une recension
des principales normes
chrétiennes, celles tournant
autour de l'amour, de la fidélité [...],
et l'on verrait que chacune d'entre elles
peut facilement être utilisée de façon
perverse, c'est-à-dire de façon
à alimenter la dénégation des réalités
constitutives de l'humanité : l'agressivité,
le sexe, l'argent, le pouvoir, etc.[1].

Aimer un A/autre ? « Tu aimeras Dieu de toute ton âme, de tout ton cœur et de tout ton esprit et ton prochain comme toi-même. » Dans ce commandement, quoi de plus évident que de penser Dieu et le prochain à aimer comme « autres » ? Cela semble tellement aller de soi…

Aimer ? Être aimé ? Certes la plupart d'entre nous avons reçu de nos parents un minimum d'attention et de soins qui nous ont fait croire à leur amour, mais cela de façon si

1. Xavier THÉVENOT, *Compter sur Dieu*, p. 46.

diverse et contrastée que ce mot peut parfois recouvrir autant de haine ou d'indifférence que d'amour. En effet, chacun de nous met sous ce mot les expériences uniques qu'il a faites à l'orée de la vie dans les bras de sa mère – expériences modulées, corrigées ou entérinées par toutes les expériences relationnelles qui peu à peu nous ont construits à la fois sans nous – nous n'avons pas choisi notre environnement bien que nous en subissions nécessairement la marque – à la fois avec nous – le conditionnement relationnel ne résume pas tout ce que nous sommes. Sans que personne puisse dire ni exactement quand, ni exactement comment, nous avons fait des choix qui nous ont de plus en plus ouverts aux autres, ou au contraire qui nous ont de plus en plus fermés à eux, dans une espèce de spirale transactionnelle où s'est joué pour chacun d'entre nous le tragique de la vie, la nôtre : ce tragique se résumant dans le temps qui passe vite, si vite, mais que nous ne pouvons jamais faire revenir en arrière. La somme de nos actes, de nos petits actes fait tout à coup basculer dans un sens ou dans un autre – mais d'une certaine façon, ce qui est joué est joué, et tout à coup nous ne pouvons plus que faire un constat : nous avons trouvé le trésor de la vie, ou au contraire tout se dissipe dans des rêves sans consistance et au sens fort du terme nous découvrons que nous n'avons pas vécu ; car vraiment seul l'amour donne poids à une vie et le non-amour est bien ce vide dont parle saint Paul : « Quand je parlerais les langues des hommes et des anges si je n'ai pas l'amour, je ne suis plus qu'airain qui sonne ou cymbale qui retentit. Quand j'aurais le don de prophétie et que je connaîtrais tous les mystères et toute la science, quand j'aurais la plénitude de la foi, une foi à transporter les montagnes, si je n'ai pas l'amour, *je ne suis rien*. Quand je distribuerais tous mes biens en aumônes, quand je livrerais mon corps aux flammes, si je n'ai pas l'amour, cela ne me sert de rien » (1 Co 13, 1-3). Mais alors qu'est donc l'amour si je peux aller jusqu'à distribuer tous mes biens aux autres sans les aimer ?

Les autres ? Mais précisément qui est l'autre ? Là encore les mots, suivant le mode relationnel instauré par chacun d'entre nous, ne vont pas renvoyer au même contenu. L'« autre » n'est pas pour l'homme un objet dont il va pouvoir constater l'existence dans le monde de façon neutre et scientifique. L'autre c'est au départ la mère (ou son substitut), donc quelqu'un à l'extérieur de soi, dont il a absolument besoin pour sa survie et qui va l'affecter, lui donner à vivre plaisir et déplaisir dans des proportions qui vont être déterminantes pour lui, avec ce paradoxe de départ que, pour le bébé, la mère et lui sont… lui ; en revanche ce qui n'est pas lui, ce qui sera « autre » et dont il ne veut rien savoir, ce seront les angoisses liées à la frustration et au déplaisir. On voit ainsi en pathologie – pathologie qui peut prendre d'ailleurs des formes assez banales et fréquentes – perdurer ce type de fonctionnement mental où l'autre n'est pas reconnu dans sa différence de personne, mais continue à être mélangé à soi : tout ce qui est bon en soi et dans l'autre, c'est moi, en revanche tout ce qui est mauvais et me frustre, c'est ce qui n'est pas moi, c'est l'autre. On parle alors de clivage entre bons et mauvais objets.

Mais dans cette confusion maintenue avec l'autre, qui suis-je moi-même ? On voit combien ces deux concepts sont dialectiquement liés et combien le « soi-même » n'est pas pensable sans l'« autre ». Disons donc le potentiel danger de formules comme « tu aimeras ton prochain comme toi-même » ou « aimez-vous les uns les autres » car elles semblent poser l'homme et le monde comme un donné, un déjà là. Elles disent l'amour dans des absolus figés de réciprocité – *cette réciprocité n'étant qu'une asymptote vers laquelle tendre à partir d'expériences qui sont pour nous tous des expériences fusionnelles*. Elles laissent ainsi croire à des idéaux d'accord parfait entre des « moi » déjà accomplis. Mais encore une fois qui suis-je ? Qui est l'autre ? Est-ce donc des entités à part entière et sans liens ? Ou n'est-ce pas justement ce lien qui au long des jours est constitutif des personnes ? *Disant l'amour sous une forme uniquement active, volontaire, consciente, elles ignorent superbement que ce lien à l'autre est d'abord fait* de passivité, de dépendance et de besoin ; or rien n'est plus intolérable que de devoir dépendre de quelqu'un et cela *engendre alors nécessairement la haine et l'envie* ; par voie de conséquence, cela fait le jeu de l'inconscient lui-même, cet inconscient où prolifèrent tous ces sentiments négatifs que nous n'avons pas voulu ou pu reconnaître comme nous appartenant et qui vont agir en nous, mais hélas ! sans nous.

LA SEXUALITÉ : UNE TRACE DE L'AUTRE EN SOI ?

La pulsion sexuelle[1] inclut l'autre dès l'origine.

Freud donna dans ses écrits tant de place au « sexuel » qu'il fut accusé par certains de ses contemporains de « pansexualisme ». Mais en fait ce primat accordé au sexuel ne signifiait pas exactement ce qu'entend le monde dans lequel nous vivons aujourd'hui… si toutefois nous en jugeons d'après les productions littéraires ou la publicité pour qui il semble désormais acquis que tout est sexuel. Ce qu'il faut cependant comprendre, c'est combien nous sommes passés d'un extrême à un autre : la très catholique Vienne de la fin du XIXe siècle était tout imprégnée d'une vision moraliste et idéaliste de l'homme, dans laquelle le péché par excellence tournait essentiellement autour du plaisir et de la sexualité. Or Freud va s'attaquer à cette vision des choses sous deux angles ; d'abord il va faire redescendre l'homme sur terre et lui redonner un corps en faisant de la pulsion sexuelle et agressive le matériau brut de toute construction identitaire, alors que la religion tenait, elle, la Parole de Dieu pour

1. La pulsion nous dit Freud est une force sous-tendue par la libido qui fait tendre l'organisme vers un but ; la pulsion a sa source dans une excitation corporelle et son but est précisément de supprimer cet état de tension.

fondement de cette même construction – puis dans ce même souci de démystification de « bons sentiments » et d'idéaux tous gorgés de fantasmes d'omnipotence et d'autosatisfaction, il va essayer d'établir combien en réalité chacun de nous est tout simplement mû par une recherche de plaisir… que la société réprime et condamne.

Or la société a profondément changé : nous sommes passés d'un excès de puritanisme à un excès de libéralité ; les tabous sexuels ont fondu comme neige au soleil… et maintenant que chacun est libre d'agir une sexualité décomplexée pour y trouver du plaisir, on s'aperçoit que les choses sont beaucoup plus compliquées, dans la mesure où les obstacles au bonheur résident autant à l'intérieur de nous qu'à l'extérieur, nous obligeant à déplacer les problèmes : contrairement aux idées reçues, cette sexualité, sous toutes ses formes, n'est pas qu'un « en-soi », lieu exclusif et suffisant à un épanouissement personnel ; car précisément l'est-elle, qu'elle empêche alors toute vraie rencontre avec l'autre et donc… avec soi. Empêche ? *Ou plutôt faudrait-il dire que certaines façons de vivre la sexualité servent à empêcher toute rencontre et sont précisément utilisées pour protéger de la relation à l'autre.* En effet dans toute sexualité, qu'on le veuille ou non, il y a potentiellement de l'autre… et cet autre peut être vécu comme si menaçant qu'il faut trouver une parade pour s'en protéger.

Dans ce livre récent, *Amour, sexualité, tendresse, la réconciliation ?* dont je parlais dans l'Introduction, j'avais essayé à partir de romans contemporains de montrer que plus le narcissisme est fragile et plus l'image de soi est défaillante, plus la peur de l'autre s'installe et plus alors la sexualité-sensation est appelée à la rescousse pour se rassurer sur soi-même. Il s'agit de se défendre contre toute passivité et toute dépendance possible, en cherchant par divers moyens à exercer coûte que coûte un contrôle sur l'autre ; élaborant une typologie de cette sexualité vécue pour elle-même, trois cas de figure émergeaient : une « sexualité sans visage » faite de partouzes et de rapports à la chaîne, une « sexualité papillonnante[1] » où cette fois le visage d'un autre était pris en compte... tant que la magie des commencements opérait et que pouvait être maintenue la croyance en un amour sans failles de part et d'autre, une « sexualité totalisante », passionnelle, vampirisant le moi : dans ce cas de figure, hors la relation sexuelle avec un amant que sa rare présence permettait d'idéaliser, plus rien n'avait d'intérêt ni de sens. Dans ces différentes formes de sexualité, perdurait la même nécessaire illusion d'être unique, totalement beau et bon, parfait, dans un amour confondu pour soi avec un absolu : – absolu d'une image de soi idéale à travers l'abandon de son corps à quiconque le souhaitait ; – absolu du moment de la rencontre ; – absolu de la possession d'un « autre » – miroir dans lequel se voir exister comme parfaitement bon et aimant. Dans tous ces cas, le besoin de s'étayer sur l'autre était resté entier, mais d'un autre utilisé comme miroir idéalisé de soi et refusé pour lui-même. Besoin d'emprise donc, qui est le signe d'une impossibilité à faire confiance à cet autre et qui se manifeste par l'accrochage à un absolu sans compromis possibles. Mais ce nécessaire appui sur l'autre est resté si massif et si urgent qu'inconsciemment il menace en retour l'identité du sujet. Ainsi c'est l'ampleur du besoin de cet autre qui, devenant une menace pour le moi, oblige à cliver le sexe des sentiments.

De fait toute sexualité est constitutive et en même temps tributaire de ce qui s'expérimente au long des jours avec-un-autre, avec qui il s'avère ou non possible de co-construire une image de soi suffisamment bonne. *Car en dernier ressort, ce*

1. Voici les conseils éclairés que donne *Paris Match* à ses lecteurs (n° 3055 – 12 déc. 2007) : « Les amours éternelles n'existent pas. La vie est trop longue pour la passer en duo sous contrat d'exclusivité. On fait ensemble un bout de chemin, et plutôt que de se jurer des "toujours" on partage des plaisirs éphémères. Nos vedettes du petit écran le savent mieux que personne : zapper, c'est repartir vers d'autres aventures, d'autres émotions, d'autres coups de foudre. *C'est surtout une nouvelle façon de vivre son couple – intelligemment.* »

qui importe, n'est pas le plaisir sexuel en tant que tel, même s'il peut y contribuer, mais le plaisir d'être reconnu et aimé par un autre avec qui on peut maintenir un lien de confiance. Pour paraphraser et subsumer le « tout est sexuel », nous pourrions donc écrire « tout est narcissique »... si on veut bien l'entendre dans son sens positif comme la sécurité donnée au moi par le lien maintenu à l'autre. C'est bien d'ailleurs la thèse que défendra Winnicott qui écrit : « Ce n'est pas la satisfaction pulsionnelle qui permet à un bébé de commencer à être, de commencer à sentir que la vie est réelle et à trouver qu'elle vaut la peine d'être vécue. En réalité, les gratifications instinctuelles sont d'abord fonctions partielles, puis elles deviennent des séductions, à moins de reposer sur l'existence dans l'individu d'une capacité solide pour une expérience totale et pour une expérience dans le champ des phénomènes transitionnels. *C'est le soi qui doit précéder l'utilisation de l'instinct par le soi*[1]. »

D'ailleurs ce « sexuel » posé par Freud à l'origine du moi n'est-il pas cette trace, faite d'autant d'amour que de haine, qu'y a laissée un autre, au départ la mère – autre dont je sens confusément qu'« il me veut quelque chose » – et autour duquel toute la construction de mon identité va se jouer ? En effet la pulsion sans expérience de satisfaction n'est rien. *C'est la mère qui, donnant la première tétée à l'enfant, se fait expérience-source d'une source pulsionnelle auparavant indifférenciée.* Cette image de l'autre déposée dans le sujet va ensuite orienter sa recherche dans le réel. Bien sûr cet autre garde une vie propre, indépendante de celle du sujet – et pourtant au départ l'enfant n'en a pas conscience du fait de l'indistinction originelle sur laquelle se greffe le montage pulsionnel. *Cette indistinction constitue le leurre de toute vie psychique* – leurre qui encore une fois ne concerne pas l'autre en lui-même, mais la recherche désirante de cet autre, qui au départ se confond avec le plaisir pris avec lui. Or c'est dans l'histoire relationnelle de chacun qu'il faudra trouver

1. *Jeu et réalité*, p. 137.

des issues à ce leurre en apprenant à trouver une distance à l'autre – ni trop proche ni trop éloignée – où construire peu à peu son identité. En effet cet autre va-t-il rester confondu avec moi, m'empêchant de savoir qui est qui, et ne me laissant que la sensation-excitation pour trouver un contact avec moi-même où me sentir vivant, – comme nous venons de le voir – ou vais-je pouvoir, en appui sur un tiers, peu à peu apprendre à m'en séparer ? Car faut-il le préciser, le rôle du père est ici capital à deux titres : il est important à la mère dans son rôle de soutien affectif dans ce moment où elle est censée vivre une extrême disponibilité à son bébé, et il est important à l'enfant, car aimé (dans les bons cas !) par la mère, il introduit une distance, instaure un écart libérateur dans l'investissement qu'elle a à son égard.

« Un bébé tout seul, ça n'existe pas » (Winnicott).

Freud et, à sa suite, Mélanie Klein vont s'intéresser à ce qui se passe à l'intérieur du sujet, et si la mère est évoquée, elle l'est en tant que construction fantasmatique qui peut se vivre en chacun sous la forme d'affects et-ou de représentations. Il faudra attendre Winnicott pour redonner toute son importance à la mère réelle et aux interactions précoces qui vont s'installer entre elle et son bébé et qui, bien sûr, président aux constructions fantasmatiques étudiées par Freud et M. Klein.

Il n'y a pas de construction d'un « je » sans relation à un « tu » ; Winnicott en donne cette heureuse formule « je suis regardé, donc je regarde » et c'est parce que j'ai été regardé comme « aimable » que je vais à mon tour pouvoir aimer. L'accent ici est mis d'emblée sur le narcissisme – *cette capacité à se vivre aimable dans un lien à l'autre* – et non d'abord sur la volonté, ou en sens inverse sur la force de la pulsion comme le fait la psychanalyse.

Alors quelle est la donnée brute de nos amours ?

La donnée brute, elle a été une expérience de fusion, de confusion entre nous et l'autre dans ce moment originel de la relation mère-enfant. Regardons une mère en train d'allaiter son bébé : nous voyons deux personnes : la mère qui allaite un bébé, un bébé qui boit le lait de sa mère. Eh bien, il nous faut dépasser les évidences de l'observateur pour essayer de nous mettre à la place du bébé. Nous allons découvrir alors un tout autre monde : le bébé, lui, ne sait pas que sa mère existe et il tète un sein qui fait partie de lui. Sa mère et lui sont à l'origine totalement indifférenciés dans le plaisir qu'elle lui donne. Donc, là où nous voyons deux personnes, il n'y en a qu'une. En revanche, ce que nous ne voyons pas et qui va régir le monde du bébé est une autre façon de le séparer en deux : il y aura lui d'un côté dans ses expériences de plaisir, et cela indépendamment de la personne qui le lui donne… et le reste qui n'est pas lui et qui sera associé à tout ce qui lui apporte déplaisir, inconfort et le pousse à chercher à le faire disparaître en le mettant dehors ; les pleurs, les gigotements, les cris vont traduire cet essai d'éjection d'un monde avec lequel il ne veut rien avoir à faire. *Or, ce déplaisir, ce mal, qui sollicite sa haine et tous ses désirs de rejet, c'est précisément le seul lieu où faire l'expérience que le monde, l'autre existent indépendamment de l'enfant, c'est ce qui lui fait faire l'expérience du « réel » et le fait enclencher sur le monde.* C'est grâce à cette expérience que pour la première fois l'« autre » peut être reconnu tel. L'autre n'est pas l'enfant ; il existe indépendamment de lui, de son désir, de son plaisir. Mais encore faut-il que ces sentiments négatifs et douloureux puissent devenir conscients… Or ce qui complique les choses, c'est que l'enfant tout seul ne peut pas les reconnaître car ses attaques fantasmatiques lui faisant craindre d'y perdre sa mère, ils représentent une menace insurmontable pour le moi naissant lui-même.

Nous touchons là un point crucial pour notre propos : comment en effet gérer en soi la colère, la rage, la haine destructrice envers ceux que par ailleurs nous aimons et dont, de toute façon, nous avons besoin ? Car à ce stade, le moi naissant va se vivre coupable devant un surmoi[1] archaïque

1. Le surmoi est une instance psychique définie par Freud comme

qui fait rétorsion de façon terrifiante et massive – ce surmoi cruel que M. Klein a théorisé comme obéissant à la loi du talion : « œil pour œil, dent pour dent »... haine pour haine. Si ainsi le sentiment que nous avons d'être coupable submerge en nous toute capacité à préserver quelque chose de bon, quelque chose susceptible de nous assurer de l'amour de l'autre, qui seul peut enraciner notre estime de nous-mêmes, la seule issue pour le moi sera de le refuser. Et cela de mille manières : en clivant moi ou objet, en projetant le mauvais dehors, en déniant que ce mauvais existe grâce par exemple à un mouvement d'idéalisation... avec dans tous les cas de figure un moi qui s'ampute d'une part de lui-même, et se trouve contraint à modifier le « réel » ou à l'ignorer en partie, au profit d'une image de lui et de l'autre nécessaire à sa survie psychique. Quand nous évoquions un peu plus haut ce recours au sexe clivé des sentiments pour préserver un besoin de se croire parfaitement aimant et aimé, c'était bien de cette nécessaire image toute bonne de soi, censée lutter contre des sentiments négatifs vécus pour soi-même comme destructeurs, qu'il s'agissait. Mais insistons-y, car c'est un cas de figure qui est assez fréquent dans le champ religieux, cette nécessaire image toute bonne sera souvent trouvée dans l'idéalisation, cette manière illusoire de transformer le réel.

C'est là que le rôle de cette mère va être déterminant : c'est à elle au départ que va être dévolue la tâche de moduler et transformer pour son enfant ses mauvaises expériences, en les lui faisant vivre dans un climat de sécurité aimante – autrement dit, *pour que les mauvaises expériences puissent être reconnues et acceptées par l'enfant, il faut que les bonnes expériences priment* ; la haine perdant alors son caractère dangereux peut être reconnue sienne, et non évacuée sur les autres. Il faut d'ailleurs préciser que rien n'est

ayant un rôle de censeur – il est important toutefois de noter que cette instance évoluera avec les identifications et qu'avec la résolution de l'Œdipe elle perdra son caractère persécuteur pour à l'inverse se faire protectrice ou « tutélaire », comme le dit Francis Pasche.

jamais définitif et que ce qui n'a pu être vécu dans l'enfance peut l'être plus tard, mais toujours à l'occasion de rencontres aimantes ; nous verrons cela de façon exemplaire dans l'histoire de Moïse : il ne pourra reconnaître et assumer son geste meurtrier qu'après avoir quitté l'Égypte et, accueilli à Madian, y avoir engrangé de bonnes expériences avec un beau-père, une femme et des enfants. Dans ces cas heureux, la haine peu à peu assumée et non plus attribuée à quelqu'un d'autre donne à l'amour une part importante de sa justesse puisqu'elle va devenir possible maniement de l'agressivité et capacité à vivre les conflits dans la relation à l'autre.

Des manières d'être en relation qui favorisent ou non le douloureux enfantement de soi-même et de l'autre, comme autres.

Il est en général difficile de savoir ce qui dans une relation revient à l'un ou à l'autre des protagonistes ; seul l'espace de la relation mère-enfant, du fait de l'immaturité de ce dernier, nous donne des clés de compréhension : *Dans l'après-coup des effets de cette relation, peut effectivement se vérifier qu'il y a des façons d'être en relation qui donnent la vie, permettant de s'« individuer » et d'exister à part entière – avec – l'autre, et d'autres qui aliènent, emprisonnent dans un combat d'un, OU lui, OU moi, sans cesse à recommencer et qui épuise toutes les énergies du sujet.*

En effet deux voies sont alors possibles :

– La mère ne peut pas suffisamment protéger son bébé de ses mauvaises expériences, – soit elle ne prend pas en compte les besoins du bébé et impose les siens propres – soit elle cherche à combler dans une hypersollicitude ; dans les deux cas il n'y a aucun échange et l'enfant n'est jamais pris en compte ; quand ce dernier regarde sa mère, il ne voit qu'elle, sans arriver à se voir lui-même, réfléchi dans son visage. Le plaisir ou l'excitation seront alors recherchés pour eux-mêmes dans l'urgence, faisant perdre la possibilité de déboucher sur un espace de partage, où chacun trouve sa place. L'autre ici est vécu comme celui qui, omnipotent, m'empêche d'être moi et qui m'oblige à m'autosuffire. Mais ce refus de prise de conscience maintient l'indistinction : de même que la haine reste mélangée à l'amour, l'autre reste inconsciemment mélangé à soi.

– La mère a été prévisible et disponible, capable d'un réel échange où elle a su partager avec son enfant des expériences de plaisir et de déplaisir, capable donc d'accepter la dépendance – dans un premier temps elle a alors fait vivre à l'enfant *l'illusion* nécessaire que cette mère qu'il trouve, c'est lui qui l'a créée. À cette illusion se rattache l'idée du visage de la mère comme miroir de l'enfant : *dans le visage de sa mère, le bébé se voit lui-même car la mère ne se confond pas avec lui.* « La mère regarde le bébé et ce que son visage exprime est en relation directe avec ce qu'elle voit. » Nous sommes là au début d'un échange significatif avec le monde, un processus à double direction « où l'enrichissement du soi alterne avec la découverte de la signification dans le monde des choses vues ». Winnicott écrit : « L'omnipotence est presque un fait d'expérience. La tâche ultime de la mère est de désillusionner progressivement l'enfant, mais elle ne peut espérer réussir que si elle s'est d'abord montrée capable de donner les possibilités d'illusion. [...] Les phénomènes transitionnels représentent les premiers stades de *l'utilisation de l'illusion* sans laquelle l'être humain n'accorde aucun sens à l'idée d'une relation avec un objet, perçu par les autres comme extérieur à lui[1]. » *C'est dans cette illusion que l'enfant entre en familiarité avec ce qui est différent*, se trouvant ainsi en confiance d'emblée aussi bien avec le connu que l'inconnu, l'autre que le même, le non-moi et le moi – prémices de l'accès au symbolique.

Et Winnicott d'insister à ce propos sur la signification et l'importance du « playing » l'être-en-train-de-jouer chez l'enfant, premier mode de vie créatif qui fonde les expériences culturelles ; en effet c'est en jouant que ce dernier commence à

1. *Jeu et réalité*, p. 21.

goûter des expériences « reposant sur le “mariage” de l’omnipotence des processus intrapsychiques et le contrôle du réel[1] ». Ainsi le jeu a un espace et un temps propres ; en effet, il n’est ni dedans (dans le monde uniquement subjectif), il n’est ni dehors, « c’est-à-dire qu’il n’est pas une partie répudiée du monde, le non-moi, de ce monde que l’individu a décidé de reconnaître comme étant véritablement au-dehors et échappant au contrôle magique ». Et en cela il représente une troisième aire, ce terrain commun à l’autre et à soi, à l’imaginaire et au réel, cet espace potentiel fait de gratuité autant que de précarité, d’où pourront naître toutes les expériences culturelles. Troisième aire qui cependant ne participe pas de la magie à la mesure où *« jouer, c’est faire : pour contrôler ce qui est au-dehors, on doit* faire *des choses* et cela prend du temps[2] ».

L’illusion prend donc ici – contrairement à ce qu’en pensait Freud – un sens éminemment positif puisqu’elle devient condition d’une progressive acceptation de la désillusion et d’un renoncement à un désir d’omnipotence qui nous habite tous[3]. Or s’est installé un quiproquo sur la teneur

1. *Jeu et réalité*, p. 67.

2. *Ibid.*, p. 59.

3. Voici à ce propos une autre critique qui cette fois s’adresse à Winnicott et à ceux qui donnent trop facilement un sens positif à l’« illusion » : « Vergote s’accorde avec Freud pour affirmer l’impossibilité de continuer de tenir pour vrai ce qu’on reconnaît soi-même comme illusion du désir ; s’agissant de l’illusion religieuse, il devrait dès lors être difficile, écrit-il, de donner au mot “illusion” un sens positif, comme certains le proposent en se référant aux études de Winnicott sur la psychologie de l’enfant. Je me demande si ces psychologues de la religion pourraient dire à leur propre sujet “je crois en Dieu, l’illusion de mon désir”. La formule de Vergote cède ici à la caricature, mais nous pensons que son intention fondamentale est justifiée : souligner la différence entre l’illusion religieuse et la vérité de la foi comme instersubjectivité dialogale, en mettant notamment en valeur le travail du négatif qu’elle implique » (J. B. Lecuit, *L’Anthropologie théologique à la lumière de la psychanalyse*, Paris, Éd. du Cerf, 2007, p. 540). Comment cependant ignorer que la valeur positive de l’illusion n’est pas dans son statu quo, mais consiste dans l’apprivoisement possible de la désillusion et l’accès au paradoxe qui tient en tension la continuité et la rupture ?

de l'illusion ; cette dernière ne porte pas sur le personnage maternel : *la mère que l'enfant croit créer et avec laquelle il se confond dans son besoin de toute-puissance, elle est bien là, présente et aimante* ; l'illusion ne concerne donc pas l'être-là de l'autre, mais son mode-d'être-là. L'enfant la croit et la veut même que lui, et il va falloir que progressivement il la découvre autre. Et pour ce faire, il faut que la mère soit capable d'initier un échange qui *pour elle* se situe dans la mutualité, protégeant alors son enfant contre toute captation. Et cette désillusion, la mère doit peu à peu la faire vivre. C'est parce que la mère peut reconnaître la colère de son enfant et elle-même se montrer en colère contre lui en le punissant par exemple que l'enfant apprend que les sentiments négatifs font partie de la vérité d'une relation par ailleurs aimante qui, du fait de l'altérité, inclut le manque et la frustration. Mais précisément pour investir l'autre lui-même comme lieu d'un plaisir qu'on peut, après le déplaisir, retrouver autrement avec lui, il faut avoir fait des expériences permettant la confiance. Le lien à cet autre qui vient à manquer peut alors être maintenu sous la forme d'une représentation de son absence, permettant un début de différenciation – *un espace se met à exister entre l'autre et moi* – espace de séparation et de solitude qui sera paradoxalement l'espace où construire peu à peu une union entre l'autre, les autres, et moi. « L'espace potentiel ne se constitue qu'en relation avec un sentiment de confiance de la part du bébé, à savoir une confiance supposant qu'il peut s'en remettre à la figure maternelle ou aux éléments du milieu environnant, cette confiance venant ici témoigner de ce que la fiabilité est en train d'être introjectée[1]. » Une très bonne illustration de cet espace paradoxal de séparation/réunion, même/autre nous est précisément donnée dans le concept de confiance. En effet ce concept – confiance en soi à la mesure de la confiance en l'autre – ne se comprend que resitué dans cet entre-deux, espace transitionnel que nous évoquions : la confiance ne

1. *Jeu et réalité*, p. 139.

se conquiert pas seul, elle se reçoit nécessairement de quelqu'un de fiable et de sûr. Toute confiance en quelque sorte me précède et donc ne vient pas de moi : c'est parce que, et seulement parce que *toi*, tu as été fiable que j'ai pu peu à peu apprendre à croire en toi. Mais en même temps elle est tout à *moi*, puisqu'elle constitue mes assises narcissiques, c'est-à-dire très précisément ce qui me donne confiance en moi, ce qui me donne de m'aimer moi-même. Et pourtant, il faut encore ajouter que cette confiance n'est ni de toi, ni à moi : elle est ce qui est advenu, et continue à advenir *entre nous*, et s'entend comme processus en œuvre qui donne consistance au temps de l'à-venir. Or c'est précisément cet espace qui donne à l'enfant « la capacité d'être seul… en présence de la mère[1] » suivant cette si heureuse énonciation de paradoxe. En effet il y a deux façons d'être seul. Il y a une solitude abandonnée à elle-même car coupée de l'autre par un vécu de méfiance à son égard – cette solitude que la sexualité agie pourra ensuite chercher à conjurer – et une autre forme de solitude qui est habitée à distance par l'autre ; certes j'y suis seul, mais dans la confiance, je sais qu'au lieu même de son absence, l'autre m'est présent. N'est-ce pas dans cet espace paradoxal que peuvent se trouver les prémices de cette intersubjectivité dialogale, de cet amour de mutualité, inaugurant la vérité potentielle de la foi, car nous sommes à nouveau devant un paradoxe, celui cette fois d'une liberté qui se vérifiera d'autant plus grande qu'elle sera reçue d'un autre ?

Car bien sûr il s'agit ici de paradoxe, de tension des contraires et non pas d'une identité illusion espace de la culture de l'art et de la religion, et ce paradoxe qui pour l'enfant semble au départ totalement positif devra nécessairement se déployer dans le progressif apprentissage du négatif à travers des renoncements successifs.

1. *De la pédiatrie à la psychanalyse*, p. 205.

Ce douloureux enfantement à soi-même passe toujours par un processus de renoncement.

En effet, s'il y a ainsi des conditions pour donner la vie, il y en a aussi pour la recevoir. Cet enfant ne trouvera sa place, son identité, que de les accueillir d'un autre, sur lequel il accepte de ne pas avoir de prise, car il a expérimenté qu'il peut lui faire confiance. Pour Freud nous sommes radicale relation à ceux qui nous ont donné la vie car le sujet ne trouve d'identité que dans un processus d'identification. Mais remarquons que *cette constitution des frontières* de l'identité qui trouvera son apogée dans la résolution du conflit œdipien *se fait à toutes les étapes par un processus de renoncement* : renoncement à l'omnipotence (stade oral), renoncement à tout garder pour soi (stade anal), renoncement à un fonctionnement en tout ou rien (stade phallique), renoncement à prendre la place du rival œdipien. *En effet la réussite ou la résolution de l'Œdipe est toujours de façon paradoxale dans l'échec de sa réalisation fantasmatique.* C'est parce que je renonce à prendre la place de ma mère auprès de mon père qu'en retour je vais recevoir la mienne. Le renoncement à être tout pour un autre déploie l'espace entre les personnages, à l'intérieur des limites des identifications et des choix objectaux, et inscrit le sujet *à sa place – place désormais stable et inchangeable* : homme comme le père ou femme comme la mère, puis conjoint de tel autre conjoint, engendrant à son tour des enfants – ou comme nous allons le voir, choisissant de tout miser sur le Royaume de Dieu qui implique le célibat. Dans le renoncement à occuper une autre place et à jouer un autre rôle, dans une histoire qui n'est que la sienne, se concrétise l'acceptation de la « castration », devenant modèle d'un lâcher-prise qui fait advenir à soi-même, dans un territoire sien et uniquement sien, où bâtir sa propre maison… et où laisser l'autre bâtir la sienne, sur un autre territoire, lui appartenant en propre. C'est à partir de cette constitution de frontières bien établies que les échanges seront alors possibles et féconds, dans une capacité à se mettre à la place de l'autre, grâce à une souple mouvance moi – non-moi.

Et renoncer à prendre la place du rival dans la souscription à l'interdit de l'inceste transforme les instances surmoïques : le surmoi, de tyrannique et cruel, se fait instance tutélaire, couvrant le moi et l'assurant d'un « être-aimé ».

En contrepoint, sans renoncement œdipien, les places de chacun se chevauchent, empiètent les unes sur les autres, empêchant de savoir qui est qui. On ne se met plus à la place de l'autre, non, on prend sa place…

Ce renoncement rendu possible par l'établissement
de la confiance modifie qualitativement la sexualité :
d'une excitation-sensation indifférenciée,
elle se fait capacité à être affecté par l'autre.

Le renoncement à prendre la place d'un des parents au bénéfice d'un tiers ouvre aux identifications où se joue pour chacun la possibilité d'accéder à une histoire s'enracinant dans le temps. Mais *qui dit perte de maîtrise dit confrontation à une souffrance affective et psychique qu'il faut endurer*. Dans la soumission à l'interdit, se consolide le lien aimant à l'autre, à travers la blessure de la séparation. Dans cette souffrance où s'apprend le désir de l'autre, se modifient qualitativement les pulsions sexuelles et agressives, qui peuvent désormais ne plus se décharger directement. *Elles acquièrent une dimension psychique prévalente, qui en permet la maîtrise* : la sexualité *n'est plus une force déliée somatique encore au niveau d'une excitation indifférenciée, mais* devient psycho-sexuelle ; *elle se fait capacité à être, dans une réunion corps-psyché, affecté par l'autre. De la même façon, la haine est maîtrisée dans un maniement relationnel qui, la nuançant, la transforme en une agressivité, nécessaire à tout amour vivant.*

Cette capacité à être affecté par l'autre a à voir avec la tendresse qui est caractérisée par son lien à l'objet. Dans ce contexte d'un espace commun à l'autre et à soi, la tendresse se fait dépendance confiante en l'autre, et n'accule pas ou plus, comme dans un champ purement individualiste, à une angoisse d'être possédé, floué ou exploité. L'autre y est expérimenté, à travers le renoncement à le posséder ou à prendre sa place, comme bienheureusement présent en soi-même, modifiant la nature de la « dépendance » redoutée. Entre l'autre et soi se déploie alors un espace de liberté, où se vit à deux la douceur paisible de la tendresse dans l'imprévu de l'échange où un plaisir non fixé d'avance peut se recevoir et se donner.

Nous touchons là un point essentiel : en effet c'est cette capacité à s'accepter aimé qui va fonder la capacité d'aimer – or c'est la confiance donnée par des expériences vécues de fiabilité avec l'autre qui, permettant de renoncer au premier objet qui nous a aimé et d'accepter sa perte définitive dans sa forme originelle, donne la possibilité de rencontrer et l'autre, et soi-même, à travers une quête toujours au-delà d'elle-même.

C'est dans les rencontres que naît un troisième champ, absolument nouveau et original, ce troisième champ qui n'est ni dedans, ni dehors, mais terrain commun à l'autre et à soi, terrain s'étendant entre l'autre et soi, l'espace transitionnel. Cet espace cependant ne se déploie pas du fait de la seule rencontre : il faut encore que celle-ci se fasse dans une confiance réciproque. Le renoncement à la mainmise sur l'objet, permis par une certitude d'être aimé, laisse, lui seul, se déployer entre soi et l'autre un espace de séparation, qui devient paradoxalement l'unique lieu possible de réunion, à travers le désir qui fait agir vers l'objet aimé. Tout amour vivant, authentique et créateur se trouve dans cet *entre-deux de désir*, où les expériences faites et les désirs d'un être-aimé ne sont plus signe de « narcissisme » qui se ferme sur soi, mais conditions d'un amour objectal.

L'IMPORTANCE DES REPRÉSENTATIONS ET DES IDÉAUX CULTURELS QUI VONT DONNER SENS AUX EXPÉRIENCES AFFECTIVES ET RELATIONNELLES.

Il n'y a pas que les expériences affectives et relationnelles, le « dedans » – il y a les représentations et les idéaux véhiculés par le milieu géographique et culturel dans lequel se vivent ces expériences, le « dehors ». Ce sont ces représentations et ces idéaux singuliers et changeant en fonction des époques et des lieux qui donneront forme et signification aux événements vécus, tout cela porté par une langue particulière qui est reçue de cet environnement-là. L'existence, rappelle Ricœur, ne vient à la parole et au sens qu'en s'appropriant ce sens qui réside non pas à l'intérieur de soi, mais « dehors » dans des œuvres, des institutions, des monuments de culture.

Nous revoilà confrontés aux aléas du but et de l'objet de la pulsion : si bien sûr il y a une héritabilité génétique, chez l'homme elle n'est pas exhaustive. L'homme est pris dans une histoire qui l'enserre de toutes parts avec deux pôles aussi immaîtrisables l'un que l'autre :

– *celui des expériences affectives* faites à travers une rencontre singulière de telle mère et de tel enfant – rencontre-matrice de toutes les autres rencontres, et spécialement celle avec un rival œdipien, en ce qu'elle porte en germe, mal, modérément ou bien, la promesse d'un progressif apprentissage d'un face-à-face entre moi et un autre, entre un « je » et un « tu ». Tout le sens et la valeur des expériences intersubjectives trouvent là leurs racines ;

– *et celui des représentations et des idéaux disponibles* dans la culture d'un pays donné et d'un moment donné.

– *Les représentations* d'abord : toute ma conceptualisation repose sur des options théoriques héritées d'auteurs quasi contemporains, Freud et Winnicott – deux idées qu'ils développent me paraissent aujourd'hui incontournables : la première est de Freud *: nous sommes régis par la loi de recherche de plaisir, dont la nature va décider de la qualité de nos relations.* Donc première idée-force : *une réhabilita-*

tion du plaisir (vécu comme si dangereux dans les milieux chrétiens) qui déplace la question : désormais c'est sur sa nature qu'il faut s'interroger : sommes-nous capables de le partager (comme la mère suffisamment bonne dont j'ai parlé au début et qui précisément parce qu'elle est capable de partager le plaisir, rend son enfant vivant) ou bien sommes-nous contraints à le prendre sans l'autre ou contre lui ? Or, contrairement aux idées reçues, rien n'est plus difficile que de partager le plaisir car c'est sans doute ce qui peut être vécu comme le plus dangereux pour le moi ; en effet, c'est ce qui confronte précisément le plus à ces risques de confusion soi-autre, dans la mesure où le plaisir faisant se vivre le même que l'autre, menace sur deux fronts : sur le front de devenir dépendant d'un autre qui prend pouvoir sur soi, et sur celui de l'annihilation. D'où alors la seule issue : le refus du partage et le besoin de mettre l'autre sous emprise.

– La deuxième idée-force vient de Winnicott : c'est celle de l'espace transitionnel ou espace du paradoxe qui renouvelle notre compréhension des rapports moi-autre.

Ensuite les idéaux : même si nous nous situons dans le contexte particulier d'une croyance religieuse, suivant que nous serons par exemple dans une culture chrétienne, musulmane ou bouddhiste, les représentations d'un Dieu en trois personnes, ou d'un Dieu-Un, ou d'une divinité non personnifiée, vont donner un sens et une orientation très différents, voire opposés, aux expériences vécues. Mais quels que soient ces idéaux, il faut souligner leur caractère extrêmement mobilisateur : en effet ils permettent de construire et d'orienter des projets, mobilisant à cet effet l'énergie pulsionnelle du sujet.

En tout cas si nous nous situons dans notre foi chrétienne, on peut dire que c'est *à ce croisement d'une expérience affective originaire et d'une parole qui lui donne sens, que le Dieu de la Bible, le Dieu de Jésus-Christ manifeste Sa présence.* Ainsi Dieu peut être compris comme trace et comme projet. « Souviens toi de celui qui vient ! » L'expérience qui se fait trace mnésique c'est celle d'une rencontre primordiale avec un autre qui fait vivre et avec qui on croit ne faire qu'un. La Parole biblique qui donne sens, et qui se fait projet de vie, c'est *celle qui vient dire l'écart à jamais infranchissable entre cette nostalgie d'un monde comblant dans l'autarcie, et le projet d'un monde à construire sur le modèle de ce que Dieu – Tout – Autre révèle de Lui-même.*

L'ESPACE TRANSITIONNEL DE LA FOI : « UN AUTRE LIEU OÙ METTRE SES EXPÉRIENCES »

> La vérité ne s'enseigne pas ex cathedra, elle se vit ; et c'est la « forme » singulière et vivante qu'elle prend – chez des proches, parents, professeurs ou amis – qui parfois donne à celui à qui on la transmet le désir de s'en approcher davantage, voire d'en vivre à son tour et ainsi d'en devenir le contemporain. [...] *Mais nul ne peut goûter cette contemporanéité-là sans la rencontre de ceux et de celles qui en transmettent la force, grâce à la « forme » qu'elle a prise dans leurs vies et leurs engagements*[1].

Nos expériences affectives et relationnelles sont donc capitales car c'est à partir d'elles que va ou non prendre sens une parole pour les dire, pour se les dire à soi-même, pour les partager avec d'autres. Et cette parole elle est d'abord bien sûr celle des parents et de tout un environnement trouvé-là – parole plus ou moins ajustée à ce qui se vit et à ceux avec qui on vit et qui peut aller du pur monologue à un vrai dialogue – mais elle va être aussi celle des livres et

1. C. CHALIER, *Transmettre de génération en génération*, Buchet-Chastel, 2008, p. 152.

particulièrement des romans et des récits de vie. Ainsi dans *Le Temps retrouvé*, Proust fait une demande à ses lecteurs : non de le louer ou de le dénigrer, mais seulement de lui dire « si c'est bien cela », si les mots qu'ils lisent en eux-mêmes sont bien ceux qu'il a écrits. « Mes propres lecteurs à travers ce livre deviendront les lecteurs d'eux-mêmes. » Le propre de la littérature n'est-il pas en effet d'offrir un lieu où se comprendre soi-même à travers les histoires lues ? Ou comme le dit Camille Laurens : « Les romans [...] ont été pour moi cette école d'amour qui est leur seule raison d'être, car à quoi servirait la littérature si elle ne nous apprenait pas à aimer ? » Devant une histoire que je lis, j'écoute une autre voix que la mienne, je regarde un autre visage en relation avec d'autres voix et d'autres visages et une occasion m'y est donnée de reconfigurer ma propre vie, dans un aller et retour avec le texte. Ainsi le roman nous donne-t-il le moyen *de nous regarder nous-même dans le miroir qu'il nous tend...* et, traversant les apparences d'y déchiffrer qui nous sommes, ou plutôt la plupart du temps qui nous croyions être et que nous ne sommes pas... leurrés par notre besoin existentiel de nous vouloir « aimables », qui nous contraint à déguiser nos sentiments de rage ou d'envie inconscients en sentiments bienveillants conscients.

Or s'il y a un livre qui parle avec réalisme de tous ces sentiments d'amour, de haine et d'envie mélangés qui poussent à tuer pour de bon – est-ce un hasard si le premier fils d'Ève, Caïn, tuera son frère Abel ? – ou la plupart du temps à tuer de façon plus déguisée, en utilisant impunément les autres pour assurer leurs propres intérêts, c'est bien la Bible ; et cela est aussi vrai dans le premier que dans le second Testament. L'amour parlé ici sous forme d'une alliance avec un Autre y est sans cesse bafoué, trahi, incompris et sans cesse proposé à nouveau par Dieu à des hommes, des prophètes qui vont faire l'expérience dans leur propre vie d'« une grâce qui coûte cher[1] ». En effet, nous l'avons dit et

1. D. BONHOEFFER, *Le Prix de la grâce*, Delachaux et Niestlé, 1967.

redit, aucun amour ne va de soi et cela coûte toujours cher de se battre aussi bien en soi qu'en dehors de soi contre toutes ces forces maléfiques qui se conjuguent pour détruire. Mais en même temps quelle force d'attraction peut exercer, au creux de certaines vies, la promesse d'un amour plus fort que la mort et plus fort que la haine... Pour certains, ces récits de vie d'Abraham, Moïse, Isaïe ou Jésus-Christ vont devenir à l'intérieur d'eux « un autre lieu où mettre leurs expériences », un nouveau lieu où accueillir d'un Autre, comme l'ont fait Abraham, Moïse ou Jésus-Christ, leur place et leur identité. En effet, de même que l'enfant a besoin du visage de sa mère pour se voir lui-même, nous avons tous besoin de visages sur lesquels découvrir qui nous sommes – visages de ceux qui nous entourent... visages de nos ancêtres, ou visages découverts et rendus présents à travers des histoires qui viennent interroger la nôtre.

Le « buisson ardent » : un exemple paradigmatique d'accès à cet espace transitionnel de la foi.

Parmi les récits de vie de prophètes de l'Ancien Testament, celui de Moïse est un des rares qui à la fois inclut les premières années et qui est situé dans une réelle histoire au sens hébreu du terme *toledot* qui veut dire « générations ». Sa vie est exemplaire de l'influence de l'environnement sur un individu puisqu'elle est située à l'intérieur d'un peuple opprimé par un autre peuple. Mais elle est aussi exemplaire de la possible transformation d'un destin par le progressif apprentissage d'un être-avec-l'autre dans l'acceptation d'un vécu paradoxal dont l'épisode du buisson ardent représente un pivot, étant à la fois aboutissement et point d'un nouveau départ. Cette histoire va donc nous permettre de tester ce concept d'un espace transitionnel appliqué à la foi – concept certes élaboré par Winnicott mais que lui-même n'a jamais vraiment développé concernant ce registre de la religion – *espace commun cette fois à un Autre et à soi*, espace éminemment paradoxal où vivre la proposition d'une alliance dans la progressive découverte d'une incomblable séparation entre cet Autre et soi. Car soulignons-le, si l'espace transitionnel est commun à tous les phénomènes culturels, seul l'espace de la foi inclut les relations interpersonnelles aussi bien entre les hommes qu'avec Dieu.

Le « buisson ardent » fait certes partie de ce qu'on appelle couramment des expériences mystiques, expériences de rencontre ineffable avec Dieu. Il semble admis que ces expériences d'union intime avec Dieu adviennent soit spontanément et sans médiation – on y voit alors l'œuvre du Saint-Esprit –, même si elles peuvent aussi être recherchées et suscitées par l'ascèse, la prière, etc. Cette expérience serait donc « surnaturelle », avec souvent un cortège de manifestations inexplicables se situant hors temps et hors contexte relationnel, autrement dit, n'obéissant pas aux lois habituelles du fonctionnement mental. Or j'aimerais donc resituer ces expériences mystiques dans l'histoire de celui qui les vit pour montrer combien ces dernières ne tombent pas du ciel, même si certains peuvent les rechercher (mais alors quel poids d'histoire oriente le désir vers de telles expériences ?) !

Pour illustrer mon propos j'ai donc choisi de commenter un court passage du début de l'Exode[1] relatant brièvement les premières années de la vie de Moïse : lui-même hébreu, il va être d'abord « sauvé des eaux » par une Égyptienne, fille de Pharaon qui transgresse la loi de son père, puis, adolescent, voulant sauver un Hébreu roué de coups il tue l'Égyptien agresseur – ce qui l'oblige alors à fuir vers un pays étranger, Mâdian, où il sera accueilli. Là il refera sa vie à neuf : il va épouser la fille de cet étranger, aura deux enfants et quarante ans durant sera berger des troupeaux de son beau-père… et

1. L'Exode fait partie du Pentateuque qui inclut la Genèse et trois autres livres parlant aussi de Moïse, le Lévitique, les Nombres et le Deutéronome. – Nous renvoyons en outre aussi à notre livre traitant de l'histoire de Moïse intitulé *Les Destins de la culpabilité*, Paris, PUF, coll. « Le fait psychanalytique », 1993.

c'est alors qu'il conduit ses troupeaux vers la montagne de l'Horeb que se situera l'épisode du « buisson ardent », l'épisode de sa rencontre avec Dieu.

Personne ne prête vraiment attention à ces premières années de la vie de Moïse. Or nous voudrions justement montrer que sans les expériences faites avec la princesse égyptienne qui fait alliance avec sa propre mère, sans Jéthro, ce beau-père qui l'accueille et lui ouvre sa maison, sans Cippora, sa femme, Moïse ne serait sans doute jamais devenu cet homme de l'« alliance », alliance avec Dieu et avec son peuple. C'est l'expérience d'un « être-pris-en-compte » pour lui-même par tous ces personnages qui lui donnera une pré-compréhension de ce Nom que Dieu lui révélera au buisson ardent. S'il était resté sous la férule de Pharaon, ni sa haine envers lui, ni la culpabilité refoulée qui en découlait et qui avait motivé son geste meurtrier envers un Égyptien n'auraient pu être reconnues et intégrées et il n'aurait précisément pas pu entendre Dieu se révéler comme « être-avec-l'autre ». Nous sommes ainsi au cœur du paradoxe winnicottien d'un « trouver-créer » le monde : qui que nous soyons, nous sommes totalement tributaires d'un environnement trouvé là, malgré nous. *La vie nous a été imparablement donnée dans une manière qu'ont eue les autres d'entrer en relation avec nous, nous donnant de transmettre à notre tour* ce que nous avons pu créer à partir de ce que nous avons reçu, ou ce que, à partir de là, nous n'avons pu ou su que répéter…

Un monde imparablement « trouvé là ». Les expériences contrastées de sa naissance : une loi de mort renversée par deux femmes qui font alliance contre Pharaon.

Moïse va donc naître en Égypte, à un moment où, pour tout petit garçon hébreu, cela signifie devoir mourir. Joseph[1], qui s'était installé avec tous les siens en sauveur de l'Égypte quatre cents ans plus tôt, avait été oublié, et les Hébreux « nombreux et puissants à l'extrême » devenaient menaçants pour le pouvoir de Pharaon. C'est pour enrayer ce processus que tout un système croissant d'oppression avait été mis en place par les Égyptiens : d'abord l'écrasement par des travaux épuisants, puis l'ordre donné aux accoucheuses de tuer les garçons, mais comme elles s'arrangeront pour tourner cet ordre, ce fut celui de les jeter au fleuve.

Donc première expérience du petit Moïse : une loi, traduisant la volonté de puissance d'une nation sur une autre, a discriminé nationalité et sexe, pour décider de sa propre mort.

Mais une autre « loi » à valeur universelle, celle du cœur, va faire désobéir deux femmes, l'une hébreue, sa mère, l'autre égyptienne, la princesse, fille de Pharaon, qui, se faisant confiance l'une à l'autre, lui garderont la vie.

Cette alliance spontanément conclue au nom d'une compassion envers un petit enfant sans défense qui appelle à l'aide – compassion qui exposait chacune de ces femmes à une sanction de mort pour elles-mêmes – va inscrire dans l'inconscient de Moïse deux certitudes :

– un absolu transcende toute loi et tout pouvoir humains, un absolu qui a à voir avec une compassion envers tout être vivant, fût-il précisément étranger et faible ;

– une action qui lie deux partenaires, fussent-elles deux

1. Joseph, fils préféré de Jacob, avait été jeté dans une citerne par ses frères jaloux ; découvert par une caravane il avait été emmené en Égypte ; l'épisode sans doute le plus connu de sa vie est celui où il interprète les rêves de vaches grasses et maigres de Pharaon – ce qui lui vaudra de devenir l'homme de confiance de Pharaon. (voir Gn 37, 2 – 50, 26).

femmes, se faisant confiance au nom de cet absolu, est susceptible de s'opposer efficacement au tout-pouvoir d'un tyran et ainsi de contredire le destin. Tout n'est donc pas joué d'avance ou inscrit de façon immuable dans les astres…

Si nous ne « croyons » que ce que nous avons expérimenté, Moïse recevait là, lui l'enfant tiré des eaux suivant la traduction à la fois égyptienne et hébreue de son nom, une formidable « basic trust » dans la puissance de contestation contenue dans une alliance… même si, comme nous l'allons voir, cette situation contenait de redoutables pièges dans la mesure où, cette alliance se faisant à deux contre un, en l'occurrence ici contre Pharaon, se refermait sur elle-même, gelant la circulation des échanges.

Où et avec qui en Égypte, terre du chacun pour soi,
aurait donc pu se vivre suffisamment de sécurité aimante
pour que Moïse puisse accepter et reconnaître en lui
des sentiments négatifs et ainsi accéder
à la reconnaissance d'un autre ?

L'Égypte en hébreu se dit *Mitzraïm*, littéralement « les barreaux d'une prison », terre du chaos primordial, de la confusion, du « tohu bohu ». C'est sur cette terre, terre mêlée de bien et de mal, d'amour et de haine, où personne ne peut exister à part entière puisque seul ce qui comble est assimilé au bien, que tout homme vient au monde. Un long chemin d'« exode », de sortie de cette illusion d'omnipotence sera à parcourir, *en appui sur quelqu'un de fiable*, pour apprendre à reconnaître que le bien n'équivaut pas forcément à notre plaisir et le mal à notre déplaisir qu'il faut alors expulser de nous… parce que l'autre aussi existe et qu'il y a aussi un bien et un mal pour lui… Moïse, donc, est élevé à la cour de Pharaon et nous le retrouvons, alors qu'il va rendre visite à ses frères hébreux. Il remarque, nous dit le texte, un Égyptien qui rouait de coups un Hébreu ; voulant le défendre, il tue cet Égyptien et le cache dans le sable.

Notons que ce meurtre reprend en miroir et condense à la

fois le geste secourable de la princesse envers un être démuni – il veut défendre le faible – et le geste meurtrier de Pharaon envers « l'étranger ». Dans ce geste, répétons-le, *sont inextricablement mélangés l'amour* dans un désir de secourir l'autre *et la haine* dans un désir tout aussi virulent de vengeance. Pour l'instant Moïse ne peut qu'être prisonnier de cette terre de la confusion, et son désir pourtant généreux de sauver un frère de sang va perpétuer le « tohu bohu », le chaos en lui et autour de lui. Voulant faire justice, voilà qu'il donne la mort.

Une fois le meurtre commis, il n'a comme recours que d'ensabler le cadavre, autrement dit d'ensevelir dans l'inconscient cet acte chargé de tous ses désirs bons et mauvais à la fois, qu'aucun personnage fiable ne lui a jusqu'ici permis de différencier et de transformer. Sur cette terre sans foi ni loi – puisque la « loi » n'y est que l'arbitraire des désirs d'un despote ou l'arbitraire d'une princesse qui le sauve *contre* son propre père[1] – il ne peut être que renvoyé à sa douloureuse ambiguïté personnelle et condamné par elle. Devenu suspect aussi bien aux yeux des Égyptiens qu'à ceux des Hébreux, s'étant trahi lui-même au plus profond de son identité, lui dont le nom témoignait de la vie reçue par pur don ne trouvera son salut que dans la fuite.

Toutefois cet acte, qui se voulait généreux et dont les conséquences se révèlent si différentes, dévoile pour la première fois à Moïse la situation paradoxale qui est la sienne : s'il n'avait pas été sauvé par la princesse il serait mort, mais sauvé par elle il est passé malgré lui, pour ses frères de sang, dans le camp des ennemis, de ceux qui trahissent. La transgression agie lui apprend brusquement qu'il ne peut plus maintenir innocemment son double statut dans lequel aucun geste ne sera désormais susceptible de lui conférer une quelconque légitimité.

1. Dans le jargon psychanalytique, on parle ici d'une situation incestuelle (non pas incestueuse car il n'y a pas de passage à l'acte), la princesse se faisant complice de Moïse en désobéissant à la loi de son père.

Mais en même temps que cet acte lui dévoile l'absurde de cette situation, il lui en occulte les raisons, pour l'instant inintégrables par son surmoi. « Qui te donne autorité ? » lui avaient demandé les protagonistes du drame. *En fait de référence à une loi, il ne s'est autorisé que de sa bonne foi généreuse et n'a finalement fait qu'imiter l'omnipotence de Pharaon.* Son geste n'a été que la traduction directe d'un imaginaire qui a fait fi de la réalité des personnes, ainsi que des forces politiques en présence.

Mais il est là, quoi qu'il veuille, renvoyé au problème du fondement du droit : qui en Égypte a autorité pour dire la loi ? Avec acuité se pose là pour lui le problème d'une loi qui, au-delà de son acceptation individuelle, doit au même titre transcender chacun et trouver à s'exprimer dans une aire socialement admise de droits et de devoirs imprescriptibles. Ce qui des dizaines d'années plus tard pourra être figuré dans les dix commandements du Sinaï, ne trouve-t-il pas là à la fois ses racines et son horizon d'attente ?

Madiân, terre du partage et de la confiance reçue et donnée se fait, quarante ans durant, terre d'apprentissage de l'altérité.

Fuyant l'Égypte, il est, pour la seconde fois, accueilli par des étrangers ; avec la différence qu'ici, à Madiân, une loi partagée par tous y médiatise les échanges. Jéthro[1], lui ouvrant sa table et sa maison – il va lui donner sa propre fille Cippora, en mariage –, fait passer Moïse du système d'alliance égyptien qui oppose deux termes à un troisième – espace préœdipien – à un autre système qui permet à trois

1. Jéthro est prêtre à Madiân et a sept filles ; en fuite, Moïse s'était arrêté près d'un puits et c'est là qu'il avait défendu les filles de Jéthro contre des bergers qui les empêchaient de puiser de l'eau ; rentrées chez elles, elles racontèrent à leur père Jéthro ce qui s'était passé et c'est Jéthro lui-même qui invitera Moïse à manger – nous avons ici l'exacte antithèse de ce qui se passait chez Pharaon, qui non seulement n'ouvrait pas sa maison aux étrangers mais cherchait à les tuer.

termes de coexister – donc à un espace œdipien. Sur cette terre, il ne sera question que de confiance donnée et reçue, en un mot il sera question d'amour. Et Moïse, s'inscrivant cette fois dans une filiation, à la mesure où il accepte de faire siennes les lois madianites, y donne la vie : il y devient père et berger – symbole s'il en est de fiabilité.

Toutefois, cette terre idéalisée où Moïse refait sa vie – et qui plus est, une vie bonne – le laisse amputé de la part la plus importante de lui-même. N'a-t-il pas tout simplement superposé l'idéal au mauvais, Madiân à l'Égypte ? Qu'a-t-il fait de ses origines hébraïques ? Son désir généreux de venir en aide à ses frères hébreux est-il à tout jamais enseveli avec le cadavre égyptien, témoin de son désir de vengeance ?

Le buisson ardent, une rencontre qui, réconciliant Moïse avec son passé, l'ouvre à une alternative nouvelle : YHWH y révèle à Moïse qu'un terrain commun, un espace potentiel de devenir-ensemble existe entre eux... si toutefois Moïse veut bien agir pour le créer.

Cette rencontre avec Dieu, l'Autre par excellence, n'est pas fortuite ; elle a été préparée par toutes les étapes franchies par Moïse à la rencontre d'un autre de plus en plus reconnu comme tel. Entre la fuite hors d'Égypte et cette rencontre quarante ans se sont écoulés – quarante ans où il lui a été donné de se recevoir d'une tradition qui n'était pas la sienne et d'apprivoiser en lui et avec son environnement le même et l'autre (l'étranger en lui et dans l'autre). Ainsi que le souligne fortement la tradition rabbinique, c'est la justesse, peu à peu conquise, d'une relation à autrui qui permet d'arriver à la montagne de Dieu.

En outre, elle se situe au moment où Pharaon meurt. D'une part les Hébreux restés en Égypte y voient un espoir de changement. D'autre part, *cette mort, marquant une limite à la toute-puissance présumée de Pharaon, va permettre à Moïse de désabsolutiser l'image toute mauvaise qu'il en avait construite* : Pharaon ne s'était-il d'ailleurs pas montré humain et bon aussi, en l'élevant comme un prince à sa cour ?

En même temps que se nuance l'image de Pharaon, peuvent se remanier ses souvenirs. Si un pan de refoulement est levé, c'est que les bonnes expériences engrangées à Madiân, pesant désormais plus lourd en lui que les mauvaises, permettent ce travail de la mémoire. Habité à l'intérieur de lui par un père bienveillant – ou tutélaire comme dirait F. Pasche – à qui désormais se référer, il dispose d'un lieu de rencontre avec les autres – tout autre – dont l'absence devient une modalité de la présence. Il n'est alors plus étonnant qu'il puisse maintenant entendre YHWH lui parler, faisant mémoire à la fois de ses ancêtres, et des frères restés en Égypte qui, eux-mêmes, aspirent à une libération.

« C'est moi le Dieu de ton père, le Dieu d'Abraham et de Jacob [...]. » « J'ai vu, j'ai vu la misère de mon peuple qui réside en Égypte [...]. Je suis résolu à le délivrer de la main des Égyptiens [...]. Maintenant va, je t'envoie auprès de Pharaon pour faire sortir d'Égypte mon peuple, les enfants d'Israël. Je serai avec toi » (Ex 3, 7-9).

Alors bien sûr nous nous situons ici au croisement de deux interprétations possibles, l'une athée, l'autre croyante. Dans le champ psychanalytique traditionnel, il ne peut s'agir là que d'une projection : en effet Moïse entend Dieu dire son propre désir et sa révolte contre l'injustice ; il prête à un autre un souhait qui est sien, forgé de toutes ses expériences passées.

Dans le champ de la croyance cependant on peut remarquer combien cette rencontre fait sortir Moïse de la répétition et transforme son rapport au réel – *Ce qu'il entend là, ce sont certes ses propres désirs de justice, mais repris par quelqu'un d'Autre qui vient aujourd'hui partager ses anciens affects de compassion pour la misère des Hébreux – désirs de justice qui, lui ayant fait faire l'expérience d'un réel que rien n'avait pu modifier, l'avaient mené dans une douloureuse impasse.* Or c'est au lieu de cette impasse que Dieu prend sens à ce moment-là pour lui, et lui parle Son altérité… comme à-venir désirable à réaliser avec Lui et avec les siens.

Ce qu'il entend va authentifier et orienter autrement ce qu'il découvre. *Cette Parole ne vient pas condamner le passé et enfoncer Moïse dans l'illusion rétrospective de fatalité, comme lui faisait croire sa culpabilité inconsciente, mais au contraire affirmer que le sens de ce passé peut être changé.* Quelqu'un de compatissant vient réparer le miroir brisé de son identité, le rassemble dans ce qui constitue sa lignée, et ce faisant, dans un lieu différent de signification, l'exact écho de ses désirs de justice, lui propose de se réconcilier avec sa propre conscience. *Dans ce nouveau lien à un Autre, où il se sent affectivement compris et accepté, il peut relire toute son histoire et la réintégrer dans un projet d'avenir.*

Comme un enfant se regardant dans le visage de sa mère peut, si celle-ci est « suffisamment bonne », se voir lui-même dans le plaisir qu'elle a à le regarder, Moïse, dans le miroir de cette Parole divine qui compâtit, se regarde réunifié et reconnu bon, jusque dans ses désirs de justice pour lesquels il s'était condamné lui-même… reconnu bon, si toutefois il veut bien les agir à nouveau ; la réparation ne sera pas magique. Freud[1] lie renonciation au père comme puissance protectrice infantile, et rejet de la croyance en Dieu. Or cette renonciation, c'est ce que demande ici YHWH à Moïse, afin qu'il prenne lui-même en main son destin. Même s'il se sait désormais accompagné par Quelqu'un d'autre, ce destin lui appartient intégralement : « Va ! s'entend-il dire, Je serai avec toi » ; Je te donne toute ma confiance pour que toi-même, maintenant que tu es sorti d'Égypte, tu redonnes vie à l'inaccompli de tes anciens désirs de justice, et c'est de toi que j'ai besoin pour organiser un devenir-ensemble.

Mais pour cela il te faut retourner d'où tu étais sorti pour reprendre possession de ce passé, donc retourner affronter Pharaon et les fantômes d'inceste et de meurtre laissés ensa-

1. *Un souvenir d'enfance de Léonard de Vinci. Œuvres complètes*, X, PUF, 1910, p. 195 et 196.

blés. *C'est dans un travail de mémoire et de deuil conjugués, que les événements vécus comme absurdes pourront trouver un sens nouveau et que seront libérées les forces vives nécessaires à l'action.*

Ainsi, dans cette rencontre, il ne s'agit pas pour Moïse de se regarder, tel Narcisse, beau ou bon dans le miroir des eaux divines. C'est un paradoxe qui lui est proposé : si la réconciliation avec lui-même et avec ses frères hébreux lui est offerte dans une relation d'alliance avec un Autre, c'est pour que lui l'invente, que lui l'agisse ! Et c'est seulement si Moïse s'engage dans cette action qu'il pourra vérifier le bien-fondé de cette promesse d'alliance… il n'y a pas de preuve ou de garantie données à la seule saisie intellectuelle. *Seule l'action peut faire pont entre le fantasme et le réel*, et c'est dans son après-coup que se déploient des sens. Les Hébreux ne s'y tromperont pas qui, lors de la conclusion de l'alliance au Sinaï, répondront « nous ferons et nous écouterons » (Ex 24, 7) *(Naasse venishemah)*… d'abord l'acte, ensuite le sens[1].

Moïse pose alors deux questions qui pour moi n'en sont qu'une : l'interrogation sur soi-même est inséparable d'une question sur l'autre, puisqu'elle contient toutes les expériences relationnelles déjà faites avec les figures parentales :

« Qui suis-je ? »

« Et s'ils demandent quel est Ton Nom ? »

et reçoit deux réponses qui, pour moi aussi, n'en sont qu'une :

à la fois « je serai avec toi » et

« eheyeh asher eheyeh »

L'inaccompli hébreu[2] ne peut pas se traduire par un seul

1. Rappelons-nous : Winnicott fait du jeu les prémices des expériences transitionnelles – or, nous dit-il, « jouer, c'est faire ». Dans un tout autre registre, Varela appelle « l'enaction » cette cognition qui s'acquiert dans une action incarnée dans *L'Inscription corporelle de l'esprit*, Paris, Éd. du Seuil, 1993.

2. En hébreu n'existent que deux temps : l'accompli qui renvoie à une action finie et ce temps de l'« inaccompli » qui balaie le temps et dont une des meilleures traductions se dit dans : « Il était, il est et il vient. »

présent : Je suis qui Je suis, mais doit aussi et en même temps intégrer le dynamisme d'un événement en train de se produire :

« Je suis en train de devenir qui Je suis en étant avec toi[1]. »

C'est donc le lien entre les personnes qui vient dire l'identité à-venir de chacun. Cet inaccompli hébreu renverse le temps : le présent ne peut provenir que de l'avenir collectif à mettre au monde. En YHWH, l'unité n'existe qu'en devenant sans cesse, et ne peut donc pas être entendue comme autre chose qu'une tâche à accomplir. L'Absolu échappe ainsi à tout essai de mainmise et à toute absolutisation par l'homme.

Nous avons insisté sur l'importance de ce que Moïse avait reçu dans les rencontres faites et qui lui ont servi de précompréhension à la révélation du Nom de Dieu ; insistons en outre sur un autre aspect : *cette rencontre du buisson ardent ne l'a pas magiquement transformé* ; ce qu'était Moïse, le texte nous dit bien qu'il le reste : il garde ses fermetures, ses doutes… Il ira même dans un premier temps jusqu'à refuser d'aller parler à Pharaon. Pourtant il y aura bien transformation. *Mais là encore celle-ci n'adviendra (l'à-venir) qu'à travers les actes posés en interaction avec d'autres (Aaron, les Anciens, etc.) et parfois cette transformation, comme nous allons voir, se devra d'être totalement reçue d'un autre, en l'occurrence de sa femme Cippora.* Le Nom contenait un projet communautaire qu'il avait à inventer en faisant expérimenter à ceux qui l'entouraient la fécondité d'une loi de mutualité, une loi aussi bien du recevoir que du donner, qui seule permet d'être soi-même en partageant la vie d'autrui (en complet contraste avec la « loi » de Pharaon). En se vérifiant fiable pour le peuple, Moïse allait peu à peu ouvrir alors au peuple la route de l'acceptation de cette loi de mutualité inscrite dans le Nom révélé par YHWH… mais une route proposée, que chacun choisirait on non de prendre, et de

1. Nous nous expliquons longuement de cette traduction dans le livre *Les Destins de la culpabilité*.

refaire à nouveau pour lui-même.

C'est cette loi de mutualité « Je suis en train de devenir qui je suis en étant avec toi » qui, dans la foi, ouvre à l'homme un espace paradoxal où mettre ses expériences pour leur donner un sens nouveau et une nouvelle orientation. De même que l'enfant doit se réfléchir dans le visage de sa mère pour entrer dans la découverte de lui-même, YHWH se propose à l'homme comme AUTRE miroir d'identité, comme AUTRE manière de construire une continuité des liens. N'était-ce pas d'ailleurs ce qui était dit en Genèse 1, 26 « Faisons l'homme à notre image » ? L'être de l'homme n'est fait que d'être « à la ressemblance de Dieu », en référence à un Tout-Autre qui Lui seul peut dire « Je suis qui je suis » et qui en Jésus-Christ donnera chair à cette autre facette de ce même Nom : « Je suis en train de devenir qui je suis en étant avec toi », avec toi, Dieu, et avec toi, toi que je rencontre. Or, n'est-ce pas la révélation de cette facette-là, qui est terrain commun à Dieu et à l'homme, entre-deux d'un désir de co-construction, projet enthousiasmant sur lequel certains vont oser miser toute leur vie ?

Valeur du célibat dans la tradition chrétienne.

Dans l'Ancien Testament et dans la tradition juive il n'y a aucune valorisation du célibat, bien au contraire. Il faut d'ailleurs remarquer que Moïse – « le plus grand des prophètes » – avait pris femme et que celle-ci, Cippora, outre son rôle d'épouse et de mère de ses enfants, jouera pour lui un rôle capital ; voici ce qui est dit en Exode 4, 24-26 : « Alors qu'en route Moïse avait fait halte pour la nuit, YHWH le rencontra et tenta de le faire mourir. Cippora prit alors un silex, coupa le prépuce de son fils et en toucha le sexe de Moïse en disant : “Vrai ! tu es pour moi un époux de sang.” Et YHWH le laissa. »

Au moment où Moïse vient de recevoir de YHWH Son pouvoir, voici qu'il est renvoyé à tout ce qui n'a pas encore été élaboré en lui de sa rivalité avec Pharaon, alors que précisément la princesse avait fait alliance avec lui contre son père. Tous les désirs d'omnipotence amoncelés en Égypte réémergent et viennent hanter le sommeil de Moïse. Or nous avons ici une version très belle d'accession à un espace de réciprocité à trois donné par une femme, qui plus est une étrangère, qui rétablit la circulation des échanges entre elle, son mari et leur fils, le réinscrit dans sa lignée... et lui fait retrouver confiance en YHWH[1].

Pourtant très vite après cet épisode, remarquons que Cippora disparaît du récit. Est-ce pure coïncidence ?

En tout cas, le Christ va marquer une rupture dans la tradition de son peuple en se voulant célibataire et à sa suite la continence et le célibat seront tenus par beaucoup comme préférables au mariage. Le chrétien idéal va être celui qui vit dans le célibat à cause de Dieu ; s'il n'en est pas capable, alors et alors seulement, il vaut mieux qu'il « se marie plutôt que de brûler ». C'est bien ce qu'écrit saint Paul dans la première épître aux Corinthiens 7, parlant un peu plus loin d'un homme qui, est-il marié, se voit « partagé » entre l'amour de Dieu et l'amour pour sa femme, alors que le célibataire n'a souci que « des moyens de plaire au Seigneur ».

Et cela était d'autant plus vrai qu'il choisissait d'être prêtre, même si jusqu'au IVe siècle le célibat n'avait pas été imposé ; mais c'est à cette période qu'il est demandé aux clercs, même mariés, de « renoncer à la femme et à la procréation » avec pour motif essentiel « la pureté cultuelle » : la sexualité impure car viciée par le péché originel n'est pas compatible avec le service sacré de l'autel – le prêtre doit être une offrande jusque dans sa vie personnelle. C'est ainsi que, par exemple, la conception par Ambroise, évêque de Milan, de la virginité comme protection contre la souillure de la sexualité, précisément rachetée par la

1. Il n'est pas possible ici d'entrer dans les détails mais pour une interprétation argumentée de cet épisode, nous renvoyons à notre livre *Les Destins de la culpabilité*, p. 134 à 139.

naissance virginale de Jésus, allait avoir une forte influence dans toute l'Église latine. Cette vision des choses entérinait celle d'un investissement concurrentiel Dieu-homme : le clerc se devait de choisir le camp de Dieu afin de ne pas rester « partagé » entre deux amours. Le célibat devenait une valeur en soi, estimée comme éminemment supérieure à la vie conjugale.

Mais la sainteté, autrement dit le choix du camp de Dieu, n'est-elle pas la vocation de tout baptisé ? Aimer Dieu signifie-t-il l'aimer par-delà le prochain ? Bien sûr, comme l'écrit E. Schillebeeckx[1], « dans tous les domaines, c'est vers Dieu qu'on tend en définitive, mais cela est une loi évangélique qui vaut aussi bien pour tout chrétien marié ». Dieu et l'homme ne font pas nombre. Quant à penser qu'il est plus facile de rencontrer Dieu hors mariage, écoutons la suite du texte que je viens de citer : « La "voie plus sûre et plus commode" dont parlent nombre d'auteurs spirituels est un motif très ambivalent en faveur du célibat, malgré certains avantages de cet état, et encore, ces avantages ne sont même pas donnés *automatiquement*, mais apparaissent seulement dans et par la *réponse affective* que l'on donne aux valeurs religieuses en faveur desquelles on a renoncé à la valeur terrestre. Chacun des deux états de vie a ses avantages et ses inconvénients propres, et les avantages réels de l'un font défaut à l'autre. »

Et Schillebeeckx d'avancer alors un argument qui me semble décisif : « On ne peut donner au célibat un sens religieux si on n'a pas éclairci au préalable *la valeur du célibat comme valeur terrestre*. En effet, ce qui n'a pas été clarifié dans sa propre réalité terrestre ne peut servir de *signe* pour favoriser la compréhension ou la suggestivité d'une autre réalité "surnaturelle" [...]. Il faudrait donc donner d'abord une *phénoménologie du célibat en tant que projet de vie*, par exemple parce qu'on veut se consacrer entièrement à des œuvres sociales, à une recherche scientifique, etc. »

1. *Autour du célibat du prêtre*, Paris, Éd. du Cerf.

Autrement dit, nous sommes ici face à une incontournable hiérarchie de valeurs ; contrairement à ce que nous aimerions croire, nous ne pouvons pas tout réaliser dans une seule vie, et choisir, c'est forcément privilégier quelque chose au détriment d'autre chose. Certaines personnes, sous l'empire d'une valeur humanitaire qui les pousse à vouloir s'engager comme soignants dans des pays en guerre, vont ainsi se consacrer à une œuvre qui peut être difficilement compatible avec une vie conjugale. Vouloir alors accomplir une certaine valeur peut devenir un projet qui oriente toute la vie et qui justifie d'y sacrifier – ici temporairement ou définitivement – la réalisation d'autres valeurs. Ainsi « le fait de n'être pas marié, dans une optique chrétienne ou non, n'est pas une valeur, sinon comme l'implication de l'exigence souveraine d'une autre valeur ».

À cause du « Royaume des cieux » ?

Quelle est alors cette exigence souveraine dans une optique chrétienne ? Qu'est-ce que ce célibat « à cause du Royaume des cieux » (Mt 19, 12) et à cause de l'Évangile ? « La valeur sur laquelle ce célibat est centré, c'est la Personne concrète du Christ en même temps que son projet de vie : la fondation du Royaume des cieux. »

Or effectivement c'est bien le Christ et son projet du Royaume des cieux qui conquièrent le cœur de tous ceux qui vont vouloir s'engager à sa suite ; tous pourraient s'approprier cette parole que Jérémie adresse, lui, à Yahvé : « Tu m'as séduit, Yahvé, et je me suis laissé séduire » (20, 7). C'est, pour certains, une vraie séduction du cœur qu'exerce cette nouvelle réalisation de valeur qui, incarnée dans le Christ, nous parle d'une certaine forme de justesse relationnelle qu'il a lui-même vécue et qui initie le Royaume.

Le Royaume ? Comment en rendre compte à ceux qui n'en ont pas expérimenté par eux-mêmes l'attirance ? Remarquons à la suite de P. Ricœur[1] que le Christ n'en donnera aucune définition abstraite, ce qui aurait d'ailleurs été contraire au génie de la langue hébraïque. Il n'en parlera qu'en paraboles, en images – sa propre vie les résumant toutes. Et ces images ne nous disent pas ce qu'est ce Royaume, ni ce qui est Bien ou ce qui est Mal ; elles nous orientent, dans une polyphonie d'images plurielles et souvent contradictoires vers *ce à quoi « il est semblable »* :

« Le Royaume des cieux est comparable à une graine de moutarde, etc. [...] à du levain [...] à un trésor caché, etc. [...] (Mt 13...).

Et Paul Ricœur de commenter : « Toute notre pratique scientifique tend à utiliser les images comme moyens provisoires et à remplacer les images par les concepts. Nous sommes ici invités à suivre une autre voie [...]. Il y a plus à penser à travers la richesse des images que dans la cohérence d'un simple concept » (p. 261).

En effet les paraboles n'enseignent pas à la façon ordinaire ; elles enseignent en maniant le paradoxe et l'hyperbole pour nous faire revenir au cœur de l'existence. « L'hyperbole a pour but d'arracher l'auditeur au projet de faire de sa vie quelque chose de linéaire. » Le besoin de faire de sa vie une totalité continue est ici contredit. Et Ricœur alors de parler de « désorienter » par l'extravagance et l'exagération du propos, pour « réorienter » autrement le regard et le cœur. Il s'agit de redécrire la réalité, celle du Royaume, en utilisant des « expressions-limites » qui font choc : que ce soit les ouvriers de la onzième heure, les convives recrutés dans la rue pour le festin, l'homme qui va vendre tout ce qu'il possède pour acheter une perle... tout cela nous déroute, nous fait sortir de notre façon de nous rassurer avec nos conceptions étriquées de la norme, du « raisonnable », du juste et de l'injuste.

Pour essayer d'entrer dans cette démarche qui fait entrevoir à quoi est semblable ce Royaume nous allons relire une

1. L'*Herméneutique biblique*, Paris, Éd. du Cerf, coll. « La nuit surveillée », 2001.

parabole, celle de l'enfant prodigue qui nous introduit à une dimension fondamentale de l'histoire du Christ, Lui qui n'a cessé de se recevoir d'un Père, et qui nous invite à sa suite.

Il dit encore : un homme avait deux fils. Le plus jeune dit à son père « Père, donne-moi la part de fortune qui me revient. » Et le père leur partagea son bien. Peu de jours après le plus jeune fils, rassemblant tout son avoir, partit pour un pays lointain et y dissipa son bien dans une vie de prodigue.

Quand il eut tout dépensé, une grande famine survint en ce pays et il commença à sentir la privation. Il alla se mettre au service d'un des habitants de la contrée, qui l'envoya dans ses champs garder les cochons. Il aurait bien voulu se remplir le ventre des caroubes que mangeaient les cochons, mais personne ne lui en donnait. Rentrant alors en lui-même, il se dit : « Combien de journaliers de mon père ont du pain en abondance et moi je suis ici à mourir de faim ! Je veux partir retourner vers mon père et lui dire : Père j'ai péché contre le Ciel et contre toi ; je ne mérite plus d'être appelé ton fils, traite-moi comme l'un de tes journaliers. » Il partit donc et s'en retourna vers son père.

Comme il était encore loin son père l'aperçut et fut touché de compassion ; il courut se jeter à son cou et l'embrassa longuement. Le fils alors lui dit : Père j'ai péché contre le Ciel et contre toi, je ne mérite plus d'être appelé ton fils. Mais le père dit à ses serviteurs : Vite apportez la plus belle robe et l'en revêtez, mettez-lui un anneau au doigt et des chaussures aux pieds. Amenez le veau gras, tuez-le, mangeons et festoyons car mon fils que voilà était mort et il est revenu à la vie ; il était perdu et il est retrouvé ! Et ils se mirent à festoyer.

Son fils aîné était aux champs. Quand à son retour il fut près de la maison, il entendit de la musique et des danses. Appelant un de ses serviteurs, il lui demanda ce que cela signifiait. Celui-ci lui dit : C'est ton frère qui est de retour et ton père a tué le veau gras, parce qu'il l'a recouvré en bonne santé. Il se mit alors en colère et refusa d'entrer. Son père sortit l'en prier. Mais il répondit à son père : Voici tant d'années que je te sers, sans avoir jamais transgressé un seul de tes ordres et jamais tu ne m'as donné un chevreau à moi pour festoyer avec mes amis ; et puis ton fils que voilà revient-il, après avoir dévoré ton bien avec les femmes, tu fais tuer pour lui le veau gras !

Mais le père lui dit : Toi mon enfant tu es toujours avec moi et tout ce qui est à moi est à toi. Mais il fallait bien festoyer et se réjouir, puisque ton frère que voilà était mort et il est revenu à la vie ! Il était perdu et il est retrouvé ! (Lc 15, 11-32.)

Ici donc nous trouvons des images très ordinaires de la vie courante (il n'y a là ni miracle, ni théophanie d'aucune sorte, donc rien d'extraordinaire) pour nous parler du Royaume – images paradoxales d'un fils fidèle à qui son père n'a jamais manifesté aucune reconnaissance : sa fidélité va tellement de soi ! – et d'un fils infidèle qui, ayant tout dilapidé de l'héritage réclamé, se voit non seulement attendu mais fêté de façon éhontée par ce même père – cela entraînant les revendications jalouses liées à un sentiment d'injustice fondé, auquel tout un chacun peut avec raison s'identifier.

Cependant il nous faut, sur les conseils de Ricœur, convertir notre regard et réorienter autrement notre cœur : le Royaume est ici comparable à cette première image clé : *l'événement festif d'une rencontre.*

– Le père donc avait laissé partir au loin son fils qui avait revendiqué « ce qui lui appartenait » et voulait se suffire à lui-même (bien sûr on peut toujours épiloguer sur le fait que le père a laissé faire par respect ? par indifférence ?... mais la pointe de la parabole n'est pas là) ; or chose capitale, *le père n'a pas rompu les liens affectifs avec lui.* Dans la souffrance de la rupture, il l'attend, il espère son retour, sans préalable, sans condition.

– Le fils au long du temps fait l'expérience qu'« il ne se suffit pas à lui-même » ; tout ce qu'il avait « pris » à son père, il l'a dilapidé, et maintenant il a faim, il est démuni ; dans un mouvement dont il faut noter qu'il est d'abord intéressé, il est poussé à « retourner en lui-même », et en lui-même que retrouve-t-il ? *Le lien de confiance* à son père. Une tout autre dimension émerge alors : celle du lien affectif resté malgré tout présent, où s'identifiant à ce dernier – *voilà qu'il accepte d'être « affecté » par son père* – il lui est dévoilé combien son attitude a pu le blesser et le faire souffrir ; se sentant profondément malheureux et coupable il n'a alors qu'une envie, c'est de le retrouver pour lui dire combien, malgré tout, il l'aime *aussi.* Désormais il a expérimenté que l'amour de son père – et tout amour à travers cet amour particulier – n'est pas dû, mais se reçoit : l'amour ne donne aucun droit sur l'autre ou de l'autre sur soi ; simplement ce fils a profondément besoin d'être accueilli, pardonné. Tous les ingrédients à une vraie rencontre sont réunis : d'un côté le père a maintenu le lien avec son fils absent et il espère son retour ; de l'autre, le fils, étant rentré en lui-même, a repris conscience de l'importance du lien de tendresse qui, quoi qu'il se soit passé et quoi qu'il ait fait, le rattache à son père.

Faisons un arrêt sur la richesse de cette image et laissons-nous désorienter, pour être réorientés autrement : chacun, le père comme le fils – *à la même mesure* – donne à l'autre le plaisir des retrouvailles, le plaisir de renouer des liens de mutualité.

Ainsi le Royaume des cieux est-il comparable à ce moment festif de l'accueil réciproque où *le plaisir partagé fait de chacun des protagonistes des égaux.*

Encore faut-il être suffisamment en sécurité à l'intérieur de soi pour accepter d'être affecté par l'autre et se recevoir de lui – car encore une fois si la situation de passivité et de dépendance réveille trop de menaces d'être livré au pouvoir discrétionnaire d'un autre, les seules réponses possibles seront des conduites d'emprise.

Deuxième image : *« Celui à qui on pardonne peu, montre peu d'amour »* (Lc 7, 48).

Deux poids, deux mesures, disions-nous dans le traitement des deux fils… Une autre parabole, celle de la brebis égarée, nous dit des choses semblables : il y aura de la joie au ciel pour un seul pécheur qui vient à se repentir, plus que pour quatre-vingt-dix-neuf justes qui n'ont pas besoin de repentance ? Cela équivaut-il à une condamnation du « juste » ?

Revenons donc à cette deuxième image tirée d'un passage

de Luc : Jésus est invité à manger chez Simon, un pharisien, et une « pécheresse » vient répandre un vase de parfum mêlé de ses larmes sur les pieds en Jésus. Et le pharisien de s'offusquer, pensant en lui-même que si Jésus était vraiment un prophète, il saurait que cette femme n'est que méprisable et il ne l'aurait pas laissé le toucher (elle est impure).

« J'ai quelque chose à te dire Simon [...] et il compare leurs deux attitudes : tu ne m'as pas versé d'eau sur les pieds quand je suis entré, elle, elle les a mouillés de ses larmes, etc. Je te le dis : si ses péchés, ses nombreux péchés sont pardonnés, c'est à cause de son grand amour. »

Il ne s'agit pas ici de donner une prime au péché ou dans l'autre sens de dire que le « juste n'a pas de mérite à être dans la bonne voie » et que Dieu « préfère » le pécheur...

Il me semble qu'il s'agit d'une autre vérité, bien humaine ; car Simon, le pharisien, est-il vraiment juste ? Et le frère aîné ? Leur justice se résume à ne pas transgresser la loi et *surtout à l'appliquer avec rigueur envers les autres* ; ils sont prêts ainsi à lapider le « pécheur », que ce soit la femme adultère, le fils prodigue, etc. en tout cas à le condamner et l'exclure. À tous ces petits juges en puissance, Jésus dit, comme aux justiciers de la femme adultère : « Que celui qui n'a jamais péché lui jette la première pierre... » et, nous dit le texte, « ils partirent tous un à un en commençant par les plus vieux ».

Cette prétendue justice fondée sur une morale humaine n'a pas grand-chose à voir avec la foi : ne détruit-elle pas cette image clé des paraboles qui cherche à signifier à quoi est comparable le Royaume : l'événement festif d'une rencontre dans la confiance partagée ?

Mais ne nous arrêtons pas là car toute parabole, toute image, pour être juste, se doit d'être validée par son contraire. Nous sommes ici au cœur de l'espace transitionnel, ou espace des paradoxes qui se définissent par leur tension nécessairement maintenue entre des contraires. Ainsi en vis-à-vis de l'image d'un père qui accueille et fête sans autre préalable ni exigence un fils imprévoyant et volage aux mains vides, puisqu'il a dilapidé toute la fortune (ce qui pourrait être interprété du côté du père comme besoin de se montrer « bon » par impossibilité à s'affronter, et pour le fils comme pragmatisme, ou pire comme cynisme) nous opposerons deux autres paraboles : celles des dix vierges (Mt 25 1, 13) et celle des talents (Mt 25, 14-30).

Les dix vierges d'abord : elles attendent toutes l'époux mais cinq sur dix seulement ont pensé à prendre de l'huile dans leurs lampes ; elles s'endorment ; l'époux arrive – celles qui n'ont pas d'huile en demandent aux autres qui refusent et leur suggèrent d'aller en acheter – mais quand elles reviennent, la porte est fermée et il leur est répondu : « En vérité je vous le dis, je ne vous connais pas. Veillez donc, car vous ne savez ni le jour ni l'heure. » La gratuité certes est capitale, mais elle n'exclut aucunement le *devoir de prévoyance et de vigilance.*

Dans la parabole des talents qui met en scène trois serviteurs – à chacun il remet des talents, à l'un dix, à l'autre cinq, au dernier un – les deux premiers ont fait fructifier l'argent et le maître les félicite sur leur fidélité ; puis vient le troisième ; il n'est même pas les mains vides comme le prodigue, mais il a eu peur, il a enfoui le talent et il vient le rendre. Et voici ce que dit le maître : « Serviteur mauvais et paresseux ! tu savais que je moissonne où je n'ai pas semé [...]. Eh bien tu aurais dû placer mon argent chez les banquiers et à mon retour j'aurais retrouvé mon bien avec un intérêt. Enlevez-lui donc son talent et donnez-le à celui qui a les dix talents. *Car à tout homme qui a, l'on donnera et il aura du surplus ; mais à celui qui n'a pas, on enlèvera même ce qu'il a.* »

C'est comme si le Père ici faisait donc justice au frère aîné qui a fait fructifier son bien – juste retour des choses... Mais cela ne veut-il pas faire entendre que toute situation humaine, parce que particulière, contient forcément sa part d'ambiguïté ?

Ce que nous disent ces paraboles *quand on les lit toutes*

ensemble, c'est qu'aucun des fils, ni le cadet, ni l'aîné, ne sont l'un plus que l'autre, propriétaires du Bien ou de la Vérité. Mais chacun, différemment, à la place où il est, a peu à peu à chercher et à découvrir comment, de façon unique et partielle, agir la volonté de son père pour faire de leur rencontre un événement festif – *et dans ce mouvement participer à la vie trinitaire.*

Toute la Bible ne nous parle-t-elle pas d'un Dieu, figure et promesse de cet espace de rencontre dans la mutualité qui, de proche en proche, veut rassembler et unifier le monde ? C'est bien à cela que fait référence Jésus dans ce qu'on appelle « la prière sacerdotale » :

> *Que tous soient un comme toi, Père, tu es en moi et que je suis en toi, qu'eux aussi soient un en nous afin que le monde croie que tu m'as envoyé* ; je leur ai donné la gloire que tu m'as donnée, pour qu'ils soient un comme nous sommes un : moi en eux, et toi en moi, pour qu'ils soient parfaitement un et qu'ainsi le monde sache que c'est toi qui m'as envoyé et que tu les as aimés comme tu m'as aimé. Père, je veux que là où je suis, ceux que tu m'as donnés soient eux aussi avec moi, et qu'ils contemplent la gloire que tu m'as donnée, car tu m'as aimé dès avant la fondation du monde. Père juste, tandis que le monde ne t'a pas connu, je t'ai connu et ceux-ci ont reconnu que tu m'as envoyé. Je leur ai fait connaître ton nom et je le leur ferai connaître encore, afin que l'amour dont tu m'as aimé soit en eux, et moi en eux (Jn 17, 21-26).

Comment ne pas s'enthousiasmer devant un tel projet de communion qui rejoint nos aspirations les plus fondamentales ?... Si fondamentales, si enracinées en nous, qu'elles peuvent déboucher sur deux réactions opposées : une réaction spontanée de consensus car nous sommes volontiers en quête d'un monde sans tensions, sans conflits, donc sans haine – un monde idéal – dans lequel le sentimentalisme et l'émotion cultivée pour elle-même se prennent pour l'amour. Un quiproquo s'est d'ailleurs installé à ce niveau-là dans la représentation que beaucoup d'entre nous ont de Dieu et du sacré, car ce projet d'être un renvoie bien *aussi et d'abord* à ce qu'il y a de plus archaïque en nous, à nos aspirations fusionnelles du début de la vie, à notre désir que si Dieu existe, il participe de ce nirvana-là. Mais ce projet de communion peut au contraire être aussitôt dénoncé comme excessif et trop beau, trop idéal pour être crédible... Nous savons maintenant que tout excès cache son exact contraire... et que derrière tous nos prétendus bons sentiments s'en dissimulent toujours d'autres moins louables. Donc ne soyons pas dupes !

Et pourtant...

Nous y avons insisté, cette aspiration à l'être-un des origines, dans un besoin de faire de l'autre le même que soi, est une illusion qu'il faut avoir vécue certes... mais pour pouvoir ensuite l'abandonner. La première tâche consiste pour l'enfant à apprendre peu à peu à se séparer de l'autre tout en gardant un lien avec lui car, pour pouvoir se rencontrer, il faut être au moins deux. Toutefois, pour se séparer en gardant ce lien, il faut nécessairement la présence d'un troisième, car il va falloir manier des sentiments négatifs – sentiments qui font alors redouter de perdre la personne aimée, sauf si un tiers permet de s'étayer sur lui ; l'enfant pourra attaquer son père parce qu'à ce moment-là il prendra appui sur sa mère et inversement – ainsi petit à petit, dans un climat de sécurité aimante, il apprendra la confiance et liant en lui la haine à l'amour, il sortira d'un monde en tout ou rien. *Et c'est parce que l'enfant se sépare du parent* en renonçant à prendre sa place *que ce dernier pourra alors venir habiter le moi et jouer à l'intérieur de lui ce rôle capital de tiers entre l'autre dans la réalité et lui-même. C'est ce tiers présent en soi, nous faisant accéder à la catégorie de l'absence qui seul permet de rencontrer l'autre comme autre et non plus comme double de soi.*

Nous disions que, pour être juste, toute image se devait d'être validée par son contraire. Un peu avant la prière sacerdotale qui magnifie le « un » : *que tous soient un, comme tu es en moi et moi en toi, qu'il soient un en nous*, Jésus parle de son départ et d'une nécessaire séparation d'avec ses disciples… pour qu'un troisième personnage, le Paraclet, ou dit autrement, l'Esprit saint, puisse venir les habiter et les conduire alors vers la vérité de l'amour :

Je ne vous l'ai pas dit dès le commencement parce que j'étais avec vous. Maintenant je vais à celui qui m'a envoyé et aucun de vous ne me demande : où vas-tu ? Mais parce que je vous ai dit cela, la tristesse remplit vos cœurs. Pourtant je vous dis la vérité : il vaut mieux pour vous que je parte ; *car si je ne pars pas, le Paraclet ne viendra pas à vous ; mais si je pars, je vous l'enverrai.* […] J'ai encore beaucoup de choses à vous dire, mais vous ne pouvez pas les porter maintenant. Quand il viendra, lui, l'Esprit de vérité, il vous conduira vers la vérité tout entière (Jn 16, 4-8 et 12-13).

Un Père et un Fils « un » ? Certes. Mais dans ce mystère de la Trinité, c'est un tiers – le Paraclet – qui, dans leur « entre-deux », leur donnent d'être unis et présents l'un à l'autre et au-delà présents à chacun ; présents à chacun, sous forme d'une absence… Nous voici renvoyés à nouveau à des paradoxes de vie qui jettent leur lumière aussi bien sur le mystère de Dieu et de son Royaume que sur celui de l'homme et de ce que peut signifier pour lui « aimer ».

C'était sur ce thème que j'avais essayé de réfléchir dans mon dernier livre déjà évoqué[1]. Pour l'écrire j'avais lu d'innombrables romans actuels qui, tous, sous des formes différentes, disaient la même impossibilité à lier sexe et avenir à deux et j'avais en vain cherché le témoignage d'un amour juste entre un homme et une femme où le sexe et le sentiment amoureux seraient réconciliés. Était-ce parce que les gens heureux n'ont pas d'histoire ? J'avais alors jeté mon dévolu sur un poème biblique, le Cantique des cantiques, qui, s'il n'est certes pas écrit aujourd'hui, est toutefois éminemment moderne par sa problématique ; en effet la sexualité y fait

1. *Amour, sexualité, tendresse, la réconciliation ?*

sens par soi-même puisque les amants ne sont ni mariés ni parents. Or ce poème décrit très bien les différentes étapes d'une relation amoureuse. Cette histoire commence comme toutes les histoires d'amour : l'amante veut être belle dans le regard de l'autre et se rassurer sur elle-même et s'affirme très vite son besoin d'emprise et de captation : « Mon bien-aimé est à moi. » Et il est vrai qu'au départ l'harmonie semble parfaite et tous les sens sont convoqués pour dire le plaisir qu'ils partagent entre eux. Mais voilà que le bien-aimé n'est pas là quand elle le voudrait, puis c'est elle-même qui est indisponible quand l'amant revient... et c'est alors toutes ses angoisses d'abandon, les disparitions, les recherches et la constatation éplorée « je suis malade d'amour » : il va bien lui falloir douloureusement reconnaître et accepter qu'au cœur même de toute relation amoureuse existe une séparation incomblable. Certes l'un et l'autre amants désirent être ensemble, mais ils vont devoir apprendre à s'inscrire dans le temps d'une histoire et donc à être, comme le dit si bien Maurice Blanchot, « ensemble, mais pas encore[1] ».

La bien-aimée est dite alors « un jardin bien clos, une source scellée » – et précisément parce que, dans la souffrance de l'absence, elle a peu à peu apprivoisé l'autre à l'intérieur d'un « jardin » à elle, elle peut en retour accepter que son amant ait son jardin à lui ; dans ce nouvel espace, le risque d'engloutissement est conjuré et il n'y a plus de risque à dépendre de lui. « Je suis à mon bien-aimé », peut-elle enfin dire. Remarquons aussi combien l'attitude de respect du bien-aimé qui ne la réveille pas « avant l'heure de son bon plaisir à elle » est un facteur facilitant la confiance. À partir de là, le temps va se déployer et ils vont conjuguer le verbe aimer au futur : « Nous passerons la nuit dans les villages. Dès le matin nous irons aux vignobles [...]. Alors je te ferai le don de mes amours. »

Ainsi cet amour que les amants co-construisent, que j'appelle « amour de mutualité » pourrait être défini comme un

1. M. BLANCHOT, *L'Attente, l'oubli*, p. 65.

art de faire sa place à l'autre, tout en apprenant à garder la sienne. Et il résulte, au vif de la relation sexuelle, du dépassement des contradictions inhérentes à la relation amoureuse, dans des paradoxes de vie :

– paradoxe d'un amour de l'autre inséparable d'un amour de soi,

– paradoxe d'une liberté qui s'éprouve dans la dépendance,

– paradoxe d'une exclusivité qui s'ouvre à tous,

– paradoxe d'une communion qui suppose l'accès à une aire de solitude, etc.

Et si ces paradoxes peuvent être dits paradoxes de vie, c'est que ce chemin (difficile, chaotique, souvent douloureux et parfois se transformant pour certains en impasse) de réconciliation du corps et des sentiments qui s'expérimente dans le plaisir partagé entre l'autre et soi, devient modèle d'une vie bonne, bonne pour soi, bonne pour l'autre, mais aussi bonne pour ceux qui nous entourent. Dans le Cantique, la sexualité devient le lieu même de l'alliance – alliance de la sensualité et des sentiments, alliance de soi et de l'autre.

Or ces paradoxes ne sont pas réservés aux seuls amants, mais peuvent pareillement être vécus dans le célibat. Même si, bien sûr, les modalités vont en être un peu différentes. *Car la sexualité ne se réduit pas au fait de l'agir, mais plus largement, elle participe du lien entre l'autre et soi.* Si nous relisons l'histoire de la vie du Christ c'est bien de ce lien maintenu *par la capacité à être affecté par l'autre et à lui faire confiance* qu'il va témoigner, aussi bien dans son rapport à son Père, que dans son rapport à tous ceux qu'il a rencontrés.

Dans cette optique et avant d'écouter les témoignages recueillis, nous pourrions alors évoquer l'idée d'une complémentarité du mariage et du célibat, chacun de ces derniers privilégiant un aspect nécessaire à une justesse relationnelle. Ainsi ni le fils aîné, ni le cadet de la parabole n'étaient propriétaires du Bien ou de la Vérité, mais avaient chacun quelque chose à enseigner à l'autre, de même, du fait de l'histoire différente vécue par chacun, certains, dans leur soif d'un amour qui se présente au départ à eux sur un mode absolu, vont plutôt privilégier la « source scellée », la dimension de l'absence, la volonté d'être tout à tous, pendant que d'autres se sentiront plus concernés par une intimité de vie partagée et l'exclusivité d'une relation charnelle. Mais à partir de ces choix, le défi va être exactement le même pour tous : pour apprendre au long des jours à aimer l'autre, il faudra pour s'ajuster à lui nécessairement conjuguer l'absence et la présence, l'indépendance et la dépendance, le privilège d'une relation et son ouverture aux autres... Avec cependant une variable impossible à maîtriser : quels « autres » nous a-t-il été donné de rencontrer ?

2

La « vocation » ? Comment comprendre psychologiquement ce que veut dire « être appelé » ?

> L'appel intérieur adressé aux grands prophètes n'était pas seulement « intérieur » : il s'accompagnait d'une invitation inscrite dans les événements historiques. L'histoire elle-même posait une question au prophète [...]. La motion discrète de la grâce devient consciente dans la question que pose la situation historique.
>
> E. SCHILLEBEECKX[1].

Dans la plupart des entretiens réalisés revient la question d'un discernement. Que veut donc dire « avoir la vocation » et comment savoir si ce que je ressens comme un appel n'est que le fruit de mon imaginaire... ou si « quelqu'un » m'appelle vraiment ? Et cette question est d'autant plus angoissante que cet appel va se faire entendre dans des conditionnements relationnels, même si beaucoup ne

1. *Dieu et l'homme*, Paris, Éd. du Cerf, 1965, p. 231.

veulent rien en savoir, dans la crainte de sa possible réduction à ces mêmes conditionnements. Et il est vrai que face à ce problème deux interprétations opposées s'affrontent : l'une qui ne veut effectivement prendre en compte que les motivations psychologiques, et l'autre qui les ignore totalement pour privilégier l'œuvre du Saint-Esprit. Il est étonnant de voir à quel point les ouvrages théologiques traitant de la vocation ne retiennent en général que « *l'initiative surnaturelle de Dieu et de l'Église* qui, par une motion intérieure et un acte de reconnaissance publique, choisit et investit les élus[1]. » Nous avons d'ailleurs vu avec l'appel de Moïse combien, dans des champs herméneutiques différents, ces deux interprétations, l'une d'une initiative surnaturelle de Dieu, l'autre d'une projection sur Lui des désirs propres à Moïse pouvaient se justifier, sans que l'une puisse jamais avoir raison contre l'autre.

C'est que dans ce registre il ne peut pas y avoir de garantie ou de certitude. Il y a toujours un risque à prendre. De toute manière, les événements de vie vont déjà inévitablement orienter les choix et proposer un sens ; d'une certaine façon donc il y a un certain conditionnement et le sens est déjà là. Mais en même temps – nouveau paradoxe – il faut penser que ce sens déjà là, limité et relatif à ma propre vie est entièrement à faire, à créer à partir du déjà là de la vie du Christ, donc dans une dilatation à d'autres dimensions du sens. Nous en aurons beaucoup d'exemples mais en voici un particulièrement illustratif : c'est l'histoire d'une religieuse, troisième de dix enfants ; alors qu'elle a trois ans son petit frère de quinze jours meurt. Elle se souvient qu'à sept ans, au moment de sa première communion, elle a ressenti un appel à partir en Afrique soigner des « petits Noirs ». Le temps a passé ; elle a fréquenté un garçon, mais elle voulait d'abord partir en Afrique réaliser son désir. À 21 ans elle part donc pour un stage là-bas. Elle arrive à l'hôpital un soir, et là on

1. *Vocations religieuses et monde moderne*, Éd. Saint-Paul, 1963, p. 118.

lui confie un bébé dont on pense qu'il ne survivra pas. Elle ne sait pas quoi faire et le garde sur elle toute la nuit peau contre peau. Et miracle ! ce bébé va vivre. Interprétant cette guérison comme une confirmation de cet appel à soigner qu'elle avait ressenti lors de sa première communion, elle rompt alors avec son ami pour rentrer chez des religieuses missionnaires en Afrique.

Le conditionnement est évident… comment, entre autres, ne pas penser que cet « appel » était en partie provoqué par son désir de « réparer » son petit frère mort, en lien avec sa propre culpabilité ? En effet ce petit frère était né après elle et lui avait « volé » une maman que jusque-là elle avait cru toute à elle ; comment n'aurait-elle pas eu, à certains moments, des désirs destructeurs à son égard ? Et le drame avait voulu que ses désirs… se réalisent, entraînant une forte culpabilité. Cependant le sens ne se réduit pas à ce qui s'est passé dans son histoire. Qui, un jour ou l'autre, n'a pas vécu de deuils, de blessures, de trahisons ? Le problème va être d'assumer cette histoire, la sienne, de la laisser être questionnée par le Christ, et de trouver dans cette rencontre avec Lui un autre lieu du sens. Car après tout ce qui est vrai pour le célibat l'est tout autant pour le mariage : le risque est aussi grand lorsqu'il s'agit de choisir et d'être choisi par un conjoint car là aussi les conditionnements sont manifestes. Un conjoint n'est jamais choisi par hasard, même si le fait de choisir celui-ci plutôt que tel autre pourra *ensuite* avoir des effets très différents dans la mesure où l'un ira plus dans le sens d'une ouverture et l'autre d'une fermeture.

Y a-t-il de bons et de mauvais choix ? Mais surtout que veut dire choisir si je n'ai la faculté de choisir ni mon environnement, ni les événements qui adviennent ? *Ma liberté résiderait-elle modestement mais réellement dans le fait premier d'assumer ce que je « trouve là » en le faisant fructifier ?*

Nous allons voir combien ce problème est complexe et combien ce qui est bon pour l'un peut être mauvais pour un autre et réciproquement.

De plus, les mêmes expériences précoces peuvent mener à des choix différents, voire opposés. Car une première règle est de ne jamais faire découler un effet d'une cause ; un effet est toujours le fruit de multiples causes et outre les diverses stratégies défensives mises en place qui vont modifier ce qui a pu être vécu, les rencontres vont avoir un rôle déterminant – car, à tout moment de la vie, les rencontres faites peuvent être des chances offertes de changement, comme elles peuvent tout aussi bien confirmer dans le bien-fondé d'une méfiance à l'égard de l'autre.

L'APPEL DU CHRIST ENTENDU PAR EDITH STEIN. UN ESSAI DE COMPRÉHENSION À PARTIR DE CE QU'ELLE EN RACONTE ELLE-MÊME

Dans notre interprétation du « buisson ardent », nous avons insisté sur l'importance des premières années de la vie de Moïse : c'était toutes les expériences qu'il avait déjà faites qui y étaient récapitulées pour, les unifiant, leur ouvrir un avenir. Ainsi situés au cœur du paradoxe winnicottien d'un « trouver-créer » le monde, nous notions que la vie nous a été imparablement donnée dans une manière qu'ont eue les autres d'entrer en relation avec nous.

C'est avec cette grille de lecture d'une histoire émaillée de rencontres qui invite chacun à inventer une réponse à partir de ce qu'il a « trouvé là » que je voudrais écouter ce que la vie d'Edith Stein[1] peut nous révéler quant à la possible valeur transformante d'une « expérience mystique ». Et cette histoire est d'autant plus intéressante pour nous qu'Edith est restée célibataire jusqu'à ce qu'elle entre au couvent… à l'âge de quarante-deux ans.

1. Outre quelques livres sur Edith STEIN nous nous référons essentiellement à son propre livre *Vie d'une famille juive* avec en contrepoint le livre écrit par une de ses nièces, S. BATZDORFF, *Ma tante Edith Stein.*

Brièvement et avant tout commentaire, quelques repères chronologiques.

Edith naît la dernière de onze enfants le 12 octobre 1891 – jour de Yom Kippour – à Breslau dans une famille juive. En 1893, brusquement son père meurt au cours d'un voyage d'affaires, laissant la famille dans une situation extrêmement difficile. Bien sûr si Edith écrit n'avoir jamais eu faim, la plus grande parcimonie régnait, d'autant que plusieurs enfants feront des études.

Edith, elle, après des études de philologie allemande et d'histoire à la faculté de Breslau étudiera la phénoménologie de Husserl à Göttingen. En 1915, elle interrompt ses études pour être infirmière à la Croix-Rouge allemande ; puis enseignante au lycée de Breslau elle soutient une thèse de doctorat de philosophie couronnée de la plus haute mention (signalons en outre la rareté à l'époque d'un tel investissement intellectuel et d'une telle réussite pour une femme).

De 1916 à 1918, elle sera l'assistante d'Edmund Husserl à Fribourg-en-Brisgau.

En 1917, Adolf Reinach, un ami très proche qui s'était converti avec sa femme au protestantisme est tué sur le front.

Juin 1921 : lecture de *La Vie* de sainte Thérèse d'Avila.

1er janvier 1922 : baptême sous le nom de Thérèse-Hedwige.

1923-1931 : professeur au lycée des dominicaines de Spire.

Tournées de conférences en Allemagne et à l'étranger sur les questions de la femme et de l'éducation ; elle écrit la *Vie d'Elisabeth de Hongrie.*

1932-1933 : professeur à l'institut de pédagogie religieuse de Münster – Fin de sa carrière publique avec l'arrivée au pouvoir d'Adolf Hitler.

1933-1935 : rédaction de la *Vie d'une famille juive.*

14 octobre 1933 : entrée au carmel de Cologne.

15 avril 1934 : prise d'habit sous le nom de sœur Thérèse-Bénédicte-de-la-Croix.

14 septembre 1936 : mort de sa mère Augusta.

1938 : départ pour le carmel d'Echt aux Pays-Bas – divers écrits philosophiques et spirituels.

1942 – printemps : convocation par la Gestapo à Maastricht – 11 juillet : protestation des évêques contre la persécution des juifs.

28 juillet 1942 : déportation de plusieurs membres de sa famille.

2 août 1942 : arrestation d'Edith et de sa sœur Rosa par la Gestapo.

9 août 1942 : départ pour Auschwitz.

Pour comprendre l'impact de tous ces événements qui vont mener cette jeune femme, d'origine juive et longtemps agnostique, à une rencontre mystique avec le Christ, la conduisant au Carmel, nous allons relire et commenter dans sa propre biographie familiale les passages qui nous ont paru les plus illustratifs de ce parcours.

Une mère « parfaite » qui réussit là où son mari a échoué.

Elle naît donc la petite dernière d'une famille de onze enfants dans un contexte de difficultés professionnelles d'un père qui ne fait pas ses affaires et qui a obligé les siens à vivre longtemps chez ses beaux-parents dont ils dépendent financièrement. En effet, jusqu'en 1890 ils avaient tous habité à Lublinitz dont Edith Stein[1] écrit : « Ces années connurent un incessant combat contre la misère. Vu le tempérament fier de ma mère, cela a sûrement été pour elle une rude humiliation de devoir constamment faire appel à l'aide de ses parents. » Son père a en effet un commerce de bois très endetté et c'était un « lourd souci de nourrir toute la famille ».

Elle a à peine deux ans que brusquement son père meurt

1. *Vie d'une famille juive*, p. 46.

d'une insolation ; elle se souvient que, dans les bras de sa mère au moment de ce départ qui devait être le dernier, elle avait rappelé son père et elle ajoute « j'étais donc pour elle le dernier don légué par mon père [1] ». Les membres de la famille tiennent conseil pour « savoir ce que ma mère, sans ressource avec ses sept enfants[2], devait faire désormais ». Mais celle-ci tient « à se débrouiller toute seule » n'acceptant d'être assistée par qui que ce soit. Cette mort brutale laisse la famille non seulement sans ressources, mais avec de nombreuses dettes. C'est alors que la mère qui n'a aucune expérience commerciale, et qui jusque-là n'a fait qu'élever ses enfants et cultiver son jardin, va se révéler une maîtresse-femme. Non seulement, elle va reprendre le commerce de bois, qu'au prix d'un travail acharné elle redressera peu à peu, mais elle mettra en outre un point d'honneur à rembourser les dettes accumulées par son mari.

Comment, dans ces circonstances, ne pas idéaliser cette mère admirable qui, d'après Edith, *pousse même la perfection jusqu'à ne jamais* « dire un mot de difficultés qu'elle aurait eues à supporter dans sa vie conjugale et qui a toujours parlé de mon père avec l'accent d'un amour chaleureux [3] » ?

Et en effet c'est le portrait d'une mère-courage insurpassable qu'elle nous brosse et à propos de laquelle elle nous raconte avec fierté ces propos entendus dans le tram : « Quelques messieurs s'entretenaient du commerce de bois à Breslau et l'un d'eux a dit : “Savez-vous qui est ici *le* meilleur commerçant de toute la corporation ? C'est Madame Stein.” » Elle est non seulement meilleure que son mari, mais meilleure que tous les hommes de la corporation !

1. P. 86.
2. Quatre sur les onze sont déjà morts à cette époque.
3. P. 48.

Des liens paradoxaux de grande intimité alliée à une grande absence.

Écoutons d'abord comment elle parle de ses liens avec sa mère. Après avoir longuement décrit comment cette dernière restait dehors une partie de la journée, occupée à mesurer, facturer, décharger des marchandises, etc. elle ajoute : « même dans le froid le plus mordant de l'hiver, elle rentrait habituellement à la maison les mains chaudes et pouvait même réchauffer les miennes. Cela a toujours été pour moi un symbole du fait que toute la vie et la chaleur dans la maison venaient d'elle. » « Il faut dire que sa seule présence dissipait chez moi toute douleur et toute souffrance. » Puis elle dit alors combien, le soir, sa mère, épuisée, avait besoin de repos et de détente : elle se mettait au lit – lit qu'elle partagera avec Edith jusqu'à ses six ans – demandant à son fils aîné de lui faire la lecture pendant laquelle elle s'endormait et Edith de commenter qu'elle l'entendait « sans l'avoir cherché » parler tout haut pendant son sommeil.

À la fois Edith est dans un rapport d'étroite intimité corporelle avec sa mère (faut-il préciser qu'elle a symboliquement pris la place de son père ?), pénétrant même jusqu'à l'inconscient de ses rêves, et en même temps n'est jamais évoqué aucun dialogue entre elles deux, aucune activité partagée – il est vrai que cette mère travaille dur dehors toute la journée et que, quand elle rentre, c'est elle qui a besoin qu'on s'intéresse un peu à elle et qui se fait « enlever les chaussures de ses pieds qui lui font mal » et qui se fait « materner » par son fils.

Nous ne serons dès lors pas étonnés qu'elle vive un lien paradoxal : à la fois un lien totalement fusionnel, « nos deux destins sont tout particulièrement indissociables [1] », et une impossibilité à se livrer, à se confier : « malgré ce lien profond, ma mère ne fut jamais ma confidente, pas plus que personne d'autre d'ailleurs ». Elle insiste pour dire qu'elle ne

1. P. 85.

s'est jamais attachée à aucun professeur ni à aucune camarade, disant son horreur des « engouements sentimentaux ». *Cette solitude affective restera une constante.*

Puis elle parle de son tempérament « vif-argent, effronté et fourrant partout son grain de sel, et avec cela montrant une volonté que rien ne pouvait ébranler, piquant des colères lorsque ma volonté rencontrait un obstacle ». D'ailleurs, grâce à ses colères, elle arrive toujours à ses fins, que ce soit pour être retirée de la cave où elle est punie, ou pour aller dans la même classe que sa sœur qui a un an et demi de plus qu'elle. « Il y avait cependant un monde caché au plus profond de moi : ce que je voyais et entendais y était comme assimilé [...]. Si on parlait en ma présence d'un meurtre, je restais éveillée la nuit des heures durant, et l'épouvante, sortant de tous les recoins sombres, rampait vers moi [...]. *Je ne dis jamais un mot à personne de toutes ces choses dont je souffrais secrètement*[1]. »

À sept ans, pourtant, elle affirme que cette extrême « nervosité » s'apaise ; « je crois que m'en ont guérie l'horreur, la honte que je ressentais devant les colères des autres[2], et le vif sentiment qu'on perdait sa dignité en se laissant ainsi aller ».

De tout cela se dégagent deux aspects contradictoires de sa personnalité qui vont se renforcer l'un l'autre :

– *un aspect d'extrême « porosité » à l'environnement* qui lui fait perdre le contrôle d'elle-même, la déborde et la plonge dans des états émotionnels cataclysmiques de détresse ;

– *et un aspect de volonté de fer « que rien ne pouvait ébranler »* qui va s'essayer à mater – voire à dénier – ce monde interne tellement douloureux qu'elle tiendra à le garder secret. N'a-t-elle pas d'ailleurs en sa mère un modèle

1. P. 87.

2. P. 53 elle évoque la violence de son frère Arno qui ainsi « perd la maîtrise de lui-même » ajoutant que dans ce cas sa mère se retire silencieusement « afin qu'il ne se charge pas d'un péché » !

tout trouvé de volonté emprise, d'autant plus irrésistible que cette manière d'être a été couronnée de succès ? D'ailleurs dans cette même ligne d'une réussite hors pair, Edith répète combien elle est convaincue d'« être destinée à quelque chose de grand[1] » et « ne pas appartenir à ce milieu étroit et bourgeois dans lequel elle était née ». Lisant Shakespeare elle commente que « dans ce monde haut en couleur des grandes passions et des actions d'éclat, je me sentais davantage chez moi que dans l'existence quotidienne[2] ». Elle est si souvent plongée dans ses rêveries, dit-elle, qu'on la rappelle souvent à la réalité – ce à quoi elle ajoute combien cela a été une bonne chose pour elle d'aller à l'école et d'y trouver une nourriture solide[3].

L'hyperinvestissement intellectuel.

On peut donc imaginer combien chez cette adolescente douée d'une très grande intelligence, maîtriser les concepts dans le but de se maîtriser soi-même et d'avoir barre sur le monde va représenter LE lieu du salut : cela répond chez elle à sa volonté de lutter contre tout laisser-aller[4], tout autant qu'à sa volonté d'être « grande ».

Comme l'écrit Andreas Uwe Müller, la vie d'Edith Stein va de ce fait *se « dérouler dans une tension extrême, en quête perpétuelle de perfection*, de la place la plus appropriée pour elle et du plus large développement de toutes ses forces [5] ».

Dans cette perspective, il est intéressant de l'écouter raconter pourquoi elle abandonne l'école à quatorze ans[6],

1. P. 174.
2. P. 177.
3. P. 91.
4. Voir page précédente où elle écrit qu'« on perd sa dignité en se laissant aller » – ce qui fera par exemple que jamais elle ne boira une goutte de vin, de peur que…
5. *Une femme dans le siècle*, p. 111.
6. P. 162 et 163.

partant pour Hambourg aider une de ses sœurs avec des enfants en bas âge. Elle évoque d'abord avoir à cette époque perdu sa foi d'enfant – il faut en effet préciser que chez elle sa mère tenait à célébrer toutes les fêtes juives – et s'être soustraite à l'autorité des siens ; elle estime donc avoir passé désormais assez de temps sur les bancs de l'école ; « j'avais besoin d'autre chose. Au cours de la septième année mes résultats avaient été un peu moins bons. *Je pouvais toujours encore prétendre à l'une des premières places mais il arrivait pourtant quelquefois qu'elles m'échappent* [1] ». Comment vivre l'humiliation d'être parfois seconde, si ce n'est en prétendant que ça ne l'intéresse plus ?

Elle reste dix mois chez sa sœur Else et son mari, complètement incroyants, vivant « dans son univers intérieur ». Elle ajoute qu'elle lisait « nombre de livres qui ne convenaient pas précisément à une jeune fille de quinze ans[2] » et que c'est là qu'elle a « délibérément perdu l'habitude de prier ».

Sa sœur Erna est en Obersekunda ; Edith l'aide à faire ses dissertations, parfois les réécrit entièrement ; ne serait-il pas plus intelligent de retourner elle-même au lycée ? Un cousin de passage l'assure qu'elle pourrait essayer et se chargerait lui-même de donner des cours de maths alors qu'un ami pourrait l'aider en latin ; « Ces six mois de travail incessant me sont restés en mémoire comme la première période pleinement heureuse de ma vie ; cela tenait probablement au fait que mes forces intellectuelles étaient entièrement investies dans une tâche à leur mesure[3]. »

Elle réintègre le lycée avec brio et cette fois dépasse de loin tout le monde ; elle se flatte qu'un professeur dise d'elle : « Mlle Stein vient en tête – de loin – et ensuite seulement vient tout le reste de la classe[4]. » On peut dire qu'à partir de ce moment-là effectivement Edith Stein « viendra

1. P. 163.
2. P. 174.
3. P. 182.
4. P. 190.

en tête » et réussira brillamment toutes les études qu'elle va entreprendre. Signalons simplement qu'elle demandera à Husserl en personne d'être son directeur de thèse. Dans son cours intitulé « Nature et esprit » en 1913, Husserl avait émis l'idée que le monde objectif ne peut être compris que de manière intersubjective. Mais, se demande alors Edith, de quoi donc est faite cette expérience que nous avons des autres individus et qu'on nomme « empathie » ? [et il est vrai qu'elle avait bien des raisons de s'interroger sur cette capacité ou non à se laisser affecter par l'autre...]. Ce sera le sujet qu'elle proposera pour son examen d'État et qui lui fera rencontrer Max Scheler, nouvellement converti au catholicisme.

Elle réussit donc brillamment et pourtant, à la lecture de son autobiographie, on ne peut qu'être frappé par les notations mélancoliques répétitives qui l'émaillent.

Plusieurs fois elle évoque des idées suicidaires – ou encore, par exemple, elle dit être en train de se promener dans une atmosphère joyeuse, puis vient subitement une notation déchirante qui prend valeur de métaphore personnelle : « Il y avait non loin un mouton attaché à un piquet. Il a bêlé lamentablement lorsque nous sommes arrivées près de lui et dans ses yeux vert clair et limpides comme de l'eau *on lisait un tel abîme d'angoisse mortelle et d'incompréhension de ce qui lui arrivait que je n'ai jamais pu l'oublier*[1]. »

Des événements de vie et des rencontres... qui la mènent aux limites de son système.

On ne peut qu'être admiratif devant l'intensité de son travail et surtout devant son dévouement aux autres qui, par exemple, lorsqu'elle s'engagera pendant la guerre comme infirmière à la Croix-Rouge, prendra une dimension authentiquement héroïque – il n'y a pas de limites à son désir de se

1. P. 176.

donner ; là où les choses deviennent plus compliquées, c'est quand il s'agirait de s'abandonner...

Dans deux domaines, *elle fera justement, à certains moments de sa vie, l'expérience d'un réel qui résiste à la toute-puissance de sa pensée*,

– dans le domaine intellectuel, son travail sur l'empathie *(Einfühlung)* connaît un temps de total « désespoir ». « C'était la première fois de ma vie que je me trouvais devant quelque chose *dont je ne pouvais pas venir à bout par ma seule volonté*[1] » ;

– dans le domaine de ses relations impossibles avec les hommes (même si elle ne veut pas l'admettre) – il faut lire combien elle met un point d'honneur à ne parler que philosophie avec les hommes et à ne les traiter qu'en collègues. Un de ses condisciples avait eu le malheur d'écrire un article sur un sujet érotique ; que fait Edith ? Elle le convoque pour le soumettre à un interrogatoire et savoir si « [elle] avai[t] affaire à une personne vraiment chaste[2] » ! Alors qu'elle pouvait ressentir une inclination pour quelqu'un, elle ne le laissait jamais voir, quitte ensuite à tomber malade comme après le mariage de sa sœur Erna « sans doute à la suite de combats intérieurs que j'endurais[3] ». Par son souci de « moralité » excessive elle faisait vraisemblablement vivre aux hommes un sentiment de ne pas être à la hauteur. Hans Lipps, un homme qui ne lui était certes pas indifférent, ne lui dira-t-il pas : « Ah ! Mademoiselle Stein vous ne savez pas à quel point je me sens inférieur à vous[4] ! » ?

Il n'est pas abusif de parler ici de clivage entre sa pensée mise au service de sa volonté et ses émotions auxquelles elle refusait tout accès et tout pouvoir. Or il me semble que la réduction de ce clivage va précisément se faire à partir de trois rencontres qui vont, par la réconciliation « paradoxale » des contraires, lui proposer une issue possible :

1. P. 327.
2. P. 211.
3. P. 278.
4. P. 469.

a) une pauvre femme qui prie dans une église ;

b) la mort au front d'Adolf Reinach et le courage de sa femme Anna ;

c) la lecture de *La Vie* de Thérèse d'Avila.

D'abord nous ne serons pas étonnés que les trois rencontres transformantes se feront avec des femmes... Évoquant sa première visite de Heidelberg avec son amie Pauline Reinach elle écrit que ce ne sont pas les différents monuments qui lui firent « le plus impression. Nous sommes entrées pour quelques minutes dans la cathédrale et pendant que nous nous tenions là dans un silence respectueux, une femme est entrée avec son panier à provisions et s'est agenouillée sur un banc pour une courte prière » puis disant que dans les synagogues on ne venait que pour les services divins elle ajoute : « Là quelqu'un venait au beau milieu de ses occupations quotidiennes dans l'église déserte *comme pour un entretien intime.* » C'est comme une image inversée d'elle et de sa mère : cette pauvre femme pose à terre ses bagages et se met à parler à quelqu'un à l'intérieur d'elle-même, autrement dit s'abandonne à un autre... « Je n'ai jamais pu l'oublier [1] », dit-elle.

Puis deuxième événement capital : la mort sur le champ de bataille de son ami et maître Adolf Reinach (frère de Pauline). Or précisément c'était lui qui tel « un bon ange » venait juste de la sortir de son « dégoût de la vie » et de ce désespoir d'être empêtrée dans « un énorme fatras [2] » qu'était l'écriture de sa thèse sur l'empathie. Lorsque Edith Stein apprend par la presse cette mort, elle est comme anéantie. Cet événement déclenche une crise « qui se préparait de longue date[3] ». Sa volonté s'écroule et elle ne trouve plus en elle que le vide. Son ami Ingarden témoignera de cette descente aux enfers où elle se vit comme n'ayant

1. P. 470.

2. P. 334.

3. C'est ce qu'elle écrit dans une lettre du 13 décembre 1925 à Ingarden.

personne au monde pour l'aider. C'est alors qu'elle rencontre Anna, la femme de son ami tué ; elle se prépare à la trouver effondrée comme elle, et surprise ! Voilà qu'elle la trouve forte « de cette force que donne la croix du Christ à ceux qui la portent »... Une force appuyée sur la totale faiblesse de la mort sur une croix !

Puis sans doute dernier maillon qui emportera la décision de sa conversion : la lecture de *La Vie* de Thérèse d'Avila. Que de points communs entre ces deux femmes aux origines juives !

D'abord un lien fusionnel quasi indénouable à un des parents : « Quand je quittai la maison de mon père, j'éprouvai une douleur si excessive, que l'heure de ma mort ne peut, je pense, m'en réserver de plus cruelle. Il me semblait sentir mes os se détacher les uns des autres. Le sentiment de l'amour divin n'étant pas assez fort pour contrebalancer celui que je portais à mon père, j'étais obligée de me faire une incroyable violence, et si Dieu ne fût venu à mon aide toutes mes considérations n'auraient pas été suffisantes pour me faire passer outre[1]. »

Un thème récurrent chez Thérèse qui ne peut que faire écho pour Edith : il est préférable d'avoir Dieu pour amant qu'un vrai mari : « Si nous l'aimons nous sommes assurées qu'il nous aime. C'est là encore l'un des avantages de ce divin amour sur les affections d'ici-bas[2]. »

Et bien sûr une soif d'absolu sans compromis, qui les poussera l'une et l'autre à rêver d'un destin d'exception, mais peut-être surtout à désirer magnifier la femme... sur un modèle viril ! (Il faut souligner que la femme avait aussi peu de pouvoir en Espagne au XVIe siècle qu'en Prusse au XXe.) « Gardez les paroles affectueuses pour votre Époux [...] Hors de là il n'y a pas de raison de s'en servir. Je voudrais mes filles que vous ne soyez et ne paraissiez femmes en rien, mais que vous soyez des hommes forts. Si vous faites ce qui

1. *Ma vie*, p. 56.
2. *Le Chemin de perfection* XL, 8.

est en vous, le Seigneur vous rendra si viriles que vous étonnerez les hommes eux-mêmes[1]. »

Edith, refermant le livre de Thérèse d'Avila, affirme : « Là est la vérité. » Elle demandera alors le baptême et quelques années plus tard entrera au Carmel.

L'expérience mystique : un lieu possible de résolution de conflits insolubles ?

Ces choix de vie seront vécus par sa mère comme une trahison incompréhensible. Le jour où Edith entre au Carmel, celle-ci pleure à gros sanglots, ayant essayé en vain jusqu'au dernier moment de la faire changer d'avis. Mais le déchirement est aussi vif de son côté ; n'écrit-elle pas qu'elle se demandait laquelle des deux allait finalement s'effondrer[2] ? Jusque-là, Edith était restée entièrement prisonnière de l'idéal maternel et *La Vie d'une famille juive* peut se lire comme un hommage poignant à une mère, dont elle cherche la « glorification[3] ». Sa nièce cependant, S. Batzdorff, avec beaucoup de finesse, se demande qui est vraiment l'héroïne du livre : « Est-ce Edith, ou sa mère Augusta ? » Sans doute l'une et l'autre dans la mesure où l'emprise de cette mère « toute-puissante » a été telle qu'Edith n'a pas pu s'en séparer. Et ce qui alourdit encore ce qu'on pourrait appeler le contrat de fidélité d'Edith envers sa mère réside dans l'attitude d'exclusivité de cette dernière envers tous ses enfants. Une incidente attire l'attention : « C'est avec le choix de leurs épouses que mes frères ont causé le plus de souci à notre mère. » Edith parle alors de son frère Paul qui a « continué pendant des années à voir sa fiancée contre l'avis de ma mère » et qui a finalement dû quitter la maison. Ce pourrait être une exception en lien avec un choix particulier jugé mauvais

1. *Le Chemin de perfection* VII, 8.
2. P. 504.
3. Cette idée est celle du beau-frère d'Edith, Hans Biberstein.

par la mère. Cependant, quand on lit Suzanne Batzdorff, on s'aperçoit que ce fut une constante aussi bien envers les belles-filles que les gendres. Son propre père en fit l'amère expérience quand il se décida à demander la main d'Erna. Non seulement Augusta cherchait à garder ses enfants, mais se mariaient-ils, qu'elle disqualifiait alors les conjoints, pensant qu'elle seule était « à la hauteur » ; un exemple : cette dernière prétend que sa belle-fille Gertrude, femme de Paul, négligeait Harald son enfant et le laissait dans « un état pitoyable » obligeant la grand-mère à l'emmener chez elle où « réparer tout le mal ». « Naturellement, écrit Edith Stein, sa Grossmama qui, de toute manière attirait tous les enfants, était à lui tout entière ; il lui était beaucoup plus attaché qu'à ses propres parents. » Edith ira même jusqu'à cautionner l'interprétation selon laquelle leur petit Harald est mort à la suite d'« une contagion négligée de scarlatine », donc du fait de l'incompétence de sa mère. Il faut en outre se souvenir qu'Edith, la plus jeune de la fratrie, « dernier don de son père à sa mère avant de mourir », comme elle l'écrit elle-même, occupait la place la plus exposée aux besoins d'exclusivité de sa mère et on n'est dès lors pas étonné qu'il lui soit tellement impossible de prendre quelque recul pour exercer son esprit critique.

Dans ce contexte où toute prise de distance équivaut à une trahison impardonnable et génère une culpabilité sans fond, qui jusqu'ici aurait pu jouer un rôle de tiers suffisamment crédible pour qu'Edith puisse entamer un travail de séparation ? Cette histoire que nous venons de brosser, c'est celle qu'Edith a trouvée là, l'interrogeant et *l'invitant à inventer une réponse*, comme je le disais au début.

Comment alors comprendre que ce soit dans cette rencontre avec le Christ qui la pousse à choisir le Carmel qu'Edith Stein trouve à inventer une réponse ressentie comme un havre de paix ? « J'étais profondément pacifiée – dans le port de la volonté divine[1]. »

1. P. 507.

Peut-être la raison essentielle de cette paix enfin trouvée réside précisément dans la place de tiers que va jouer désormais pour elle le Christ : appuyée sur Lui, elle va pouvoir *pour la première fois se vivre séparée de sa mère, sans crainte de la perdre, puisqu'en Lui le lien est maintenu.* Mais pour en arriver à accueillir en elle cet hôte divin, il lui aura fallu d'abord se laisser interroger par trois femmes qui s'étaient elles-mêmes abandonnées à Lui et découvrir à travers elles, dans la Croix du Christ, une force et un lieu de salut à l'exact opposé de l'emprise intellectuelle. Cette Croix la réconciliait avec sa faiblesse, et donc avec le monde douloureux de ses sentiments. C'est bien avec ce même monde que Moïse avait dû lui aussi se réconcilier quand il lui avait été demandé de retourner en Égypte, où il avait voulu ensabler, autrement dit oublier le meurtre de cet Égyptien pour lequel il n'avait pu que se condamner lui-même.

Cette Croix, elle choisira alors de la porter dans son nom de carmélite : sœur Thérèse-Bénédicte-de-la-Croix. La déprise, l'abandon de soi, la confiance du Christ dans le Père, voilà ce qui tout à coup lui devenait évident d'une relation d'amour. En effet comment aimer sans recevoir autant que donner, sans se situer dans une réciprocité ? D'autant que dans cette réciprocité d'amour, s'il s'agit de faiblesse, il s'agit tout autant de grandeur et de victoire sur la mort. Le Christ, Dieu ne l'a-t-il pas ressuscité ?

Comme l'écrit Didier Anzieu[1], les mystiques obéissent à une logique très particulière [...], « la logique de la non-résolution du paradoxe », mais cette logique n'est-ce pas celle de l'espace transitionnel qui, maintenant en tension les contraires, permet à certains de trouver une relation juste à soi-même et aux autres ?

Ainsi dans cette histoire la rencontre d'Edith Stein avec le Christ, si elle récapitule les expériences faites, leur ouvre un

1. Du code et du corps mystiques et de leurs paradoxes, dans « Résurgences et dérivés de la mystique », *Nouvelle Revue de psychanalyse*, n° 22, automne 1980, p. 159.

avenir, en permettant d'accéder à une autre appréhension du monde : des conflits restés jusque-là insolubles trouvent dans l'aire des paradoxes une résolution possible, permettant de réduire les clivages et de passer de la contrainte d'une relation d'emprise à une autre, où se découvre la vérité humaine de l'abandon de soi.

UN ESSAI DE COMPRÉHENSION À PARTIR DES ENTRETIENS RÉALISÉS

> Trois mots donnent la fièvre : changer de vie. [...] On n'est pas devant une question, on est à l'intérieur. On est soi-même la question [...]. Tout vous retient, la mère, les amis, les jeunes dames. On n'aime plus guère cette vie-là mais au moins on sait de quoi elle est faite. Si on la quitte, il y aura un temps où on ne saura plus rien. Et c'est ce rien qui vous effraie. Et c'est ce rien qui vous fait hésiter, tâtonner, bégayer[1].

Nous allons donc chercher à comprendre, comme nous venons de le faire à propos d'Edith Stein, ce qui dans l'histoire de quelqu'un peut favoriser une rencontre décisive avec le Christ. Au IVe siècle, Jean Cassien avait distingué trois sortes de vocations : « la première est de Dieu, la deuxième se produit par un intermédiaire humain, la troisième est fille de la nécessité[2] », écrivait-il. Et même s'il ajoutait que cette troisième sorte de vocation pouvait toutefois déboucher sur une vraie rencontre de Dieu, il me semble aujourd'hui impossible de séparer ces trois registres qui sont intimement mêlés. C'est toujours à travers des médiations et donc dans un « conditionnement » humain, qui certes peut prendre

1. Christian BOBIN, *Le Très-Bas*, p. 52 et 53.
2. Conférences, SC 42, p. 139.

des formes extrêmement diverses que, dans la foi, un appel de Dieu est entendu – ce qui n'est, ensuite, aucunement antinomique avec une libre réponse car le conditionnement n'est pas à entendre ici comme pur déterminisme et la libre réponse comme pure détermination personnelle.

Nous avons donc choisi de brosser quelques portraits types qui, sont-ils toujours uniques, illustrent l'une ou l'autre des problématiques les plus retrouvées. Il eût été fastidieux et sans grand intérêt de reproduire intégralement les entretiens sélectionnés et nous n'en avons retenu que les éléments qui pouvaient éclairer notre sujet. Quatre grands thèmes scandent l'analyse de ces récits de vie : 1) les souvenirs d'enfance incluant ceux avec les grands-parents et les parents ; 2) la scolarité, interrogeant à la fois sur les investissements intellectuels et la faculté à se faire des amis ; 3) l'adolescence et les rencontres filles-garçons – car « si tout se prépare dans l'enfance, tout se joue à l'adolescence ! », avait coutume de dire Évelyne Kestemberg ; 4) le choix de vie et l'« appel » à la vie religieuse. Pour tous les entretiens, nous avons retranscrit dans un premier temps l'intégralité des passages qui nous ont paru particulièrement illustratifs – en effet, la manière de dire est au moins aussi importante que ce qui est dit ; puis, dans un deuxième temps, parfois en regroupant deux entretiens qui avaient des points communs, nous nous sommes livrés à une analyse de contenu, reprenant souvent les « manières de dire » pour mieux faire comprendre ce qui était en jeu d'une problématique sous-jacente. En outre, le but de cette analyse n'était nullement de faire un bilan de personnalité, mais simplement de pointer les divers aspects en lien avec notre thématique. Rappelons de plus que cette histoire racontée par les uns et les autres l'a été au cours d'un seul entretien et que, sur un tel sujet, il eût été parfois indélicat de vouloir aller au-delà de ce qui était dit, ou parfois même de mettre sur la place publique ce qui a effectivement été dit.

Par souci d'anonymat pour toutes les personnes qui, avec tant d'authenticité, ont accepté de se confier, parfois pour dire des choses difficiles, nous avons bien sûr changé les noms, les lieux et tous les détails qui pouvaient les faire reconnaître[1]. Dans ce même but, nous avons aussi séparé la vocation proprement dite inscrite dans une histoire particulière, de sa réalisation dans une communauté ou une paroisse[2] ; c'est certes un peu frustrant que tous ces récits de vie ne se prolongent pas au-delà de l'appel entendu mais ce dernier aspect sera traité dans un quatrième chapitre sous forme thématique en prenant surtout en compte le fait d'être homme ou d'être femme – en effet, à la lecture de toutes ces histoires, il nous est apparu que cette variable était encore plus importante que la diversité des orientations. Certes les motivations à être moine ou religieux sont sensiblement différentes de celles qui concernent les prêtres – pour ces derniers, prime le projet évangélique ; comme me le confiait l'un d'entre eux : « Pour moi, je me suis dit, ça vaut la peine d'annoncer l'Évangile. » Alors que, pour les moines, la relation verticale à Dieu est première avec, comme pour les religieux, l'importance accordée à une vie communautaire. Mais dans cette recherche, nous privilégierons plutôt ce qu'ils ont en commun, à savoir leur quête de Dieu. Et nous verrons que, à part quelques exceptions, ils se sentent rétrospectivement heureux d'avoir fait ce choix.

Dernier point : ces récits ne peuvent pas ne pas jouer un rôle de miroir pour le lecteur concerné – espérons que le jeu entre les nombreux miroirs proposés permette de prendre une certaine distance… et d'y trouver, malgré tout, quelque lumière pour sa propre route !

La vocation en continuité avec un environnement profondément chrétien.

Il y a beaucoup de demeures
dans la maison du Père
(Jn 14, 2).

1. Mais bien sûr la personne concernée ne pourra pas ne pas se reconnaître…

2. Certains entretiens peuvent d'ailleurs être uniquement utilisés dans l'analyse thématique donc sans le récit de vie.

Si nous reprenons notre parabole de l'enfant prodigue, nous pourrions comparer ces vocations à celle du fils aîné, celui qui est resté, apparemment sans trop de problème, dans la maison du père, et à qui il est dit « tout ce qui est à moi est à toi »…

Nous allons écouter deux récits qui illustrent cette thématique et nous les commenterons ensemble.

L'histoire du père Antoine, religieux[1], *65 ans.*

Antoine est le deuxième et dernier enfant d'un père qui dirige une entreprise en Algérie où il vivra jusqu'à 18 ans. La mère est au foyer et les deux parents sont très croyants et engagés dans l'Église avec une forte pratique religieuse : outre la messe dominicale, ils vont ensemble prier à la chapelle et tous les dimanches soir au saint sacrement (« ça m'a marqué ça, certainement »).

Les souvenirs d'enfance.

Antoine garde le souvenir de parents très unis et heureux. Il naît trois ans après un premier garçon et ces derniers espéraient une fille dont ils avaient déjà choisi le prénom. L'accouchement se passe mal avec deux conséquences : d'abord on craint pendant quelque temps pour la vie du nouveau-né (« j'ai été pendant longtemps entre la mort et la vie ») – puis « il y a eu des conséquences gynécologiques, je sais que maman a été opérée dans un grand hôpital français mais je ne sais pas très bien de quoi il s'agissait, en tout cas après moi elle n'a pas pu avoir d'autre enfant ». Les complications de santé font qu'il va être l'objet de beaucoup d'attention et de sollicitude.

De sa mère il parle peu sauf pour dire « son côté expansif »

1. Dans ce même souci d'anonymat, nous avons pris le parti de ne retenir que 3 catégories : 1) *les religieux de vie monastique* que nous intitulerons « moines » et « moniales » et qui peuvent être indifféremment trappistes, carmélites, bénédictins, etc. ; 2) *les religieux et religieuses de vie non monastique* qui peuvent faire partie d'ordres extrêmement divers, tels les dominicains, franciscains, jésuites, etc. et que nous appellerons « religieux » ; 3) les prêtres de paroisse.

et son grand attachement à elle étant tout petit, en revanche il est plus prolixe sur son père : « J'avais une vénération pour mon père. Mon père je l'estimais, grand travailleur, courageux et alors très, très ferme et en même temps, un peu la main de fer dans un gant de velours, se faisant comprendre mais n'exigeant rien et alors ça, ça a certainement joué dans l'éveil de ma vie spirituelle, j'ai toujours eu le souvenir d'un homme brillant, j'étais impressionné par sa ferveur à l'église, à la messe, *un grand recueillement qui m'a toujours impressionné*. Et je dois dire que ça n'a été qu'en se confirmant et que ce qui m'a fait ouvrir les yeux à un certain moment c'était quand j'étais en première, un professeur un jour m'a dit "*est-ce que tu te rends compte que tu as un saint papa*", donc très marqué par le caractère, on pourrait dire, extrêmement humain et en même temps une grande foi de mon père. »

Finalement une enfance « très protégée ».

La scolarité.

« J'ai fait ma première année de primaire chez des sœurs et j'ai gardé pour mère Bénédicte une vénération parce que c'était une grande pédagogue qui m'a assez vite permis de donner le meilleur de moi-même, j'étais assez doué, j'étais plutôt littéraire et [...] ma famille et l'école c'était deux pôles où je me sentais stimulé, entouré et où je pouvais m'épanouir sans problèmes. Je n'ai pas la mémoire de grande souffrance. »

Il signale toutefois qu'il fréquentait peu la population locale et que les différentes écoles privées où il a étudié étaient très « élitistes ».

L'adolescence, les filles.

L'adolescence ? « Alors ça disons j'étais un grand amateur de sport et de sport équestre et donc un peu tout ce qui était éveil affectif je l'ai vécu dans des relations à partir de ce cercle hippique [...] donc je crois que j'ai vécu à la fois un éveil affectif dans la relation aux jeunes filles, mais simultanément très vite je me suis posé la question de ce que j'allais faire plus tard [...] j'avais mon petit autel dans la chambre que je partageais avec mon frère, mais lui n'en voulait pas. »

« J'ai eu l'impression d'avoir été très aidé par mes éducateurs dans l'adolescence à qui j'ai pu parler de la vie affective, de mes relations entre amis de collège, des filles que je rencontrais, mais très vite pour moi se sont posées des questions de foi et du sens de l'existence et j'ai été très aidé aussi par des lectures des grands auteurs littéraires. »

• *Vous n'avez jamais été déchiré par ce choix à faire entre votre vocation et une fille rencontrée ?*

« Ce qui m'a semblé à moi le plus problématique c'est vraiment ce vœu de chasteté [...] et le fait de devoir renoncer à fonder un foyer. Et j'ai connu une personne que je crois avoir véritablement aimée mais en lui disant très vite que ce n'était pas nécessairement en vue du mariage parce que je me posais la question de la vocation religieuse et donc à un certain moment j'ai pris la décision, ça n'a pas été simple ni pour elle ni pour moi, mais je sentais vraiment que c'était dans ce sens-là que je devais m'orienter. Elle aussi était très amoureuse et elle a espéré que je revienne... Je me suis préoccupé à son sujet pendant un certain temps, mais j'étais trop engagé dans mon choix. »

Le choix de vie et l'« appel » à la vie religieuse.

Il semble qu'il y ait une grande continuité dans cette vocation à travers de multiples rencontres et témoignages de vie dans un milieu très pratiquant et relativement clos.

• *Comment vous dites-vous à vous-même ce choix ?*

« Je me le suis dit et redit seul et avec d'autres. Le choix, je crois pouvoir le dire en grande vérité, ça a été d'abord et avant tout, le choix du Christ parce qu'il demande tout, même si je ne savais pas quelle forme cela allait prendre. J'avais un ami de la même classe qui était entré à la Trappe mais je ne pensais pas être appelé à la vie contemplative ; au lycée, en seconde, j'avais assisté à une conférence qui m'avait beaucoup marqué à propos des Frères de Charles de Foucauld. Alors j'en avais parlé à mon conseiller spirituel qui m'avait dit qu'il n'était pas sûr que j'y trouve mon compte au point de vue intellectuel.

Je ne savais pas exactement vers quelle famille religieuse me tourner alors je suis rentré au noviciat en me disant, bon, on va voir si c'est ça. »

Et effectivement, « ça a été ça... ».

À la fin de l'entretien, je l'interroge sur les relations amicales qu'il peut nouer dans sa communauté et alors que jusque-là il ne s'était laissé aller à aucune confidence sur ses sentiments, il me confie : « Je dirais que *je suis de ceux qui ont l'amitié difficile*, je ne me lie pas facilement donc, oui, étant donné précisément que des relations où je m'étais engagé, un certain moment ont été compromises… » Il me parle alors de quelques amis rentrés dans les ordres avec lui qui les ont quittés et se sont mariés : « Ce sont des affaires qui m'ont marqué profondément, c'est-à-dire si je m'engage fort dans une relation d'amitié et que je vis ce type de parcours, ça m'a rendu prudent, *étant donné l'affectivité vive qui est la mienne, ça m'a été d'une grande souffrance, donc prudence avant de multiplier d'autres expériences de ce genre.* »

L'histoire de sœur Marie, religieuse, 65 ans.

Marie est la seconde d'une famille « profondément chrétienne » qui aura sept enfants ; il y avait une grande différence d'âge entre le père, chef des services comptables dans une grosse usine, et sa mère au foyer.

Les souvenirs d'enfance.

Elle parle de son père comme d'un homme « très fascinant, très passionnant » et qui avait plein de centres d'intérêt et de sa mère, « mère à cent pour cent avec ce que ça veut dire d'anxiété, d'inquiétude, bien souvent mêlée de tendresse. Complètement débordée par la vie matérielle, déjà avec deux enfants elle était débordée, et plus elle en a eu, plus elle était débordée. Donc on a vécu dans une certaine insécurité, le mot est trop fort mais disons dans une grande sobriété de vie matérielle. Parce qu'on avait un petit appartement et que c'était un peu le désordre matériel. Chacun y allait de son désordre mais ça ne nous empêchait pas de bien nous entendre et de nous disputer aussi. »

Elle garde le souvenir du couple de ses parents « très profondément uni, avec en même temps de grandes divergences car mon père avait été célibataire pendant près de quarante-cinq ans ».

« Moi je me suis toujours bien entendue avec mon frère aîné. On était deux très rapprochés et puis ensuite quelques années avec le suivant, donc il y avait les grands et les petits, les deux grands on a été très vite associés à l'éducation des plus jeunes. »

Marie est de santé fragile et fait une forte anémie entre sept et dix ans ; de ce fait elle est envoyée loin de la famille à la montagne pendant un an et demi : « Ça, ça a compté. Mais j'ai des souvenirs de joie, mon père était venu me voir et le trajet n'était pas facile à l'époque [...]. Il m'avait demandé ce qui me ferait plaisir et il m'avait acheté de la laine pour jouer, et je me souviens de cet éblouissement d'enfant de ces deux petites pelotes de laine violette et rose. Ça c'est un souvenir que j'ai de bonheur, enfant. »

La scolarité.

« J'ai toujours été heureuse en classe, toujours aussi loin que je remonte [...]. Quand il s'est avéré qu'il fallait m'envoyer à la montagne, entre la classe de 10e et la classe de 7e j'ai appris à travailler toute seule, parce qu'on m'envoyait des feuilles de travail, comme on disait. Et ça, ça a été fondateur pour moi, beaucoup de mon intérêt pour la vie intellectuelle, pour le langage vient de là. [...] Et puis quand je suis revenue j'ai eu une scolarité tout à fait normale. Là aussi c'est surtout les études dont je me souviens et du travail personnel. J'aimais bien les cours et j'ai eu de très bons professeurs et j'ai été valorisée par eux, ça a beaucoup compté, je m'en rends compte rétrospectivement, parce que j'étais une petite fille très timide, très introvertie et ça m'a beaucoup aidée. »

L'adolescence et les hommes.

« Je ne sais pas très bien ce que je peux dire sur mon adolescence. C'est une énigme pour moi parce que j'ai été d'une part bien prise par l'intérêt de mes études, pour moi ça comptait beaucoup et par les responsabilités familiales de la grande sœur. Moi je n'ai pas tellement le sentiment d'avoir eu une adolescence. »

« On m'a toujours dit que j'étais mûre pour mon âge, avec les avantages et sans doute les rançons de la chose, c'est sûr que l'adolescence de protestation, d'indépendance de revendication, je n'ai pas tellement connu ça ; j'ai attendu d'avoir vingt ans pour partir en Espagne avec des copains en 2 CV et ça a été un voyage d'émancipation. Donc je ne sais pas vraiment quoi dire sur mon adolescence ; par contre, *ce temps-là a été pour moi un temps de découverte spirituelle intense, vraiment.* »

• *Et ce voyage avec les copains ?*

« C'était très bien. J'ai fait plusieurs voyages avec eux et puis avec mes frères. À ce moment-là j'ai commencé à bouger un peu. »

• *Et pendant ces voyages vous n'êtes pas tombée amoureuse de l'un ou l'autre des copains ?*

« Non, je n'étais pas tombée amoureuse d'eux. Il y en avait un qui était tombé un peu amoureux de moi et je lui ai dit que je comptais consacrer ma vie et le fait de le dire, si vous voulez, ça a objectivé complètement. De toute façon, je l'avais déjà dit à mes parents. »

« Je voudrais rajouter quelque chose : j'ai adoré mes classes littéraires entre la 4e et la terminale, j'ai énormément reçu de mes professeurs de lettres, de découverte de la poésie ; je me souviens d'éblouissement des choses qui ont été très déterminantes et qui font qu'effectivement peut-être cette complexité, cette richesse de la vie affective en elle-même et dans sa modalité féminine, je l'ai reçue de manière médiatisée, j'ai envie de dire, peut-être trop médiatisée, mais c'est comme ça. »

Le choix de vie et l'« appel » à la vie religieuse.

L'adolescence est donc associée à « une découverte spirituelle intense », « découverte de la prière, de l'amour de Dieu pour moi, de l'importance de la charité. Pendant ma scolarité j'allais aider dans une école en milieu très très populaire, et l'été on nous proposait des colonies de vacances et pour moi ça a été très important. À la fois je dirais *l'aspect intérieur d'expérience de Dieu, ces petites expériences de service et puis peut-être que je ne pouvais pas m'évader dans des rêves de service, parce qu'à la maison, le soir, il fallait faire la vaisselle, il fallait aider le petit frère à apprendre ses verbes irréguliers.* Ce n'est pas très excitant comme récit, comme quotidien, c'est tout à fait ma vie, quelque chose de très quotidien. Je crois que c'est vrai, que c'est beau et j'en suis heureuse. »

Son goût pour les lettres va lui faire choisir une filière de lettres classiques.

Elle pense un temps être appelée à la vie contemplative.

• *Et pourquoi alors avoir fait un autre choix ?*

« C'était une évidence de cohérence interne ; c'était, Marie, tu as reçu des dons intellectuels, je le savais, c'était clair, voilà si tu veux te consacrer à Dieu, il faut que tu consacres tes dons, donc, voilà. [...] Et je me suis dit, il ne faut pas demander au Bon Dieu des signes extraordinaires, fais ce que tu aimes, tu es capable d'en aider d'autres dans ton domaine et puis tu connais cette communauté que le Seigneur a mise sur ta route, c'était une évidence, je dirais une évidence complètement prosaïque de ma part, je le dis très sérieusement, et je crois que c'est une grâce parce que je n'ai pas eu à avoir ensuite des désillusions, pour la bonne raison que je la connaissais. »

• *Est-ce qu'une parole de la Bible vous a particulièrement parlé ?*

« Sûrement, c'est la parole de saint Paul : "L'Esprit de Dieu se joint à notre esprit pour attester que nous sommes enfants de Dieu." Ça, pour moi, c'est une parole décisive, complètement décisive car ça touche mon expérience à la fois spirituelle et éducative. Il y a aussi cette parole : "Dans ta lumière, nous verrons la lumière." C'est à la fois des paroles qui ont une résonance spirituelle forte et un important contenu anthropologique. »

Dans ce qui est « trouvé là » par le père Antoine et sœur Marie, il y a bien des points communs : le père y est très admiré, pour ne pas dire idéalisé et porteur de valeurs auxquelles ils vont tous les deux s'identifier – ces valeurs étant relayées par l'environnement, dont l'école et la paroisse, où ils seront pareillement marqués par des religieuses ou des prêtres qu'ils apprécient et par qui ils vont se sentir valorisés. En outre, tous les deux, même si c'est de façon différente, ont quelque raison de se sentir coupables vis-à-vis de leur mère : l'un parce qu'il sera la « cause » du fait qu'après lui, elle ne pourra pas avoir de nouvel enfant, et l'autre parce que cette mère « était complètement débordée par la vie matérielle » – deux raisons qui rendent difficile d'assumer une rivalité. Même si encore une fois cette « difficulté » n'était qu'un paramètre parmi d'autres et aurait très bien pu être résolue d'une façon différente, à la mesure d'autres identifications ou d'autres rencontres. Puis, dernier point, peut-être le plus essentiel et qui va, comme je le disais précédemment, être toujours retrouvé, même si c'est sous des formes et pour des raisons différentes : *l'hyperinvestissement d'un monde interne dans un certain repli sur soi* – ici l'une évoque ainsi, sans doute en lien aussi avec sa « santé fragile » le fait d'être timide et introvertie, avec l'importance donnée et trouvée dans le monde intellectuel et spirituel – l'autre évoque son « hyperaffectivité » et du coup sa « prudence » dans ses investissements affectifs. Et c'est d'ailleurs grâce à ce repli sur soi que peut, de façon diverse, être entendu l'appel du Christ.

Soulignons l'authentique « simplicité » de ces deux vocations qui semblent tellement aller de soi – même si la réalité n'a pas été évidemment aussi linéaire. Comme le dit Marie « ce n'est pas très excitant comme récit [...] mais je crois que c'est vrai, que c'est beau et j'en suis heureuse ».

Nous allons maintenant écouter un troisième récit qui tranche avec les deux premiers par son côté plus « extraordinaire » et plus démonstratif. Joseph l'exprime lui-même avec deux adjectifs qui, émaillant le récit, reviennent de façon itérative : c'était « immense » et c'était « inouï », répète-t-il. Et si effectivement Marie et Antoine vivaient un certain repli sur eux-mêmes, que dire alors ici ?

L'histoire de frère Joseph, moine, 45 ans.

Joseph est fils d'un médecin étranger installé en France et d'une mère enseignante en lettres. Il est l'aîné de trois enfants. Le père n'est pas pratiquant mais « très, très respectueux ». En revanche, du côté maternel, la famille est extrêmement croyante.

Ses souvenirs d'enfance.

Joseph a connu ses quatre grands-parents, mais c'est surtout de sa grand-mère maternelle qu'il me parle : « Quand je montais à Paris je rejoignais ma grand-mère dans le métro, on allait aux “Trois Quartiers”, on allait à la médaille miraculeuse. Elle était très, très croyante. Et puis c'était surtout les vacances au bord de la mer, tout un tas de souvenirs, de promenades avec mes grands-parents. »

• *Et vos parents ?*

« Mes parents, très différents l'un de l'autre, très, très… papa, homme de science, de recherche, acharné au travail, vraiment très,

très pris par son travail, sévère, très réservé, mais maman c'est elle qui tenait les rênes et donnait le style de l'éducation. »

Fait important : il m'apprendra que sa mère était devenue sourde assez jeune mais qu'« elle n'avait aucun problème de communication. C'est vrai qu'elle a terriblement souffert, mais en même temps elle savait faire passer la chose complètement inaperçue, sauf dans les réunions publiques, sermons conférences, etc. mais elle avait une telle mémoire intérieure, ça m'impressionnait beaucoup, elle ne le montrait pas. Elle était au contraire très, très liante ».

• *Vos souvenirs de petit enfant ?*

« Les plus anciens souvenirs c'est Rome, vague souvenir de Saint-Pierre de Rome, l'enterrement de Jean XXIII [...]. C'est aussi un parc, quand on allait à la messe, c'est les arbres en fleurs qui m'intriguaient beaucoup. »

• *Vous vous souvenez de la naissance de votre petit frère cinq ans après vous ?*

« C'était au moment de Kennedy, je crois que c'était à la mort de Kennedy, mais c'est vague. Je me souviens des pétunias dans le jardin en Bretagne où j'étais mais c'est un peu vague quand même. »

Je lui demande alors ce qu'il a pu ressentir en voyant sa mère arriver avec un bébé dans les bras et il me répond : « Je n'ai pas de souvenirs de heurts. Non rien du tout. »

• *Et des souvenirs avec les vôtres ou à l'école ?*

« Qu'est-ce qui pourrait ressortir comme ça, je ne sais pas (long silence) le souvenir d'avoir travaillé beaucoup. »

La scolarité.

« J'étais très bon élève, en avance et j'ai souvenir des vacances à la mer, ça m'a poursuivi après, et une enfance très studieuse, un éveil intellectuel prodigieux, précoce. J'ai découvert des choses, la poésie surtout. Voilà pour résumer. Et comme ma mère était devenue sourde, j'ai bénéficié d'un précepteur hors pair puisque maman ne pouvait plus enseigner, j'allais à l'école mais au fond ça ne servait à rien, au moins pendant le primaire et une bonne partie du secondaire, j'ai fait du latin à 10 ans, du grec à 12, c'était un préceptorat extraordinaire. J'ai eu maman, je ne dirais pas que c'était lourd, mais elle était extrêmement présente dans ma physionomie intellectuelle, spirituelle, et j'ai une gratitude immense. »

L'adolescence, les filles.

« Je n'ai pratiquement pas de souvenirs de la puberté et de l'adolescence, presque rien. Ce n'est pas du tout qu'on était prude à la maison, absolument pas. Si, il y a eu une petite période d'inquiétudes, finalement ça n'a pas duré. La sexualité n'était absolument pas tabou, c'était tout à fait naturel, mes parents m'en ont parlé, je ne sais plus, même avec un livre, mais avec beaucoup de délicatesse, si bien que le fait, je dirais, de beaucoup travailler et que j'aie beaucoup investi le travail intellectuel, je pense que je n'ai pas eu de crise d'adolescence. »

• *Vous avez été amoureux d'une femme ?*

« Je pense que j'ai été amoureux, si, je pense qu'on a été amoureux de moi ; en prépa, oui ce n'est pas venu vraiment à un état tellement conscient et je me suis dit après que, elle, devait être amoureuse de moi, avec le recul du temps. »

• *Vous avez eu des regrets ?*

« Non, aucun. La vie avec une femme ne me manque pas. »

Le choix de vie et l'« appel » à la vie religieuse.

« J'ai l'impression que c'est depuis toujours. Je crois à la fois que tout n'est pas facile, mais en même temps que c'est une espèce de chemin paisible. » [...] « J'ai eu la vocation très tôt, certainement portée par la voie familiale, maternelle surtout, paternelle, plus lointain, très, très respectueux, mais non pratiquant. Et en même temps je ne dirais jamais que ma vocation est la création de ma mère, ça non. [...] Je me souviens j'avais dix ans, j'avais mis un petit mot dans son missel, maman tu sais je veux être prêtre, à dix ans, elle l'a gardé longtemps dans son missel que je n'ai pas retrouvé. C'est resté en sommeil pendant mes études, mais c'était toujours là. »

• *Pourquoi alors ne pas être devenu prêtre de paroisse ?*

« C'est l'attrait quand même de la lecture de la Bible, la méditation, le silence, la beauté liturgique – je suis très sensible à la beauté, oui, inouï, inouï, sensible au chant, sensible aux bouquets de fleurs dans l'église. » [...] « C'est comme si ma propre vie était accrochée à l'expression poétique. Oui, au fond c'est ça, je vois le sens de ma propre vie là-dedans. »

À 13 ans, une lecture faite avec sa mère va le marquer profondément : « J'ai le souvenir d'un soir, j'avais 13 ans, on lisait le soir, on faisait la prière du soir, on lisait les textes du lendemain et c'était des lectures du jour, pendant les vacances le 28 août pour la fête de saint Augustin on avait lu un passage des *Confessions* : l'extase d'Ostie entre Monique et Augustin. » Il associe sur la mort de sa mère il y a quelques années : « Dans l'état physique où elle était au moment de mourir j'ai senti que cette communication que l'on avait allait devoir prendre une autre forme, entre nous il y avait une communication d'affection, une communication spirituelle et pour moi il y a une page dans la littérature chrétienne qui est un sommet, c'est l'extase d'Ostie et curieusement le soir de la mort de maman j'avais été à la bibliothèque pour prendre *Les Confessions* et pendant que j'étais en train de lire ce passage, coup de téléphone du père abbé : votre maman vient de mourir et j'ai découvert que maman avait laissé dans son sac une petite lettre qui est son testament d'une main tremblée de morphine, où elle me disait "ne sois pas triste, je reste toujours avec toi". Bien sûr c'est immense, immense. »

Ici donc, malgré la dénégation, *« je ne dirais jamais que ma vocation est une création de ma mère »* une relation fortement privilégiée à une mère qui va orienter toute sa vie. Remarquons la symétrie entre le petit mot que Joseph met dans le missel de sa mère pour lui dire son intention de devenir prêtre et le « testament » que sa mère lui dédie au moment de mourir. Encore une fois ce qui frappe, outre la transmission de la foi par la lignée maternelle très admirée, c'est l'hyperinvestissement intellectuel qui lui fait privilégier, en identification à cette mère devenue sourde, « la mémoire intérieure ». Le qualificatif d'introversion est ici particulièrement pertinent ; il se laisse peu (ou pas du tout) aller à ressentir des émotions en lien avec les événements : il est étonnant de l'entendre associer la naissance de son petit frère – il a quand même cinq ans ! – avec la mort de Kennedy, puis avec un jardin de pétunias pour finir par dire qu'« il n'a pas de souvenir de heurts (!) Non rien du tout ». Je l'interroge sur ses souvenirs d'enfance : « Qu'est-ce qui pourrait ressortir comme ça ? – un long silence – Le souvenir d'avoir travaillé beaucoup » (!) Même blanc émotionnel quand il s'agit de parler de son adolescence ou d'éventuelles relations amoureuses ; à ma question « Vous avez été amoureux d'une femme ? » Il pense que oui, sans l'avoir discerné sur le moment, et remarquons combien il glisse rapidement sur le fait qu'une fille – là encore sans certitude – devait être amoureuse de lui. « Je pense que j'ai été amoureux, si, je pense qu'on a été amoureux de moi ; en prépa, oui, ce n'est pas venu vraiment à un état tellement conscient et je me suis dit après que, elle, devait être amoureuse de moi, avec le recul du temps. »

• *Vous avez eu des regrets ?*

« Non, aucun. La vie avec une femme ne me manque pas. »

Comment cela lui manquerait-il ? N'était-il pas « immense » que sa mère lui laisse en testament cette assurance d'une communion qu'ils n'avaient cessé de vivre ensemble « ne sois pas triste ! je reste toujours avec toi » – communion entre sa mère et lui, lui et sa mère, qu'il relie explicitement à l'extase d'Ostie entre Monique et Augustin et dont il dit : « C'était immense et en même temps je dois dire sans orgueil aucun, dans tout ce que je peux voir, je n'ai jamais rencontré ça. »

Arrêtons-nous donc un instant sur ce qu'écrit saint Augustin au livre IX, § X. Juste avant la mort de sa mère, Augustin se trouve seul avec elle, appuyé à une fenêtre qui donne sur leur jardin à Ostie : « Par un dessein, dit-il à Dieu, que vous aviez ménagé suivant vos mystérieuses méthodes [...] nous causions donc, seuls, avec une grande douceur, oubliant le passé pour nous élancer vers l'avenir [...]. Notre entretien nous avait amenés à cette conclusion qu'auprès de la félicité d'une telle vie, les délectations de nos sens charnels, si grandes soient-elles, si vive que soit la lumière corporelle dont elles rayonnent, ne supportent ni la comparaison ni une simple mention, même auprès des délices de cette vie-là. Et alors, nous élevant d'un élan plus ardent vers l'« Être-lui-même », nous parcourûmes degré par degré toutes les choses corporelles, et le ciel même. […] Et nous montions, méditant, célébrant, admirant vos œuvres au-dedans de nous-mêmes ; et nous parvînmes jusqu'à nos âmes et nous les dépassâmes pour atteindre cette région d'inépuisable abondance où vous rassasiez éternellement Israël de l'aliment de vérité, là où la vie est la Sagesse, principe de tout ce qui est, a été, sans qu'elle ait été faite elle-même, car elle *est comme elle a toujours été, comme elle sera toujours.* […] *Et tandis que nous parlions de cette Sagesse, que nous y aspirions, nous y touchâmes un moment dans un suprême élan de nos cœurs.* » Et puis nous soupirâmes, et laissant là attachées « ces prémices de l'Esprit », nous redescendîmes à ce vain bruit de nos lèvres, là où la parole et commence et finit – combien différent de votre Verbe, Notre Seigneur, qui subsiste toujours en soi-même, et renouvelle pourtant toutes choses ! »

Je viens de parler de communion mais, bien sûr, à propos de cette « extase » certains parleraient d'expérience fusionnelle. Pour sa part Sophie de Mijolla, commentant ce même passage[1], voit dans ce besoin de croire non « la culpabilité à l'égard du père, ni le désir d'être protégé par lui, mais le besoin d'établir une *contre-force opposable à la mélancolie*, née de la perte des illusions à la fois sur l'omnipotence narcissique infantile et sur les capacités parentales de réaliser un tel idéal ». Il est vrai, en lien avec cette idée de mélancolie, que Joseph se dit habité par une angoisse de la mort et on peut étendre la recherche de cette contre-force au besoin de croire à la Résurrection.

Mais revenons à cette extase – il s'y manifeste certes une charge affective extrêmement forte, d'autant plus forte sans doute, pour ce qui concerne Joseph, qu'il se laisse peu aller en général à ressentir des émotions en lien avec ce qui se passe ; mais précisément n'est-ce pas parce *que le lien à sa mère polarise toute son affectivité* ? Était-ce

1. « La famélique pensée », revue *Adolescence* n° 63 (Mystique et expériences), p. 161.

aussi le cas pour Augustin ? Mais ce qui n'est jamais pris en compte par la plupart des psychanalystes dans ce type d'expérience, simplement sans doute parce qu'ils ne l'ont pas faite, c'est tout ce qui la sous-tend d'une habitation par la personne du Christ qui joue entre les protagonistes et à l'intérieur d'eux un *rôle de tier*s (Parole qui porte vers la Vérité, l'Être lui-même, la Sagesse... et qui s'est incarnée dans le Christ) – ce qui change radicalement le sens de cette extase. Augustin, Monique, et aussi Joseph dans cette expérience redoublée, mettent dans cet espace transitionnel de la foi, ce terrain commun à l'autre et à soi, dans cet entre-deux de désir, toutes leurs expériences transformantes de prière, de dialogue amoureux, de lecture et de remâchage de la Bible, de relation aimante qui, médiatisant leurs échanges, les font alors échapper à une fusion mortifère et leur permettent de « toucher un moment cette Sagesse dans un suprême élan de leurs cœurs ». Sagesse des « délices de cette vie-là » sous la forme d'un Être-un vers lequel ils sont tendus, et ici fugitivement rendus sensibles.

Un moine bénédictin fait écho à cette interprétation :

« Par la fenêtre – cette permission divine – les regards de la mère et du fils donnaient sur une cour intérieure, sur un jardin intérieur, qui était en réalité le point de convergence de leurs âmes, à l'infini. La mère et le fils donnaient l'un sur l'autre, et ils donnaient l'un et l'autre sur cette sorte d'*impluvium* intérieur où la Lumière pleuvait et ils se donnaient à Dieu. Car l'extase d'Ostie a ceci d'admirable et de singulier qu'elle n'est pas une extase solitaire mais une *extase partagée* ; l'effort s'entretient ici d'un entraînement réciproque et l'incandescence du contact avec Dieu s'alimente de celle de la relation la plus humaine qui soit, cependant que, dans une sorte d'échange circulaire indéfiniment expansif, elle l'alimente et l'attise à son tour[1]. » Parce qu'elle

1. François CASSINGENA-TRÉVEDY, *Étincelles* II, Ad Solem, 2007, p. 114.

est partagée, cette extase se fait alors expérience « trinitaire » rendue un instant « incandescente ».

Nous allons écouter deux autres témoignages, celui de sœur Léa et celui du père Jean – ils ont beaucoup de points communs et sont plus représentatifs que l'entretien précédent d'une problématique abandonnique[1] très fréquemment retrouvée parmi ceux qui se sentent « appelés » à la suite du Christ – nous les commenterons donc ensemble.

L'histoire de sœur Léa, religieuse, 50 ans.

Sœur Léa est l'aînée de six enfants de parents catholiques pratiquants « qui, me dit-elle d'emblée, ont été amoureux fous jusqu'à la fin de leur vie – ils voyageaient beaucoup et quand ils téléphonaient de l'autre bout du monde on sentait très bien *que voilà ils prenaient de nos nouvelles mais qu'ils se passaient royalement de leurs enfants, nous étions jaloux en disant : les parents ça va* ».

Ses souvenirs d'enfance.

Notons d'abord quelque chose qui me sera dit à la toute fin de l'entretien : les problèmes affectifs de son père qui avait perdu son propre père à l'âge de trois ans et qui « à la suite de ça a fait un épisode “psy” grave et a été rattrapé par les cheveux. Je pense que par rapport à l'affectivité c'est quelqu'un qui se gardait de lui-même. Et il s'est passé quelque chose d'un miracle avec ma mère, mais il gérait tout ça, je ne sais pas comment du tout ».

Les trois premiers enfants sont nés en trois ans et on peut imaginer combien de toute façon elle a peu eu le temps de se sentir l'objet de toutes les attentions parentales ; à cela s'ajouteront deux choses – un conflit entre sa mère et la nounou qui la garde et surtout l'alliance réalisée entre les deux enfants suivants contre elle : « Je pense qu'il y avait un conflit d'affectivité entre ma nounou que je considérais comme une grand-mère et ma mère

1. Par problématique abandonnique je veux dire que les personnes concernées – en l'occurrence ici Léa et Jean – ont vécu un certain lâchage, un certain manque d'appui de la part de leur environnement.

car au bout d'un moment mes parents trouvaient qu'elle prenait une place trop considérable. Et du point de vue de la petite enfance je pense que j'ai dû être assez seule, parce que les deux suivants, ma sœur et mon frère qui me suivaient, s'entendaient comme deux larrons en foire, ils étaient toujours ensemble et ils montaient des coups contre moi *et je me trouvais seule dans mon coin.* [...] J'ai bien éliminé tout ça et je ne me souviens pas, mais j'étais assez solitaire ; d'ailleurs j'ai eu le temps de réfléchir et je pense que j'ai rejoué ça à l'adolescence, *j'avais envie d'avoir des amis et puis je n'y arrivais pas.* »

Il faut aussi signaler ses nombreux souvenirs de parents la traitant trop tôt comme une adulte « je me dis que mes parents avaient du toupet en termes de risques... » : à dix ans elle va déjà au collège qui se trouve à quatre kilomètres de la maison en vélo « sur des routes assez fréquentées » et à treize ans elle circule en mobylette. Mais surtout elle raconte plusieurs anecdotes où elle est ainsi abandonnée à elle-même dont voici celle qu'elle désigne comme la plus « célèbre » : « Un jour ils nous ont laissés, je pense que maman était très fatiguée et qu'elle déprimait un peu, je n'en sais rien. On était tous en vacances dans un village vacances et ils en avaient ras-le-bol, j'avais dix ans, mon dernier frère avait deux ans et ils sont partis tous les deux en voiture se promener, ils nous ont laissés tout un week-end leurs cinq enfants à la charge de moi qui était l'aînée, bon, le frigidaire était plein. Sauf que ça a fait du bruit dans Landernau parce que le dernier a eu la mauvaise idée d'avoir 40 de fièvre le samedi alors là on ne pouvait pas se débrouiller parce que je ne pouvais pas les joindre – il n'y avait pas de portables à l'époque. Alors je suis allée au bureau d'accueil du VVF en disant mon petit frère est malade, il faudrait appeler un docteur. Finalement j'ai gagné cinq francs en récompense quand mes parents sont revenus le surlendemain. »

• *Vous ne vous êtes pas sentie quand même un peu en colère contre eux ?*

« Non je ne m'en souviens pas, j'étais plutôt fière – on parle du droit d'aînesse, je me suis dit que c'était mon devoir d'aînesse. »

La scolarité.

« Étant petite ce que j'ai investi, c'est la lecture [...]. Probablement je devais être absolument dans les livres, c'est possible. »

À dix ans – donc avec un an d'avance – elle rentre en sixième ;

en cinquième ça se passe assez mal ; mais en quatrième « j'ai demandé à entrer dans une école où il n'y avait que des filles parce que j'avais des ennuis, je me faisais embêter dans la cour du collège particulièrement par les garçons. On m'asticotait dans la cour et, comme je le prenais assez mal, c'était de plus en plus drôle naturellement »… Et en quatrième, miracle ! elle devient très bonne élève. « Je pense que j'ai trouvé une atmosphère de confiance qui m'a beaucoup stimulée. »

En troisième elle a des problèmes en maths mais elle s'accroche car elle est décidée à faire médecine pour « lutter contre le mal dans le monde » et spécialement pédiatrie « je trouvais que c'était le comble la souffrance des enfants ».

En terminale elle se souvient qu'un professeur avait écrit sur son bulletin « il faudrait que Léa sorte enfin de son comportement insulaire… », ce qui ne l'empêche pas d'avoir finalement son bac C avec une mention car, dit-elle, « je travaille beaucoup dans la vie et j'ai mis du temps à m'apercevoir que je n'avais pas beaucoup confiance en moi ».

L'adolescence et les hommes.

À deux reprises il a déjà été signalé les difficultés de Léa dans ses relations et spécialement avec les garçons. « Je devais avoir un comportement qui les agaçait et je me souviens avoir reçu dans la cour de récréation un coup de pied dans le derrière. » Tant et si bien qu'elle demande à changer pour un collège exclusivement de filles. Peut-être aussi sa très grande taille à douze-treize ans ne facilite – t-elle pas les contacts avec des garçons dont la puberté est souvent plus tardive.

Elle parle de deux étudiants qu'elle pense avoir été amoureux d'elle : « Il y en a eu deux qui étaient sûrement amoureux de moi, mais moi je n'étais pas du tout amoureuse ; ça aurait très bien pu continuer et j'aurais pu me marier, mais j'ai expliqué tranquillement que je voulais être religieuse, que ce n'était pas la peine que l'on fasse joujou. »

Le choix de vie et l'« appel » à la vie religieuse.

« Il paraît que quand je suis rentrée de ma retraite de profession de foi, j'avais douze ans, dans la voiture au retour j'ai dit à ma mère que je voulais être religieuse, moi je ne me souviens pas. Il paraît que je voulais faire une retraite tous les ans, ce qui pour une gamine de douze ans est évidemment surprenant. Mais j'avais fait une expérience de Dieu dans la prière.

C'est-à-dire que pour moi *il y avait quelqu'un avec qui j'étais bien, une présence suffisamment bienfaisante pour que j'aie envie que ça se reproduise.* »

Un peu plus tard : « C'est la médecine que j'ai reçue comme une vocation, car c'était un lieu où lutter contre la souffrance. »

Elle prolonge les études et cherche longtemps sa voie, se faisant accompagner par un père jésuite. Elle est d'abord très attirée par les Fraternités de Jérusalem puis elle hésite entre diverses communautés contemplatives ou missionnaires. Elle se voit mourir à la tâche en Afrique… Après plusieurs années de doute, et apparemment après avoir éconduit deux amoureux, elle continue à se poser la question suivante : « Peut-être ne faut-il pas que je me marie ? » C'est alors que ce père spirituel lui fait faire « le fameux tableau d'Ignace » où on met dans quatre cases le pour et le contre de chacune des alternatives » ici en l'occurrence vocation religieuse-mariage. « Ce qui a emporté le morceau je me souviens c'est que j'avais mis pour la vocation le fait qu'un jour Dieu m'avait appelée et c'était ce moment de prière dans ma chambre dont je ne savais rien dire mais dont je ne pouvais pas douter. » « Il y avait quelqu'un qui m'aimait, je me suis aperçue que c'était fait, j'étais quelqu'un d'autre. Si je me mariais il fallait que je me reprenne pour me redonner. C'est curieux. Je n'allais pas me reprendre pour me donner à un homme. Je crois que l'on se donne intégralement une fois, non ? »

Une phrase de saint Ignace entendue dans une retraite lui semble en outre « mettre à sa juste place la médecine par rapport à la vocation religieuse : « Les moyens qui unissent l'instrument à Dieu et le dispose à l'égard de Dieu sont plus efficaces que ceux qui le disposent à l'égard des hommes. » La médecine c'était le moyen qui me disposait à l'égard des hommes, tandis qu'entrer dans une communauté religieuse, c'était me disposer à l'égard de Dieu. » Car, ajoute-t-elle, « que sert à l'homme de gagner l'univers s'il vient à perdre son âme ? ».

Elle abandonne donc « avec une espèce de certitude tranquille » ses douze années d'études universitaires qui allaient lui permettre de travailler comme médecin pour entrer dans une communauté : « Je n'avais rien de mieux à faire, en me disant tout de même : ce truc, c'est complètement cinglé. »

L'histoire ici parle d'elle-même : Léa éprouve de fortes angoisses d'abandon dans une réelle souffrance relationnelle. Plusieurs fois dans la partie théorique nous avons évoqué combien de telles angoisses trouvent souvent à être conjurées dans un agi sexuel compulsif ; or il est intéressant de vérifier ici cette loi du fonctionnement mental : les mêmes causes peuvent provoquer des effets exactement opposés ; car pour autant qu'on peut en juger dans ce cas, il semble qu'elle se soit plutôt protégée par un évitement du sexuel et de l'affectif.

L'histoire du père Jean, religieux, 50 ans.

Le père Jean, né dans le midi de la France, est fils unique de parents tous deux mariés tard.

Ils exercent l'un et l'autre des métiers scientifiques : le père dans une entreprise ; la mère enseigne les mathématiques dans un lycée. Ils sont tous les deux catholiques.

Ce qui est intéressant dans cette histoire c'est qu'en effet comme me le dira le père Jean, il ne se passera pour lui « rien de particulier, pas d'épreuves majeures ni de grandes difficultés ». D'ailleurs après avoir relu ce premier entretien tellement « défendu » j'ai, pour la seule fois au cours de cette recherche, demandé à le prolonger par une deuxième rencontre.

L'enfance des parents du père Jean.

Si l'enfance du père Jean est lisse, on ne peut pas en dire autant de l'enfance de ses parents, telle qu'il nous la rapporte. La mère perdra son père quelque temps après sa naissance et « comme sa propre mère ne travaillait pas elle a été recueillie par la famille et a dû se débrouiller par elle-même ». D'où un particulier « investissement du travail, des études, avec un côté un peu austère, peu de vie sociale qui effectivement l'a mise un peu à l'écart ». Dans ce contexte sont relevées deux qualités : « beaucoup de vigueur intérieure et une assez grande exigence de vie ». On peut sans doute dire que les circonstances ont fait d'elle une maîtresse femme.

Quant au père, il lui est difficile d'en parler ; il commence par dire que c'était plutôt l'inverse de sa mère en ce qui concerne l'autorité, puis s'enchaînent des dénégations : « il avait une vie un peu… pas un échec, mais pas une figure, etc. » pour conclure qu'il aurait voulu l'admirer davantage et que c'était « quand même pesant » ; dans le deuxième entretien il évoquera alors une psychanalyse faite par ce père pour sans doute essayer d'exister lui-même face à son propre père qui prend toute la place ; ce grand-père paternel, apparemment *self-made man*, il le dépeint « brassant affaires et argent et entraînant dans ses déménagements tous les trois-quatre ans femme et enfants ». « C'était une très forte personnalité qui a imposé à son fils de faire des études de sciences alors que manifestement ce n'était pas son truc. En même temps il en parlait avec une espèce d'admiration, parce que c'était une force de la nature, ancien boxeur, construisant les maisons lui-même, à la fois architecte et ouvrier-maçon, *cette espèce d'aura et en même temps* on *le sentait terrorisé par rapport à ça.* Du coup il s'est marié tard. »

Sa propre enfance.

Comme nous le disions déjà, il n'a rien à en raconter de particulier ; le premier souvenir qui lui revient pourtant n'est pas vraiment banal ; alors que je l'interroge sur son enfance, il me parle tout de suite de ses études pour lesquelles il trouve « avoir eu un peu trop de facilités » : « Quand je suis entré en 6e au collège, après la distribution des prix, je me suis rendu compte que j'avais raflé pratiquement tous les prix. *Ça ce n'était pas très agréable, car ça me mettait à part, alors je n'ai pas renouvelé l'opération. En tout cas j'ai toujours été sensible à cette dimension relationnelle de l'existence, qui fait finalement qu'il est préférable d'avoir un groupe d'amis* avec qui on peut faire des choses, sortir, discuter, prendre des vacances, plutôt que d'être enfermé dans son univers, dans son système. »

D'entrée de jeu nous sont ainsi donnés de façon un peu paradoxale les deux lieux majeurs d'investissement qui seront les siens : *l'intellect à travers le savoir et les études, et l'amitié.*

Jamais une émotion n'affleure – à toutes mes questions, des réponses raisonnables et distanciées sont trouvées ; je l'interroge sur sa relation à sa mère et j'apprends qu'« elle est en bonne santé et qu'il a beaucoup d'admiration pour elle, étant donné l'enfance difficile qu'elle a eue » – j'essaie alors de savoir comment ça se passait entre eux ; a-t-il le souvenir qu'elle était tendre ? – question qui va lui faire faire le seul lapsus de notre long entretien : « *Oui*, je peux dire ça, oui, elle était surtout exigeante, *mais sans que ça comporte des gestes de tendresse (!)* »

Dans le second entretien, je lui reparle de ses relations à sa mère et cette fois il laisse émerger en lui des jugements sur l'emprise « ingérable » qu'elle pouvait exercer, même s'il se sent contraint à les annuler dans un deuxième temps, affirmant qu'en fait, il « ne se rend pas compte » : « J'y repense pas mal ces jours-ci [...] elle a été hospitalisée et du coup ça m'a fait réfléchir sur le type d'attachement. *Si j'apprends qu'elle meurt, je n'y suis pas indifférent (!).* Il y a des moments, là aussi l'autonomie que j'ai voulu acquérir, à l'égard de mon père, aussi à certains égards, car étant fils unique, elle est très attachée à moi, à la fois elle a toujours tenu à son indépendance et en même temps, bon voilà *il y a quelque chose qui est ingérable.* J'ai une admiration pour elle et tous mes cousins me disent, ta mère est formidable, elle gère tout, tout est organisé, c'est vrai il y a un côté sympathique, mais en même temps j'ai envie de lui dire : laisse-toi aller aussi, cette rigueur, pas de la rigidité mais presque, *un côté un peu effrayant.* » Jugement qu'il gomme tout de suite par des dénégations : « Pour moi je ne l'ai pas vécu comme quelque chose de pathologique, je ne m'en rends pas compte... mais quand même. »

Quant aux liens avec son père, apparaît clairement l'investissement narcissique dont il était l'objet : « J'avais le sentiment qu'il y avait un investissement sur moi de choses qu'il n'avait pas lui-même réussies dans son existence. » D'où le besoin de se différencier, de « prendre sa place » en ne faisant pas exactement la filière que son père souhaitait : « J'ai eu le sentiment ainsi de poser un acte de liberté, ce n'était pas partir au bout du monde, mais quand même, me différencier. »

Je lui demande alors comment il ressentait la relation que ses parents avaient entre eux et là encore rien à signaler : « Il y avait beaucoup d'amour entre eux et même s'il y avait une différence d'âge assez importante, ça n'a pas empêché une relation très forte, *je n'ai jamais perçu l'ombre d'une ambiguïté.* »

Petit garçon aimait-il jouer ? Oui tout à fait... mais au lieu de décrire son plaisir de petit garçon à jouer, il m'apprend d'emblée qu'il a rédigé un mémoire sur ce thème : « Je me suis rendu compte que ça m'a permis de redécouvrir des choses que j'avais aussi vécues dans l'enfance et que j'avais oubliées parce que le jeu avait une certaine importance. » Toujours ce passage obligé par l'intellect pour savoir quelque chose de lui…

Je lui demande s'il avait beaucoup de copains et s'il pouvait les amener chez lui : « Oui, tout à fait, oui, ça a joué un rôle important, *la dimension amicale était très importante.* »

L'adolescence, la sexualité, les filles.

« Ah ! qu'est-ce que je peux en dire ? Ah ! pas grand-chose, *peut-être quelques difficultés scolaires.* […] peut-être une période un peu terne. J'étais dans un établissement privé de garçons, c'était des questions que dans mon environnement on abordait peu, alors je ne dis pas que j'étais indifférent et neutre par rapport à ça, mais de fait c'est plutôt après, dans les années de prépa que là j'ai fait vraiment des rencontres qui m'ont fait découvrir l'autre sexe pas simplement comme une figure un peu lointaine ; c'est donc plutôt au niveau des classes prépa que j'ai eu le sentiment de revivre quelque chose d'assez fort. Oui c'est ça que je dirais. » J'essaie de le relancer sur le pourquoi d'une telle nouveauté introduite par la classe prépa : « C'est-à-dire je me trouvais donc interne, *pour la première fois en dehors de chez mes parents*, avec un niveau d'exigence très fort et un environnement relationnel finalement très sympathique et j'ai eu le sentiment un peu de me réveiller ; le bac je l'ai eu ric-rac, alors qu'en prépa ça m'a beaucoup stimulé et là *encore aussi bien dans la dimension intellectuelle que relationnelle* – j'ai été pas mal investi dans la vie de l'école, comme délégué des élèves, donc tous azimuts. » Puis il me parle d'un prêtre qui l'a beaucoup marqué « dans le sens d'une ouverture » alors qu'il était adolescent au lycée.

Le choix de vie et l'« appel » à la vie religieuse.

Revient en leitmotiv la difficulté pour lui de choisir sa voie en même temps que la nécessité existentielle de s'autonomiser et c'est dans le domaine des études que cela va se jouer ; il choisit donc contre le désir de son père de faire de la recherche à un haut niveau : « J'aurais pu faire la filière maths et j'ai choisi la filière physique (est-ce aussi pour se différencier de sa mère qui enseignait précisément les mathématiques ?) ; *j'ai eu le sentiment pour la première fois de ma vie de poser une décision*, avant j'avais fait les sciences ça marchait, et tout le reste c'était du même ordre, mais là *de poser une décision, c'était quelque chose.* »

Reste à poser une décision quant à un mode de vie privé.

D'une part il relate qu'à la fois il fait une formation en théologie pour laïcs et, tenté par une expérience communautaire, il fonde une petite communauté avec quatre amis dans un local qui n'a que deux pièces – une pour vivre, l'autre en tant que dortoir : « L'avantage de cette expérience est que ça a craqué au bout de trois mois. Cette sorte de concentration permettait à toutes les tensions de s'exprimer. » Très vite il reprend une chambre à l'école et explique de ce fait qu'il soit resté « quelques années dans une sorte d'incertitude ».

J'interviens alors pour pointer combien la vie en communauté semblait donc l'attirer davantage qu'une vie de couple : « À un moment donné, je me suis vraiment posé la question. J'étais très amoureux, très lié à une jeune fille qui était portugaise, *à certains égards ça facilitait les choses parce qu'elle habitait le Portugal.* On est restés quelque temps très liés, je suis allé au Portugal, elle est venue à Paris mais la question d'une vie commune ne s'est jamais posée sur le moment pour des raisons de distance et de situation. » Cela dura un an et lui fit poser cette question : « Est-ce que c'est ça que je veux ou autre chose ? J'en ai conclu que c'était plutôt de fait cette vie communautaire, cette vie religieuse que je voulais vivre plutôt que le mariage. On s'est séparés et puis voilà. »

Mais il laissera encore s'écouler deux ans avant d'entrer dans une congrégation – d'abord il reparle de ce prêtre connu au lycée « j'avais ce prêtre dans la tête ». Mais, dit-il, je n'avais pas encore le sentiment d'avoir une vocation religieuse, même si la question ne pouvait pas ne pas s'être posée dans le milieu catho où il évoluait – ce qui l'intéressait c'était à la fois l'enseignement et la recherche.

Puis il relate une expérience « assez décisive » lors d'un pèlerinage à Chartres : « Je témoignais de je ne sais plus quoi et un des étudiants m'a dit “on sent que tu vis ce que tu dis”. Alors que j'avais vraiment le sentiment, je ne voulais pas témoigner, je ne voulais pas dire une parole définitive mais là j'avais le sentiment de parler en toute simplicité […]. Mais là vraiment quelqu'un qui me dit que j'habite ma parole, là je me suis dit il y a quelque chose d'autre et j'ai une responsabilité puisqu'il y a des choses qui viennent de moi et plus que moi et qui me dépassent. Et là il y a eu un encouragement à mettre ça en œuvre. »

Contrairement à presque tous les autres témoignages, il n'a pas fait l'expérience d'une parole biblique entendue comme lui étant adressée – en revanche « pour moi ce n'est pas tellement une parole, c'est le Jésus de l'Évangile et ces deux aspects d'enseignement et de guérison qui m'ont toujours parlé ». Et qui manifestement l'ont séduit…

N'est-il pas frappant de retrouver, même si c'est sous une modalité très différente, le même évitement du sexuel et de l'affectif ?

Essayons de relever ce qu'il y a de commun entre ces deux entretiens :

– *D'abord des parents qui, contrairement aux trois entretiens précédents, ne suscitent ni les uns ni les autres vraiment l'admiration*, si ce n'est celle d'avoir surmonté eux-mêmes – et à quel prix ? – des deuils précoces et des difficultés dans leurs relations à leurs propres parents. Notons que les pères offrent tous les deux une image de fragilité – l'un a fait un épisode « psy » (on n'en sait pas plus) et l'autre se sent écrasé par son propre père – et se présentent donc à leurs enfants comme plutôt insécures.

– À propos des mères, on ne sait pas non plus grand-chose sur celle de sœur Léa, si ce n'est ces trois remarques : à un moment elle l'évoque « déprimée », elle se fait aider par une nounou dont très vite elle va se vivre jalouse et, dernier point, elle hyperinvestit son mari ; en effet la première chose que sœur Léa nous dit c'est que ses parents « étaient amoureux fous l'un de l'autre et qu'ils se passaient royalement de leurs enfants, nous étions jaloux en disant : les parents ça va » et seconde remarque, à propos des difficultés de son père, à mettre en lien avec ce qui précède : « Il s'est passé quelque chose du miracle avec ma mère. » Donc une mère apparemment très exclusive qui a besoin de tout donner à son mari (avec de bonnes raisons sans doute) et peu à ses enfants

– mais ne supportant justement pas que quelqu'un d'autre puisse avoir des relations satisfaisantes avec eux et faisant vivre une douloureuse exclusion à Léa. Pour ce qui est de la mère du père Jean, elle a dû elle-même se construire toute seule, et a alors nécessairement développé des conduites d'emprise pour survivre[1] ; sans doute pourrait-on parler pour elle de « résilience » – cette faculté de surmonter pour soi-même des traumatismes mais dont on ne dit pas assez combien elle favorise peu les échanges affectifs.

– Apparemment ces parents, tous différemment insécures, ont fait réagir leurs enfants de manière opposée :

L'une, dans un vécu fortement abandonnique, s'est totalement refermée sur son monde interne, expérimentant douloureusement sa difficulté à entrer en relation avec les autres, que ce soit les frères et sœurs, les amis ou les professeurs, puis les hommes ; un de ses professeurs n'évoquera-t-il pas son « comportement insulaire » ?

Et sans doute cette difficulté de contact a rendu encore plus forte cette attirance envers cet autre absent qu'est le Christ qu'on peut rendre présent dans son cœur par la prière et qu'elle avait rencontré à douze ans lors de sa profession de foi : « Pour moi *il y avait quelqu'un avec qui j'étais bien, une présence suffisamment bienfaisante pour que j'aie envie que ça se reproduise.* » On peut ici parler d'une présence qui se fait pour elle acceptable dans la mesure où elle est médiatisée et sous son contrôle : au moins dans un premier temps, elle semble être toujours là quand elle le souhaite, tremplin alors possible vers un progressif apprivoisement d'une réalité restée jusque-là douloureuse ?

L'autre au contraire a privilégié les relations avec les copains et tout ce qui tourne autour de l'amitié. Étonnante, pour ne pas dire étrange, est cependant la réponse immé-

1. Je renvoie à ce que je disais p. 25 sur les mères qui, incapables d'échange avec leur enfant (et ici il n'y a justement pas de mère), obligent ce dernier à des conduites de contrôle.

diate qu'il me fait, alors que je l'interrogeais, en tout début d'entretien, sur son enfance : « Quand je suis entré en 6e au collège, après la distribution des prix, je me suis rendu compte que j'avais raflé pratiquement tous les prix. *Ça ce n'était pas très agréable, car ça me mettait à part, alors je n'ai pas renouvelé l'opération. En tout cas j'ai toujours été sensible à cette dimension relationnelle de l'existence, qui fait finalement qu'il est préférable d'avoir un groupe d'amis* avec qui on peut faire des choses, sortir, discuter, prendre des vacances, plutôt que d'être enfermé dans son univers, dans son système. » Rationalisation d'après coup ? Est-il vraiment incompatible de très bien réussir en classe et d'avoir des amis ?

Derrière ces manières exactement opposées de réagir, ne peut-on finalement imaginer que se cache le même souci de se protéger de l'autre et de ce qu'il pourrait vous faire vivre ? car, dans les deux cas, *l'intellectualisation est mise au service de la méconnaissance des affects, et spécifiquement des affects négatifs* – les exemples abondent et il suffit de reparcourir ces deux entretiens pour en être facilement persuadé. Et c'est peut-être celui pour qui l'amitié a tant d'importance qui voudra le moins se laisser affecter par ce qu'il ressent. Tout est tenu à distance par un mouvement d'intellectualisation qui laisse peu de place aux sentiments. Quand je l'interroge sur ses relations avec les femmes, il me répond en évoquant… « quelques difficultés scolaires » et il n'abordera la question que plus tard à propos de ses choix de vie. Et que dit-il sur sa rencontre avec une femme ? « J'étais très amoureux, très lié à une jeune fille qui était portugaise, *à certains égards ça facilitait les choses parce qu'elle habitait le Portugal* (!) Puis, après avoir tranché pour une vie religieuse, il conclut : « On s'est séparés et puis voilà. » En a-t-il souffert ? Et elle ? Rien ne transparaît de ce qu'il ou elle a pu éprouver et du déchirement que cela aurait pu représenter. Alors bien sûr au cours du deuxième entretien il arrivera à porter par exemple certains jugements sur son père et son grand-père puis sur sa mère et ses besoins de tout contrôler mais… pour se reprendre aussitôt en essayant d'annuler magiquement ce qu'il vient d'oser dire par un « je ne m'en rends pas compte ». Écoutons-le : « J'ai envie de lui dire : laisse-toi aller aussi, cette rigueur, pas de la rigidité mais presque, *un côté un peu effrayant* » tout de suite suivi par « pour moi je ne l'ai pas vécu comme quelque chose de pathologique, je ne m'en rends pas compte… mais quand même ».

(J'ouvre ici une parenthèse pour dire combien cette occultation du « mal » est très présente dans les milieux chrétiens, sans doute en lien avec une volonté consciente de lutter contre « les mauvaises pensées »… qui laisse intacte la gestion des sentiments négatifs inconscients. Je ne résiste pas au plaisir de raconter à ce propos une petite anecdote. Lors de la publication d'un de mes livres intitulé *La Haine nécessaire* j'avais été invitée à venir en parler à Radio Notre-Dame. L'émission commence et j'entends la présentatrice dire le plaisir de me recevoir pour parler de… l'estime de soi – je m'étonne et voici ce qui me sera répondu : quand le responsable de la radio avait vu qu'il était question de parler de la haine, il avait lui-même changé le titre de l'émission, estimant qu'une radio chrétienne ne pouvait pas s'autoriser à parler de la haine… nécessaire, qui plus est !)

Cette méconnaissance des affects va cependant avoir pour conséquence l'impossibilité à manier l'agressivité : aucune révolte ni saine critique ne pourront vraiment s'exercer et il va falloir, envers et contre toute évidence, justifier les parents, ou du moins comme le répète Jean « ne pas se rendre compte ».

N'est-il pas étonnant d'écouter Léa nous raconter ce « lâchage » des parents (un parmi d'autres) alors qu'elle a dix ans et qu'elle se retrouve seule avec ses frères et sœurs, sans pouvoir émettre la moindre critique envers eux ? Pourtant je vais insister et lui demander si elle n'a pas ressenti de la colère contre ses parents qui étaient partis en amoureux et qui l'avaient abandonnée avec ce bébé qui avait eu la malencontreuse idée de faire quarante de fièvre. Mais non, elle n'avait rien ressenti du tout... Elle termine d'ailleurs l'entretien par cette interprétation idéalisante : « On était dans la liberté, dans la responsabilité » (!).

Pourtant n'est-ce pas cette colère inconsciente qui, déplacée et généralisée, va lui faire vouloir devenir médecin pour « lutter contre le mal dans le monde », puis religieuse ?

Dans les deux cas, tous les deux l'expriment, cette méconnaissance va aussi rendre difficile leur autonomisation ; ils auront beaucoup de mal l'un et l'autre à choisir ce qu'ils veulent faire et à prendre des décisions quant à un projet de vie et ils multiplieront les diplômes pour... attendre et reculer le moment du choix. L'engagement, et surtout l'engagement affectif, était sans doute pour eux deux vécu comme dangereux et aurait pu, dans un autre contexte environnemental, conduire, par exemple, à une sexualité papillonnante – en effet, je le soulignais, les angoisses d'abandon éprouvées auraient pu tout aussi bien trouver une issue dans la réassurance donnée par l'accumulation d'aventures sexuelles.

C'est là que *l'offre d'ancrage dans une communauté permettant l'engagement avec d'autres dans un projet « fraternel » ou amical, comme dirait Jean, – donc tolérable car suffisamment pluriel, à distance et offrant un étayage sur des « frères » ou des « sœurs » (des « mêmes ») déjà engagés – va être pour chacun une ouverture, un chemin possible et attirant.* On ne dit sans doute pas assez combien le cadre proposé par ce type de communauté peut, pour certains, avoir une fonction contenante qui leur est une aide importante au développement de leurs potentialités.

Une certaine forme de rupture dans un même contexte croyant.

Pour illustrer ce thème nous avons choisi deux entretiens, l'un d'une moniale, l'autre d'un prêtre : ici les choix vont se faire *contre* la manière qu'ont les parents de vivre leur foi, mais en même temps *avec*, puisqu'il y aura malgré tout une continuité dans la transmission des valeurs.

L'histoire de sœur Élisabeth, moniale, 40 ans.

Sœur Élisabeth est fille d'un banquier et d'une mère au foyer ; elle est l'aînée de quatre enfants – une sœur vient après elle, puis deux garçons – elle se dit de « tradition familiale catholique sociologique » : la messe du dimanche est bien sûr programmée, et en outre le père comme la mère ont chacun un engagement dans un groupe d'action catholique. Mais elle dira à plusieurs reprises combien elle a souffert de l'aspect tellement conventionnel et étouffant de ce milieu éminemment bourgeois.

Ses souvenirs d'enfance.

Élisabeth se dit très marquée par son statut d'aînée (elle est aussi l'aînée de tous les cousins germains : « Ce souvenir d'être toute seule, enfant au milieu d'adultes, m'est très présent ») : ses parents sont particulièrement sévères avec elle car ils estiment qu'elle doit donner l'exemple : « Ma sœur avait des permissions de sortie avant moi, parce que moi, je devais incarner l'éducation. »

Or il n'est pas étonnant qu'elle ressente cette sœur « favorisée » par rapport à elle car sans doute la naissance de cette dernière, deux ans après elle, sera vécue comme assez traumatique. Mal à propos ses parents lui demandent son avis quant au prénom à lui donner : « J'ai vécu cela assez mal parce que je me suis dit c'est moi qui ai donné quelque part le prénom de ma sœur, or en fait je ne l'attendais pas ce bébé, là c'était évident, dans mon univers de gamine, je n'en avais pas besoin. » Puis elle associe sur son entrée à l'école à quatre ans alors qu'un petit frère vient de naître : ça s'est très, très mal passé à l'école, je pleurais tout le temps, ce qui fait que la maîtresse, ne me supportant plus, m'envoyait chez la directrice où je continuais à pleurer – même encore aujourd'hui je ne sais pas pourquoi je pleurais… »

Pendant l'entretien, je suggère qu'elle pleurait sans doute de se sentir injustement abandonnée loin des siens alors que pendant ce même temps frère et sœur profitaient, eux, de la présence de leur mère à la maison. « Oui, c'est ça », concède-t-elle.

La scolarité.

Puis sur ma question concernant les années suivantes à l'école elle me dit qu'elle passait, sans être du tout brillante, d'une classe dans l'autre mais « j'étais tout de même passablement renfermée, je ne m'intégrais à aucune bande et je me souviens que ça inquiétait les maîtresses ».

Je vais rapporter *in extenso* toute la suite du texte qui me paraît très importante pour notre propos :

« C'est vrai que ça ne me disait rien ces histoires de bande, mais bon et en même *temps j'étais à la recherche d'une vraie amitié.* Alors on saute un peu et là j'ai fait la première expérience de la fragilité d'une amitié parce que je devais avoir, j'étais plus vieille, quatorze ans. J'ai été malade et j'ai manqué presque un mois et quand je suis revenue, celle que j'estimais être pour moi une amie avait trouvé tout un autre réseau et je l'ai vécu très, très mal, à quatorze ans, c'est dur à vivre. Elle avait trouvé son univers. Je faisais partie des gadgets alors que moi, c'était quelqu'un d'un milieu très modeste et moi ça ne me gênait absolument pas, mais ça gênait terriblement mes parents qui trouvaient que je ne devais fréquenter que des gens qu'ils estimaient leur correspondre. Et donc pour moi cette amitié, non seulement j'aimais bien la fille, *mais c'était une prise d'indépendance.* Je trouvais que je n'avais pas de compte à leur rendre, que je l'aimais bien et si j'avais envie qu'elle vienne à la maison, elle viendrait et réciproquement j'allais chez elle. *Et quand j'ai vu qu'en un mois de temps* je n'existais pas plus que les autres pour elle, *là j'ai vécu quelque chose de vraiment dur. Mais bon, c'était aussi apprendre que la vie n'est pas toujours...* Et puis je n'étais pas assez battante pour lui dire expliquons-nous, ça c'était absolument impossible. »

• *Et vous n'avez rien dit ?*

« Rien dit et ça je pense, je revois un professeur, c'était dans les mêmes années je pense, je l'entends encore dire à mes parents : c'est ça, on n'a rien à lui reprocher, c'est drôle, mais vraiment elle est à part. Et moi c'était pas par volonté de m'isoler mais c'était plus *une espèce de mal-être*, peut-être de ma situation familiale d'aînée, on me bassinait tout le temps que j'étais l'aînée, j'étais une parmi les autres et tout ça était compliqué à gérer, quoi.

Surtout devant tant de conventions de la part des adultes, je ne voulais rien recevoir d'eux et pour couper court je disais toujours « je sais ». Et comme je ne parlais pas beaucoup, je n'avais pas du tout de contact avec maman, si, bien sûr, mais quand on dit quelquefois de mère à fille, alors là, zéro sur la question. *C'est ma sœur qui avait ce contact beaucoup plus proche.* »

• *Et avec votre père vous aviez un contact plus fort ?*

Mon père était très prude mais c'est vrai que *j'en étais très fière*. Comme une fille avec son père, même si nous ne nous parlions pas car je crois que j'étais vraiment prisonnière de ce rôle d'aînée raisonnable, qui doit faire tout ce qu'il faut faire, et voilà. »

L'adolescence.

« Ça a été difficile parce que je me sentais bien grandir et *je ne voyais pas la possibilité de sortir de cet univers qui m'étouffait de plus en plus.* »

Elle énumère alors tout ce qu'elle vivait comme « emprise » de la part de sa famille et contre laquelle elle ne savait pas lutter : la façon d'être habillée exactement comme sa sœur, les vacances avec papa-maman toujours au même hôtel – les week-ends organisés par l'école où elle n'était pas autorisée à aller… puis un jour – elle a seize ans, « l'univers s'est un peu élargi » : un prêtre très dynamique à la campagne où ils passaient les vacances a proposé qu'elles participent aux activités de l'été – grand conseil de famille pour décider si c'était bien ou pas – « finalement on nous a dit OK, mais je vous préviens, *ne nous ramenez pas un gendre de cette bande-là parce que c'était des gens de la campagne,* il ne fallait pas mélanger ».

Elle rapporte alors deux anecdotes qui vont donner forme à sa révolte, les deux liées à sa « terrible » arrière-grand-mère maternelle.

Première anecdote : c'est une fête de famille où sont présents une dizaine de cousins germains et, depuis son fauteuil roulant, cette dernière prend tous les enfants à partie : « Est-ce qu'il y en a parmi vous qui veulent être prêtres ou religieuses ? »

Et comme personne ne dit mot, elle conclut : « Eh bien ! tant mieux ! C'est des moins que rien ; la vie c'est de se marier et surtout d'avoir des enfants. »

« Eh bien ça a l'air idiot, moi je devais avoir peut-être douze ans, eh bien pour passer par-dessus ça, ça a été le chemin de ma liberté – quand j'ai pu me dire : ce n'est pas parce qu'elle a dit ça que tu ne peux pas mener la vie que tu veux. C'était vraiment une pression humaine terrible, terrible. »

Deuxième anecdote : c'est l'été à la campagne et elle passe l'aspirateur – son arrière-grand-mère la voit et anticipe à sa place son destin : « Toi, tu seras notre grillon du foyer, tu resteras là. » Alors intérieurement je me suis dit : « Alors ça jamais, ça jamais ; il faut que je m'en sorte, ça ne peut plus être comme ça, ça ne peut pas durer. »

Un « appel » ressenti.

C'est alors qu'elle revient sur cette ouverture donnée par ce prêtre à la campagne qui, dit-elle, avait l'art de célébrer des liturgies qui avaient du sens ; elle s'interroge alors sur ce qui, dans ces célébrations, lui parle tant : est-ce les garçons de son âge qui servent la messe comme enfants de chœur ou est-ce la célébration elle-même ?

Écoutons la suite de son récit :

« Je me souviens, j'ai pris l'Évangile et je suis tombée sur "une voix qui crie dans le désert : préparez le chemin du Seigneur". Et puis ça a cheminé comme ça, un peu à l'aveugle, sans savoir. Et je me revois un jour dans la chambre à la campagne, tout d'un coup cette espèce, les mots manquent, une expérience profonde d'alliance avec le Christ que je ne saurais pas dire, ce n'est pas physique bien sûr, une espèce tout à coup de certitude, de communion profonde ; la seule chose dont j'étais sûre c'était cet éblouissement, cette rencontre avec le Christ qui était devenu quelqu'un de vivant pour moi ; et à partir de ce jour-là l'année scolaire qui a suivi j'ai été tête de classe. À partir de là ma vie a eu de l'air et j'ai eu beaucoup plus de relations. » Elle en parle alors au prêtre qui sagement lui conseille de passer son bac et de laisser venir les choses avec le temps.

Elle passe donc le bac et choisit de faire des études de sciences qu'elle mènera à terme.

À la fin de ses études elle se dit qu'il lui faut choisir même si elle continue à sortir avec ses amis : « Je me souviens en particulier d'une soirée, il n'y en a pas eu beaucoup, ma sœur n'y était pas, ce qui me donnait une extrême liberté et là il se trouvait qu'il y avait un ami d'un cousin et on a vraiment passé la soirée ensemble et là euh… il m'a dit des choses que je n'oublierai pas, il m'a dit : “Est-ce que quelqu'un est déjà mort d'amour pour toi ?” Je me souviens de cette parole parce qu'on a dansé ensemble à ce moment-là et je me suis dit c'est quoi, c'est lui qui parle ou c'est le Christ ? Je me souviens d'avoir passé cette soirée en me disant : je suis avec lui, je suis avec lui, chaque chose en son temps, ce n'est pas le moment. »

• *Vous étiez amoureuse ?*

Je crois que oui. Je ne sais pas, c'était un garçon absolument charmant et charmeur. Je n'en étais pas absolument sûre et en une soirée on ne connaît pas les gens. Quand on s'est revus la soirée suivante il est tout de suite venu me chercher pour danser et là je me suis dit, *d'abord il y avait ma sœur et je me suis dit ça y est, il va y avoir le commentaire de toute la famille*, que j'entendais déjà à l'avance, on a dansé plusieurs fois ensemble et je voyais celle qui nous avait invités qui était là et que personne n'invitait, je me disais c'est quand même un peu fort – alors je lui ai dit d'inviter Mélanie… et là il a dû se dire bon, c'est tout, elle ne veut pas aller plus loin. Bon je crois que je ne regrette pas, je ne regrette vraiment pas, je ne regrette rien, ni d'avoir passé cette excellente soirée, ni d'avoir fait le choix que j'ai fait après. »

Je lui demande si elle se souvient d'un rêve qu'elle aurait fait et, évoquant à nouveau ce contexte d'étouffement familial dont elle ne voyait pas comment sortir, le souvenir d'un rêve émerge où, dit-elle, il était question que « la lumière de ma vie me serait apportée par un homme ; c'est un truc qui m'est resté longtemps ».

Après avoir d'elle-même donné sa place à une autre femme, elle rentrera dans un ordre contemplatif, où recevoir effectivement d'un homme, le Christ, la lumière de sa vie. Voici comment elle explique ce choix :

« La vie apostolique me semblait consister à “faire des choses pour les autres” et j'avais assez d'exemples autour de moi pour me prouver qu'il n'était pas nécessaire d'entrer en vie religieuse pour cela… et même on m'avait tellement appris à “penser aux autres” qu'il y avait là pour moi un “surmoi” puissant et à la limite étouffant, qui ne pouvait pas me donner envie d'y consacrer ma vie en tant que tel. Ce que je voulais, c'était une vie de totale solitude. »

Une nouvelle fois ce désir d'un amour absolu, cet éblouissement qu'elle dit avoir vécu dans une rencontre avec le

Christ vient faire contrepoids à toutes les déceptions affectives vécues avec son entourage : en effet la rivalité avec sa mère sera totalement barrée par l'arrivée d'une petite sœur qui va prendre toute la place : « Je n'avais pas du tout de contact avec maman [...] c'est ma sœur qui avait ce contact beaucoup plus proche. » Et du coup cette même rivalité va se déplacer sur cette sœur avec qui tout va se jouer. Il apparaît très net dans cette histoire combien l'abandon ressenti à la naissance de cette dernière va la faire se replier sur son monde interne, dans un essai de maîtrise afin de ne plus être affectée par l'autre : « Je ne voulais rien recevoir des adultes et pour couper court, je disais toujours "je sais". » Dans ce contexte de révolte elle va se prendre d'amitié pour une fille de sa classe, d'un milieu social très inférieur – manière d'attaquer des parents soucieux de ne pas mélanger les torchons avec les serviettes... Mais événement sans doute très marquant : son amie la trahit et refait faire à Élisabeth la douloureuse expérience d'un abandon... qu'elle va un peu plus tard *renverser en son contraire* – elle retrouve la maîtrise – en donnant, en présence de sa sœur, sa place d'amoureuse à son amie Mélanie « que personne n'invitait à danser ». Sans doute y a-t-il alors dans cette oblativité et dans son désir de « totale solitude » *quelque chose de l'ordre d'une désespérance* – là au moins personne ne la trahira plus et elle pourra aimer le Christ et les autres en Lui sans risquer d'être encore une fois déçue dans la réalité ! Mais heureusement la communauté dans laquelle elle s'engagera va lui proposer un autre chemin, où il va falloir se battre et en même temps se laisser faire pour retourner en sens inverse le renversement opéré, et pour oser *réapprendre l'espérance d'un être-aimé pour elle-même dans un progressif apprivoisement relationnel et un apprentissage de la fraternité.*

L'histoire du père Vincent, prêtre, 60 ans.

Vincent est le fils aîné, suivi de deux autres garçons, de parents tous deux avocats – seul le père exercera : « Ma mère s'est occupée de notre éducation, elle est très marquée par la réussite scolaire. » Cette « réussite » sociale obligée qui justement va être le leitmotiv de cet entretien. Il est élevé dans un « climat catho ».

Il me dira avoir fait une psychanalyse dans un moment difficile de sa vie – ce qui sans doute donne à cet entretien une tournure différente des autres… qui sont beaucoup plus pudiques sur tout ce qui concerne la sexualité.

La saga familiale et les souvenirs d'enfance.

À sa grand-mère paternelle qu'il dit « chiante » il trouve des excuses : son propre père avait fait faillite et avait laissé ses enfants sans ressources, les obligeant dès 15 ans à travailler dur pour survivre sans évidemment pouvoir faire d'études. Elle aura deux enfants, dont le père de Vincent en second qui tentera sans succès – contrairement à lui – les concours des grandes écoles et qui « après s'être fait copieusement engueuler, se rabattra sur des études de seconde zone, le droit ».

Quant à la grand-mère maternelle (il n'est jamais question des grands-pères) elle est décrite à l'opposé : autant chez l'autre grand-mère quand il venait passer des vacances, c'était l'ennui assuré car elle exigeait qu'il soit tout seul avec elle, autant celle-là le prenait avec d'autres cousins germains et savait créer une atmosphère joyeuse.

Donc un grand contraste entre les deux familles.

• *Mais alors qu'est-ce qui a plu à votre père dans sa future femme et réciproquement ?* (Soulignons que ses parents se rencontreront à la fac de droit, son père ayant trois ans de retard et sa mère un an d'avance.)

Du côté de son père il ne saura pas dire : « Mon père il y a des trous dans sa vie que je n'arrive pas à élucider, il a connu des difficultés certainement ; c'était assez austère du côté de sa famille alors que de l'autre côté, c'était nettement plus joyeux ; mon père l'avait un peu draguée en allant dans des concerts et des expositions qu'elle adorait mais une fois qu'ils ont été mariés, ils sont repartis à la campagne et comme pour Madame Bovary il n'y avait plus rien de tout ça. Donc pour maman c'était un peu frustrant. »

Du côté de sa mère maintenant, voici ce qu'un jour elle lui a confié : « J'ai d'abord connu un garçon qui m'aimait beaucoup, très brillant, beaucoup plus brillant que ton père, mais il était communiste. Or dans notre famille il y a quand même des repères chrétiens qui étaient assez forts et il n'était pas question de se marier avec un communiste. Alors je ne sais pas ce qui lui a plu dans papa [...]. À la fin de ses études elle devait se dire “il faut que je me marie” et papa a peut-être su la draguer en disant ce qu'il répétait souvent “je préfère gagner de l'argent que le dépenser”, sous-entendu je serai un mari sérieux. Et effectivement quand il est mort il avait accumulé une fortune considérable. »

• *Vous avez l'impression alors que votre mère n'était pas très amoureuse de votre père ?*

« Voilà, ma mère n'était pas très amoureuse mais elle était marquée par le fait qu'il ne fallait pas avoir des relations sexuelles en dehors du mariage, pourtant elle me disait “tu sais, il y a le pharmacien qui me fait du pied”, elle aimait bien se sentir un peu titillée, sans que ça aille très loin. »

Très vite après le mariage naît le petit Vincent « J'ai été accueilli comme un roi parce que maman s'ennuyait. » Mais onze mois plus tard naît un second fils : « Maman avait une santé fragile, le premier enfant déjà arrivé, c'était un peu lourd pour elle et deux garçons qui se suivaient, et dix-huit mois plus tard un troisième petit frère s'est annoncé et il a été très très mal attendu, au point que maman a tenté d'avorter. » « *S'occuper des bébés ce n'était pas son truc,* c'était son truc à partir du moment où les enfants étaient intelligents, et qu'elle pouvait leur faire faire du français ou des maths. »

« Non, je n'ai pas vraiment de souvenir de tendresse avec maman et avec mon père non plus. On a manqué comme dans beaucoup de foyers d'éducation affective ou sexuelle. »

La scolarité.

Il va en être question à de multiples reprises.

Mais alors que déjà au tout début de l'entretien je lui demande s'il se souvient de ses grands-parents, il me répond en me parlant tout de suite de lui : « J'ai donc toujours été un peu doué, surdoué, deux ans d'avance, toujours premier, félicitations au conseil. Je suis entré ensuite, mais *c'est mes parents qui ont fait le choix*, la voie royale, maths sup, maths spé, à l'École normale où j'ai été reçu dans les premiers. *Je ne me suis même pas aperçu de tout ce qui se passait tellement j'étais doué en maths* et j'étais un peu intellectuel de façon assez formelle. » On se souvient que son père avait lui aussi tenté sans succès les concours « quand moi-même j'ai été reçu ça a été quelque chose de merveilleux ».

• *Dans les petites classes, vous aviez des copains avec qui jouer* ?

« Alors moi je me mettais avec mes livres, mais c'est vrai que je garde de l'école des souvenirs troublants : un garçon de trois ans plus vieux qui me mettait sa main dans la culotte sous la table, j'ai des souvenirs, quand j'étais dans le secondaire : deux garçons qui étaient un peu amoureux de moi. Je garde un souvenir un petit peu trouble à ce niveau-là, mais à part ça je n'ai pas de rencontre formidable et donc je garde un souvenir très centré sur les études ; on n'était pas du tout éduqué au niveau de la sexualité. »

L'adolescence, les filles.

« Mon adolescence, justement du fait que je n'ai pas eu droit à l'adolescence au sens d'aller jouer avec les copains, de retrouver d'autres personnes, *pour moi c'était les études de mathématiques et aussi maman me poussait à beaucoup lire, j'ai lu tous les grands classiques* [...]. J'ai un manque, un déficit au plan donc de la vie affective avec mes camarades dans l'adolescence. »

• *Vous n'avez pas le souvenir d'avoir été amoureux d'une fille ?*

« Pas, pratiquement pas, je sais que c'est déconcertant mais disons, j'étais pensionnaire dans un lycée de garçons à ce moment-là il n'y avait pas de filles, alors l'éveil à la vie affective... »

• *Autour de vous ou quand vous alliez en vacances, il y avait bien des filles ?*

« Oui, alors il faut bien distinguer, premièrement on était des notables *on ne pouvait fréquenter que les enfants des châtelains avec deux tours*, on ne pouvait fréquenter que les enfants du pharmacien ou du notaire mais les enfants du boucher ou du boulanger on ne connaissait pas ; maman était très portée sur l'aristocratie locale. »

• *Vous n'alliez pas danser ?*

« Pratiquement pas. Lorsque j'étais à Normale sup ma mère était très fière de moi et un jour nous sommes allés acheter un pantalon ensemble et pendant que j'essayais j'ai entendu derrière le rideau maman dire au vendeur : “Vous savez c'est mon fils, il est à Normale sup.” Et alors moi je rejetais un peu tout ça. Maman voulait me brancher au point de vue mariage, mais mon frère en est mort en ce sens où il avait plein de maîtresses et que ma mère qui était très possessive l'a empêché de se marier avec l'une ou l'autre parce qu'elles n'avaient pas bon genre. Maman voulait que mon frère épouse une aristocrate du coin parce qu'elle aimait bien aller dans les châteaux voisins “mais regarde pourquoi tu veux pas te marier avec Chantal, ses parents ont un château à deux tours” et invariablement mon frère répondait “elle baise mal”. Il se dépensait dans le sport et de multiples activités sexuelles sans projet de mariage et il est mort à 30 ans dans un accident de ski. »

Le choix de vie et l'« appel » à la vie religieuse.

« J'ai baigné dans un climat catho mais j'avais un petit peu largué à partir de la confirmation mais sans vraiment quitter et je me suis reconverti d'une façon merveilleuse, bouleversante en classe de maths sup. Quand je suis rentré dans cette classe il y avait cinquante garçons, pas de filles, travaillant avec beaucoup d'acharnement et je me suis quand même senti un peu écrasé. Dans cette classe il y avait un garçon un peu différent des autres, un garçon qui chantait entre les cours, qui ne prenait pas de bouquin pour partir en week-end, il était décontracté et pourquoi je ne sais pas il m'a attiré et en fait c'était quelqu'un qui était chrétien et qui m'a entraîné au pèlerinage de Chartres. Lui voulait se marier et d'ailleurs il a épousé une femme formidable avec qui il a fondé une petite entreprise dans laquelle il y avait toujours un sorti de prison ou quelque autre en difficulté. Cet ami m'a beaucoup marqué. Je n'avais jamais fait de la marche à pied avec mes parents complètement portés sur les études intellectuelles et marcher comme ça vers la cathédrale, le message, le rite, *j'étais bouleversé, j'ai pleuré pour la première fois de ma vie de bonheur et j'ai fortement ressenti à ce moment-là un appel.* [...] Ensuite j'ai fréquenté l'aumônerie, et là j'ai rencontré le père X, un type qui nous a entraînés dans des choses absolument merveilleuses aussi bien intellectuelles que spirituelles dans la ligne de Charles de Foucauld et j'ai fait des camps et pour moi ça a été un grand bonheur, je préparais mes oraux et mes parents étaient fous, j'allais entre deux oraux rejoindre le camp et participer à la prière, mes parents étaient complètement décontenancés quand je leur ai dit que je voulais devenir prêtre, mon père a arrêté d'aller à l'église. »

• *Vous n'avez pas pu en parler avec lui ?*

« Il a refusé de parler, il m'a dit des choses brutales et je n'ai pas insisté. »

« Alors je suis rentré au séminaire avec un bagage intellectuel, une ouverture spirituelle, ça c'est clair, mais sans formation affective… Je n'avais jamais rencontré une fille et je me souviens qu'au séminaire j'ai ressenti une tendance homosexuelle par rapport à d'autres séminaristes, ça se sentait un petit peu, il y avait un climat un peu affectif mais on était entre séminaristes et on savait trouver des limites à ce niveau-là. »

Le contexte relationnel est ici beaucoup plus difficile que celui d'Élisabeth. Elle avait, elle au moins, un appui paternel – ne dit-elle pas qu'elle était très fière de son père ? Vincent, lui, a peu de modèles identificatoires étayants : son père apparaît fragile, mais de plus est dénigré par une mère qui prend toute la place et qui décide de tout et surtout de l'indispensable – indispensable *pour elle* – ascension sociale de ses enfants. Vincent est « surdoué » intellectuellement et va dans un premier temps combler sa mère en étant comme « un chien savant dans les livres », mais complètement à côté de la vie « je ne me suis même pas aperçu de tout ce qui se passait tellement j'étais doué en maths » !

Donc tout fonctionne parfaitement : il est reçu dans les premiers à Normale sup et sa mère peut se parer des plumes du paon… Il va sans doute maintenant pouvoir prétendre épouser « une fille dont les parents ont un château à deux tours ».

Mais c'est là qu'un grain de sable va mettre par terre les ambitions maternelles et provoquer le rejet violent de son père : il va en classe de prépa, à un moment « où il se sent un peu écrasé » par la rivalité exacerbée par le concours, être « attiré » par un copain de prépa – un homme gai, décontracté, bien dans ses chaussures, donc apparemment aux antipodes de son père mais aussi de sa mère puisqu'il n'est pas obnubilé par la réussite ; ce copain est chrétien et l'entraîne au pèlerinage de Chartres : c'est l'éblouissement, car il découvre tout à coup qu'il prend du plaisir à marcher et à partager un rite avec d'autres, lui qui jusque-là ne connaissait que ce qui avait trait à l'intellect. « Je n'avais jamais fait de la marche à pied avec mes parents complètement portés sur les études intellectuelles et marcher comme ça vers la cathédrale, le message, le rite, *j'étais bouleversé, j'ai pleuré pour la première fois de ma vie de bonheur et j'ai fortement ressenti à ce moment-là un appel.* »

Cet entretien est l'un des rares où sera explicitement évoquée l'attirance homosexuelle – alors que je lui demande s'il avait des copains dans les petites classes, les seuls souvenirs qui lui reviennent sont ceux d'un garçon « qui lui mettait la main dans la culotte » puis en secondaire il se rappelle de deux garçons qui étaient amoureux de lui (et lui ? Il ne nous le dira pas) mais ensuite ce sera lui qui dira être attiré par ce garçon qui l'entraîne au pèlerinage de Chartres, et dernière évocation : l'attirance homosexuelle ressentie à nouveau au séminaire. Comment ici ne pas penser qu'il est à la recherche d'un soutien masculin, alors qu'il se sent livré sans recours au pouvoir discrétionnaire de sa mère ? N'est-il pas d'abord dans la quête éperdue d'un étayage sur un homme venant relayer un père défaillant – quête indispensable à toute séparation d'avec une mère redoutable de se vouloir omnipotente et donc à toute réalisation de soi ? Mais quête risquée quand on pressent à quel point, malgré une psychanalyse, malgré sa foi authentique et sa bonne volonté manifeste, il reste « possédé » dans sa tête et dans son cœur par cette mère. Et quête d'autant plus risquée qu'il a choisi d'être prêtre, donc peu protégé, peu encadré dans le domaine relationnel, alors qu'il a tellement besoin de se rassurer sur lui-même en s'expérimentant aimé…

Un essai de rupture cette fois par rapport à un environnement non chrétien.

L'histoire de Thomas, séminariste 45 ans.

Thomas vient à 45 ans d'entrer au séminaire ; il était jusque-là ingénieur dans une entreprise et il avait vécu trois ans avec une femme. Il est le petit dernier après deux filles de parents non pratiquants qui s'étaient opposés à sa « vocation » alors qu'il était adolescent.

Ses souvenirs d'enfance.

Il sera très longuement question des grands-parents qui, du côté paternel, ont une histoire très difficile. Cette histoire ne sera d'ailleurs que tardivement et partiellement connue. La mère du père « enfant illégitime » sera élevée par une mère nourricière qu'elle adorait puis brusquement enlevée et adoptée par une institutrice célibataire (détestée) qui prétendait être veuve d'un homme tué à la guerre 1914 ; malgré les recherches, elle ne saura jamais qui était son père. Elle épousera un homme dont elle aura cinq garçons – homme qui très vite vivra avec une autre femme à qui il fera des enfants et avec qui il finira par se mettre en ménage. Mais avant ce départ, il y aura entre eux de violentes scènes de ménage : « Mon père m'a raconté une scène où mon grand père tapait sa femme en criant “de toute façon tu n'es qu'une pourriture, tu n'es qu'une traînée de l'assistance publique, il faudra bien qu'un jour ça se sache”. Elle retravaillera pour élever ses enfants qui lui voueront une grande admiration pour son courage : elle avait beaucoup de mérite et, si vous me passez l'expression, toute leur vie ils l'ont trouvée très, très emmerdante. »

Du côté maternel, il ne connaîtra pas non plus son grand-père, mort l'année de sa naissance. Ses grands-parents avaient eu cinq enfants dont une seule fille qui sera sa mère. Il croit savoir que ce n'était pas un couple très uni « mais moi j'ai eu vraiment une passion pour ma grand-mère ». Enfant puis adolescent, il passe la plupart de ses vacances chez elle au bord de la mer : « J'étais un peu son chouchou je crois, on avait une relation très, très forte, je parlais très librement avec elle, je lui confiais un tas de choses dont je ne parlais pas avec mes parents. » « Le drame de sa vie ça a été qu'aucun de ses enfants ne fasse d'études sauf un qui les a abandonnées pour devenir prêtre. Elle n'était pas du tout croyante ; son fils aîné, adoré, qui est devenu prêtre, c'était quelque chose de difficile pour elle. »

De ses parents il dit combien ils se sont très profondément aimés et combien sa mère était tendre et câline, surtout avec lui – à ce propos il rapporte que son père lui avait dit n'avoir aucun souvenir d'avoir été, petit, pris dans les bras par sa propre mère et combien il avait souffert d'être abandonné par son père, et il ajoute « moi je me disais, j'en ai tant, c'est presque trop » ; à l'égard de ce père – est-ce justement par culpabilité ? – il montre des sentiments très ambivalents : « j'étais très attendu comme garçon ; mon père est très sportif et il était très content d'avoir un garçon pour avoir quelqu'un qui fasse du foot, j'ai toujours détesté le foot ; j'adore la musique mais lui n'en avait jamais fait… » En revanche, il va, au grand dam de son père, chérir le frère de sa mère, cet oncle devenu prêtre !

La scolarité.

« On n'était pas l'élite de la nation mais ça a bien marché et pourtant c'est vrai qu'on n'a pas été contraint à travailler. Mes parents ne surveillaient rien et je me disais : les parents ils ont de la chance que l'on soit comme ça. »

L'adolescence, les filles.

« J'ai un souvenir qui m'a longtemps gêné : on était en vacances en camping et ma mère commençait à parler de sexualité avec mes sœurs et ça me gênait beaucoup ; j'ai trouvé que c'était presque trop, il n'y a eu qu'elle qui l'a fait et pas mon père, c'est quelque chose qui m'a beaucoup frappé, et je l'avais renvoyée en lui disant que tout ça je le savais. »

« De la 6e à la 3e c'était les boums et l'objectif dans une boum avec les copains c'était d'embrasser une fille, de flirter un peu. » « Et puis j'ai eu mon premier rapport sexuel j'étais en première et *là c'était quelque chose de très, très difficile parce que j'avais très peur. J'ai toujours rendu ma mère responsable de ça*, je ne sais pas si elle y est pour quelque chose ou pas, mais tous les débuts de ma vie sexuelle, j'avais toujours une crainte de ne pas être à la hauteur, de ne pas donner suffisamment de plaisir, que ce soit trop rapide. »

« J'ai été pendant huit ans très, très amoureux d'une fille avec qui j'ai vécu pendant trois ans ; je pense que j'aurais fini par l'épouser si je n'avais pas été largué. »

• *Comment comprenez-vous qu'elle vous ait largué ?*

« Elle m'a dit "tu resteras indécis toute ta vie". À la fois je voulais me marier et si je me mariais, je ne pourrais jamais être prêtre… »

Le choix de vie et l'« appel » à la vie religieuse.

C'est au moment de sa communion[1] à onze ans que Thomas se sent « appelé à devenir prêtre ». « C'était le sentiment d'avoir le cœur touché, […] alors j'avais un dilemme, ce n'était pas la peine que je m'oriente vers une vie sexuelle et je me rappelle très bien que dans mes rapports sexuels je vivais quand même un sentiment de péché parce que j'étais destiné à autre chose qu'à ça. Mais il y a eu une grosse pression familiale contre, qui au départ m'a beaucoup empoisonné la vie. »

Tout de suite il sent l'hostilité de sa famille et il fréquente clandestinement des groupes de recherche de vocation. En outre il en parle à cet oncle prêtre qui « heureusement habitait à 350 kilomètres parce que si ça avait été la même ville je crois que ça aurait été un drame familial ; *il était très proche de moi et j'étais très proche de lui et cette relation se faisait un peu au détriment de mon père car mon père nourrissait pour lui pas mal d'animosité* ».

Alors qu'il a 16 ans un week-end est proposé par ce groupe de recherche et il est alors contraint de demander l'autorisation d'y aller. Une discussion très violente éclate où le père découvre qu'il fréquentait ce groupe sans en avoir jamais parlé. « À tout ça étaient mêlés de vifs reproches concernant la relation à mon oncle et la volonté d'endoctrinement de l'Église – ça a été très violent et il m'a défendu de fréquenter ce groupe désormais ; alors à partir de là sur le sujet de ma vocation a été mise une grosse serrure complètement tabou en famille. J'ai dit que je n'en parlerais plus, même si je ne renonçais pas, bien que je sois à l'époque très hostile au célibat des prêtres. »

« En fait cet appel ne m'a jamais lâché. Cette rencontre de Dieu c'est pour moi *l'absolu de l'amour.* »

1. C'est lui qui demandera en lien avec des copains de classe à être baptisé et à communier.

Mais il est sans doute important de noter le rôle joué par sa grand-mère maternelle dans cet itinéraire. (C'est d'elle qu'il me parlera le plus, lui vouant une admiration sans bornes.) Car ce qu'il ne pourra pas dire chez lui, il le confiera à cette femme : « Elle avait une grande liberté, elle était très respectueuse des différences, c'était une femme avec laquelle j'ai eu plaisir à vivre autant que j'ai pu. » Elle-même avait été hostile à la vocation de son fils mais, restée incroyante, elle était devenue « le meilleur défenseur des prêtres » et surtout avait gardé des liens extrêmement forts avec ce fils.

Ce dernier mourra avant elle et tout le monde pense qu'elle ne pourra pas s'en remettre (on lui cache même la morphine pensant qu'elle pourrait se suicider avec). « Mon oncle venait chez elle tous les mercredis soir et quand il est mort je lui ai promis que je viendrai un soir par semaine, si ça lui faisait plaisir le mercredi. Et j'ai fait ça jusqu'à sa mort et on a vécu des moments extraordinaires. »

Thomas va donc se construire *contre* son père – un père à qui il était peut-être difficile de s'identifier étant donné sa propre histoire dans laquelle les modèles identificatoires avaient eux-mêmes été défaillants. Et fait douloureux pour ce père déjà abandonné par son propre père, c'est dans la lignée maternelle que Thomas va se chercher des modèles très investis et admirés, en la personne de sa grand-mère et de son oncle devenu prêtre.

C'est donc à onze ans, lors de sa communion, qu'il dit « avoir eu le cœur touché » et avoir voulu devenir prêtre ; ce désir est tout de suite associé au péché de la chair : « Ce n'était pas la peine que je m'oriente vers une vie sexuelle et je me rappelle très bien que dans mes rapports sexuels je vivais quand même un sentiment de péché parce que j'étais destiné à autre chose qu'à ça. » Peut-on faire un lien avec ce qu'il dit un peu plus loin : « Et puis j'ai eu mon premier rapport sexuel, j'étais en première, et là c'était quelque chose de très, très difficile parce que j'avais très peur. *J'ai toujours rendu ma mère responsable de ça*, je ne sais pas si elle y est pour quelque chose ou pas, mais tous les débuts de ma vie sexuelle, j'avais toujours une crainte de ne pas être à la hauteur, de ne pas donner suffisamment de plaisir, que ce soit trop rapide » ? Nous retrouvons là, il me semble, quelque chose de l'ordre de la culpabilité envers ce père qu'il a lui-même évincé et qui le laisse, malgré l'essai de déplacement sur la grand-mère et l'oncle, dans un rapprochement incestuel[1] avec la mère, l'obligeant alors à projeter sur elle sa propre culpabilité… et l'empêchant surtout d'être en paix avec lui-même dans ses relations amoureuses avec des femmes.

Mais devant son désir de devenir prêtre, cette fois c'est le père qui interviendra violemment pour dénoncer la volonté d'endoctrinement de l'Église – mais surtout la volonté d'endoctrinement de ce beau-frère rival qui lui prend son fils – et interdire la poursuite du projet. Thomas obtempérera, même si « cet appel ne l'a jamais lâché » puisque presque trente ans plus tard il va y répondre. Entre-temps, il deviendra ingénieur et, outre des rencontres sans lendemain, se mettra en ménage quelques années avec une femme qui, le voyant si incapable de choisir entre elle et son désir toujours là de devenir prêtre, va le « larguer ». Mais s'il dit en avoir souffert, cependant il ajoute : « Je ne regrette pas car je ne l'aurais pas rendue heureuse, et je n'aurais pas été heureux, moi. »

Thomas est en deuxième année de séminaire et tout reste encore ouvert ; trouvera-t-il, dans son « appel » à suivre le Christ et les rencontres qu'il fera, une chance de transformer sa culpabilité en authentique souci pour les autres – et cela pour lui d'abord, mais aussi et autant pour tous ceux dont il aura la charge dans l'Église ?

1. « Incestuel » et non incestueux car il n'y aura pas de passage à l'acte.

Des histoires marquées par des deuils ou des séparations qui radicalisent la question du sens de la vie.

Dans un nombre important d'histoires, il y a la mort d'un proche, une grave maladie ou un divorce des parents, voire une douloureuse rupture amoureuse. Sans doute ce type d'événements fait-il particulièrement toucher du doigt la fragilité de la vie et des liens, faisant rechercher un ancrage, quelque chose qui demeure et qui résiste au temps. Un certain nombre de conversions et de vocations s'enracinent dans ce type d'expérience, soit dans le moment du deuil lui-même, soit longtemps après. Élisabeth de la Trinité illustre assez bien ce type de vocation : elle a sept ans quand son père meurt dans ses bras d'une crise cardiaque et, à ma connaissance, personne ne fait le lien entre cet événement particulièrement traumatique et sa décision, la même année, de se faire religieuse ; dans un poème voici ce qu'elle écrit dix ans après cette mort : « C'est dans mes faibles bras d'enfant, ces bras qui te caressaient tant, que dura ta courte agonie, le dernier combat de la vie ! *Et j'essayais de retenir ce dernier, ce si long soupir !*... Protecteur de mon enfance, qui sus veiller avec constance sur tes chers petits enfants, je te promets bien que les ans n'effaceront de ma mémoire le souvenir d'un père aimé, qui par Jésus fut appelé, bien jeune, à l'éternelle gloire[1] ! » Comment ignorer l'écrasante charge symbolique qu'a pu précisément représenter pour elle le fait de n'avoir pas su retenir le dernier soupir de son père, alors qu'il était dans ses bras ? Et comment ensuite, surtout dans le contexte empreint de masochisme moralisant de l'époque, ne pas avoir voulu rendre souffrance pour souffrance, sacrifice pour sacrifice, mort pour mort ? De toute façon, à un tel traumatisme précoce, il fallait trouver une réparation... d'autant plus importante que cette mère

1. Poème 37, dans *Œuvres complètes*, Paris, Éd. du Cerf, 2002, p. 945 et 946.

avait déjà perdu un premier fiancé à la guerre ! N'aurait-elle pas vécu avec une mère aussi pieuse (ne lui avait-elle pas donné ses propres carnets intimes où elle avait recopié des passages de Thérèse d'Avila ?), elle aurait alors tout aussi bien pu chercher une issue soit sur un mode professionnel et se vouloir par exemple cardiologue, soit dans le mariage en épousant un homme « à réparer » sur un plan ou sur un autre, soit encore de façon plus directement destructrice en se sabotant elle-même… Le miracle sans doute ici est qu'elle ait pu – mais à quel prix ! – trouver à aimer quand même.

Si maintenant on se place sur le registre des ruptures amoureuses on peut penser à Madeleine Delbrel, à l'époque agnostique, qui brutalement abandonnée pour le couvent par Jean Maydieu dont elle était très amoureuse, va, après tout un temps de désespoir, faire elle-même un chemin de conversion.

Nous allons donc écouter maintenant ceux et celles dont la vocation s'enracine dans ce type d'expériences.

L'histoire du père Nicolas, prêtre, 75 ans.

Il est fils d'un artisan – il y a une grande différence d'âge entre ses parents et son père mourra brutalement alors qu'il a cinq ans et sa sœur huit ans. Sa mère ne se remariera pas et « mettra un point d'honneur à élever toute seule ses enfants ».

Ses souvenirs d'enfance.

Le père Nicolas n'a pratiquement pas connu ses grands-parents maternels qui n'étaient pas croyants ; en revanche il me parle de son arrière-grand-mère chez qui sa mère, déjà toute petite et en tant que dernière de fratrie, avait été placée et que cette femme, donc qui était sa grand-mère, avait fait baptiser – « C'est par elle, me dit-il, que la foi est entrée dans la famille, elle avait toujours un chapelet dont elle embrassait le Jésus. » Il se souvient d'elle alors qu'elle avait 95 ans « portant des robes jusqu'aux pieds, ne voyant plus très clair, mais d'une paix intérieure formidable ».

Curieusement il ne connaîtra pas ses grands-parents paternels qui étaient suisses et avec qui « les liens étaient très distendus ». En tout cas alors qu'il découvrira plus tard que son père était d'une famille aisée – beaucoup plus que du côté maternel – cette dernière n'est apparemment pas venue en aide à cette belle-fille veuve avec deux petits enfants. On n'en saura pas plus.

De son père, il garde un souvenir ébloui : la veille de sa mort brutale d'un infarctus, il y avait eu une fête à la maison : « Il y avait une très grande table dans le salon, mon père qui était très sportif, ça vous indiquera, avait marché sur les mains autour de la table, alors pour moi naturellement… » Il avait été militaire et il a des photos de lui « triomphant à cheval » ; il pense d'ailleurs que s'il s'est marié tard c'est qu'il avait eu auparavant plusieurs aventures « comme un jeune militaire peut en avoir, jeune et moins jeune ». « Mais pour moi il est resté comme *quelqu'un d'une puissance tutélaire, riante.* »

C'est avec ce même qualificatif de « riant », deux fois employé, qu'il dépeindra sa mère. « Elle est vraiment restée riante jusqu'au bout, même âgée. »

Quelque temps après ce deuil, cette mère consulte un médecin de famille qui lui conseille d'envoyer ses deux enfants à la campagne dans un internat tenu par des scouts. Il a alors sept ans et il se rappelle son désespoir « de faire toute une nuit de train et d'arriver dans un lieu où ma mère n'était plus ».

Mais ce désespoir va vite laisser la place à des sentiments plus positifs : d'une part sa mère « courageuse » vient les voir tous les samedis soir et reste avec eux jusqu'au dimanche car elle retravaillait le lundi matin, et peu à peu il va découvrir la beauté de ce lieu dans l'alternance des saisons et il adorera les nombreuses activités de plein air qu'on lui fait faire : par exemple des collections d'herbes, de plantes, de papillons et surtout il y a beaucoup d'amis : « C'est resté un moment très fort. » « Puis on nous emmenait à la messe le dimanche, il y avait beaucoup de monde, à la fin on courait entre les bancs pour aller chez le boulanger ; c'était des moments féeriques. » Il y restera deux ans, puis ce sera le retour à Paris à l'école publique.

La scolarité.

Le retour à l'école parisienne se passe bien ; il signale simplement combien il aimait chahuter.

Il entre en sixième et il évoque deux choses importantes pour lui, il est inscrit chez les louveteaux et il va au catéchisme : « Il y a eu le catéchisme qui m'a beaucoup intéressé car je découvrais que l'homme avait un interlocuteur ; j'ai beaucoup aimé l'histoire de Joseph et cette idée que les hommes traitaient avec Dieu et Dieu avec les hommes. Ça m'a tout de suite intéressé et la messe aussi qui était en latin, imaginez les enfants avec une langue qu'ils ne comprennent pas, même s'il y avait un commentateur, néanmoins c'était la messe avec une idée de la transcendance. »

Mais à force de rire et de chahuter, à la fin de la seconde, il se fait ficher à la porte de l'établissement privé dans lequel il étudiait – c'est alors que le directeur suggère à sa mère de l'inscrire au petit séminaire où il fera sa première et sa terminale.

Le choix de vie.

C'est sans doute la rencontre avec le supérieur de ce séminaire qui sera déterminante dans l'orientation du père Nicolas – il se rappelle ce moment avec émotion : « Il m'a fait une impression considérable ; il m'a dit tout ce que j'avais fait en une heure d'entretien, il m'a pris de telle façon, il m'a dit que si je continuais à être superficiel j'allais gâcher ma vie, il m'a rendu plausible qu'être un homme ce n'était pas simplement rire dans la vie [...]. Pour la première fois, j'ai senti que c'était le moment où il fallait construire. *Il a joué un rôle paternel et du coup j'ai accepté d'entrer dans son établissement.* »

Il réussit son bac et quitte alors le séminaire pour faire une licence de philosophie en Sorbonne. Rétrospectivement il se dit qu'il a voulu faire cette licence « pour voir si ma croyance en Dieu tenait debout face à la contestation de l'époque avec le marxisme et l'existentialisme. Et donc ça a été un moment où l'idée d'être prêtre était de me dire ce n'est pas possible qu'il y ait ce refus de Dieu, il faudrait s'expliquer, il y a un malentendu entre Dieu et les hommes ; et mon désir d'être prêtre a été un peu..., il faut faire cesser le malentendu, ce qui était bien vaniteux... »

« Mais si on me demande quand est-ce que j'ai pensé à être prêtre, je pense que ça a été en plusieurs épisodes, je pense qu'au moment où j'ai fait ma communion ce que me disait le prêtre de Dieu a été pour moi un moment important et donc je me suis dit que peut-être un jour... je l'ai pensé mais après je l'ai écarté [...] et puis quand j'ai été scout après, si je regarde les choses qui ont beaucoup compté pour moi, *c'est la messe au camp.* Je revois l'autel en pierres sèches, une nappe dessus et je me dis que nous avions pour sacristie les montagnes – la messe était associée à la beauté du monde, un monde rempli de mystères, et ça a été pour moi une révélation. »

Pendant ces années d'études il fera partie d'un groupe d'étudiants mais sans jamais tomber vraiment amoureux d'une fille, sauf que... il évoque des sorties avec une amie d'une famille nombreuse – « pour moi c'était une découverte une famille nombreuse » – puis il change brusquement de sujet pour me reparler longuement de sa vocation à être prêtre. Je pose alors une question sur le renoncement à se marier lié à cette vocation et sur un éventuel sentiment amoureux vis-à-vis de cette jeune fille qu'il avait évoquée : « Oui, répond-il, j'étais amoureux mais que vous dire ? À tel point que je vois même le lieu où elle m'a annoncé qu'un de nos amis la demandait en mariage ; c'était près de la Comédie française il y a des grandes fontaines, elles étaient vides et on était assis sur le bord. *Non ça a été non pas une expérience, ça a été une peine, peut-être le seul moment où je me suis dit, si tu te fais prêtre, tu renonces.* »

Suit alors une très intéressante réflexion sur le célibat – à la question portant sur l'éventuelle possibilité de concilier mariage et sacerdoce, et le choix qui serait alors le sien, il me répond qu'il choisirait le célibat même si, comme il le dit « j'ai tout de suite pensé que choisir cette voie, c'était choisir un peu une existence sans visage humain parce que je n'aurais pas d'enfant – et il continue : « Mais peut-être aussi je me suis demandé si j'étais capable d'aimer vraiment du type... de ce qu'est l'amour entre l'homme et la femme, c'est-à-dire pleinement. J'ai rêvé les choses comme ça parce que chez moi il n'y avait qu'un des deux acteurs. Il faudra que je demande à ma sœur comment elle, elle a vécu ça. »

Ici il y a toute une série de rencontres et d'événements de vie qui vont transformer le destin de ce petit garçon qui, à cinq ans, se retrouve orphelin de père, avec de surcroît une famille paternelle qui abandonne sa mère à son sort difficile. J'ai surtout été frappée dans cet entretien par l'importance donnée à la gaieté et à l'amour de la vie, aussi bien chez le père avec qui pourtant il a peu vécu – « il est resté comme quelqu'un d'une puissance tutélaire riante » –, que chez la mère – « elle est vraiment restée riante jusqu'au bout, même âgée ».

Première image marquante, celle de cette arrière-grand-mère très croyante et « d'une paix intérieure formidable » qui avait élevé sa mère, elle-même orpheline de sa propre mère.

Puis après ce drame de la mort du père, une mère qui va assumer et qui, si elle ne se remariera pas, ne cherchera cependant pas à se raccrocher affectivement à ses enfants (comme sans doute l'a fait la mère d'Élisabeth de la Trinité avec cette fille aînée qu'elle voulait garder pour elle). Elle écoute son médecin de famille qui lui suggère d'envoyer ses enfants à la campagne chez des scouts américains ; elle va alors – cadeau inestimable pour ses enfants – se montrer capable de se séparer d'eux en maintenant le lien : « Quand j'y suis parti, j'étais désespéré de faire toute une nuit de train pour arriver dans un lieu où ma mère n'était plus, mais elle, elle s'était arrangée, elle était courageuse, elle venait toutes les semaines, elle partait le samedi matin, elle faisait le convoi, elle nous amenait le dimanche et elle repartait le dimanche soir car elle retravaillait le lendemain matin. » Et voilà que là-bas il va peu à peu s'autoriser à être heureux ; heureux d'être dehors à la campagne et de collectionner des papillons, heureux d'être apprécié par la cheftaine des louveteaux, heureux d'avoir des petits copains – mais ce qui l'éblouit surtout c'est « la beauté du monde qui a été pour moi une révélation ». Et petit détail qui dit la qualité d'attention de sa mère : certes il aura pris plaisir à collectionner les papillons, mais quand il rentre de chez les scouts, sa mère va avec lui chez un taxidermiste pour qu'il puisse les conserver… Il garde encore aujourd'hui avec fierté cette collection.

Autre rencontre déterminante : celle d'un supérieur de petit séminaire qui lui fait « une impression considérable ;

il m'a dit tout ce que j'avais fait en une heure d'entretien, il m'a pris de telle façon, il m'a dit que si je continuais à être superficiel j'allais gâcher ma vie, il m'a rendu plausible qu'être un homme ce n'était pas simplement rire dans la vie […]. Pour la première fois, j'ai senti que c'était le moment où il fallait construire. *Il a joué un rôle paternel et du coup j'ai accepté d'entrer dans son établissement* ». Cet homme, comme figure d'autorité bienveillante, Vincent, lui, n'aura justement pas eu la chance de le rencontrer[1]…

Intéressante est la raison pour laquelle il dit préférer le célibat… il n'a pas de modèle identificatoire. Mais en même temps ce qui est frappant dans cet entretien, c'est la droiture dans les choix ; combien émouvante est l'évocation des « grandes fontaines vides » au bord desquelles cette jeune fille dont il était amoureux lui annonce qu'un homme l'a demandée en mariage et qui sert de métaphore à sa peine. Son choix est fait : « Si tu te fais prêtre, tu renonces ! »

L'histoire de sœur Claire, moniale, 40 ans.

Claire sera la seule fille d'un couple recomposé après le divorce du père qui avait déjà cinq enfants d'un premier lit. Elle sera élevée dans la tradition catholique, même si elle sera « marquée par ça quand même ; je ne pouvais pas aller à la messe le dimanche avec mon père. Sauf, ajoute-t-elle, quand on partait en vacances ! »

Les souvenirs d'enfance.

Elle n'a pas connu ses grands-parents paternels qui sont morts accidentellement alors que son père, aîné de la famille, avait 17 ans : « Ça a pesé d'un grand poids dans la tête de mon père. » En

1. N'oublions pas cependant que la rencontre n'est pas le fait d'une seule personne… Vincent a sûrement eu l'occasion de croiser des figures paternelles, mais peut-être les a-t-il inconsciemment évitées. On se souvient toutefois de sa rencontre tellement importante avec un copain de prépa, mais d'une part ce dernier n'avait pas ce même statut d'autorité, et en outre qui pouvait faire contrepoids à la mère terrible que Vincent s'est construite dans sa tête ? (Voir p. 123 s.)

revanche elle a connu ses grands-parents maternels chez qui elle allait toutes les semaines : « des gens simples et droits, de bonne volonté, mais de condition beaucoup plus modeste que du côté paternel ». Sa mère était elle-même fille unique.

Elle ne sait pas trop comment ses parents se sont rencontrés – ce qu'elle sait c'est que son père était déjà divorcé et assez éprouvé par cette situation et « pour ma mère ça a été un chemin sûrement difficile, difficile d'aimer mon père [...]. Ça a été un divorce très mal géré parce que les sœurs étaient plutôt chez leur mère et les frères chez leur père. Ça n'a pas pesé sur mon enfance mais j'ai quand même senti qu'il ne fallait pas que je creuse et que je pose des questions. Je l'ai perçu assez vite, *moi j'avais la chance d'avoir mon père, ma mère qui s'aimaient voilà et j'avais des grands frères et des grandes sœurs qui m'ont considérée comme la petite sœur. Il ne fallait pas chercher plus loin, j'avais trop creusé comme ça, c'était difficile, trouble sûrement.* »

• *Quels souvenirs heureux avez-vous de votre enfance ?*

« Je suis asthmatique depuis toute petite et ça a quand même marqué mon enfance mais j'ai quand même des souvenirs heureux passés au bord de la mer où nous habitions ; oui la vie y était belle, c'était un peu la *dolce vita.* »

La scolarité.

Elle fera sa scolarité jusqu'en troisième chez les sœurs et en garde un excellent souvenir : « J'aimais beaucoup l'école et j'avais pas mal de copines et je peux vous dire qu'on est en lien toujours, on est un groupe d'amies depuis le jardin d'enfants et là on continue encore. Oui des liens très forts, j'ai eu une vie agréable, du sport, des loisirs, beaucoup d'amis et une scolarité un peu sans problème. » En seconde elle intègre un établissement mixte où elle réussit très bien « Depuis toute petite je voulais être médecin. Je ne sais pas pourquoi c'est rentré dans mon cœur, peut-être parce que j'étais malade [...] mes parents n'étaient pas contre, mais seulement ils me disaient "travaille !". »

L'adolescence et les hommes.

« Je n'ai pas été tourmentée très jeune, enfin tourmentée dans le sens où je n'étais pas une ado travaillée par le fait d'avoir un petit ami ou pas. J'ai eu un bon groupe d'amis, ça oui des amis garçons et puis j'ai eu des petits amours, oui, en terminale. »

« Je rêvais de me marier, d'avoir beaucoup d'enfants, un peu le modèle que j'avais connu et j'étais sûre que j'allais être heureuse et en première année de fac j'ai eu un petit ami, *c'est vrai qu'il était très accroché et moi je me suis rendu compte que je ne l'étais pas.* J'avoue que j'ai eu la chance d'avoir été respectée. Ça a été douloureux, je me rends compte que j'ai cassé, ça lui a fait sûrement très mal et je me suis dit : il ne faut pas que je recommence à faire mal, enfin si je suis amoureuse, je suis amoureuse, mais si je ne le suis pas, je ne vais pas sortir avec un garçon. »

Le choix de vie et l'« appel » à la vie religieuse.

« C'est vrai il faut que je vous dise : *ce qui m'a amenée à m'engager dans la foi chrétienne, c'est que ma mère est brutalement décédée.* J'avais dix-sept ans, alors pour moi ça a été le choix d'un engagement chrétien. Je me souviens je me suis dit ou je suis chrétienne ou j'arrête. [...] Eh bien j'ai choisi ; plutôt être chrétienne jusqu'au bout, mais je ne savais pas du tout ce que ça voulait dire. »

• *Et votre père comment il a vécu ce deuil ?*

« Mal, mal. Il a quand même sombré dans l'alcoolisme, oui, il était déprimé, mille et une épreuves de santé lui sont tombées dessus. Une opération de prothèse de hanche qui s'est mal passée et il y a eu un chirurgien qui s'est acharné, il lui a fait une perfusion et il a eu le sida, donc ça a été une avalanche d'épreuves familiales. En fait je vais vous surprendre en disant que j'en garde un souvenir douloureux mais pas vraiment parce qu'en parallèle de ces épreuves il y a eu ce chemin de foi. »

Cette idée « d'être chrétienne jusqu'au bout » ne l'a pas lâchée mais ne l'a pourtant pas empêchée d'aller jusqu'au bout de ces études de médecine qu'elle souhaitait faire depuis l'enfance.

« Vers la quatrième année il y a eu pour moi un véritable combat, ou je choisis le Christ ou pas. Un terrible combat, j'étais mal, mais mal physiquement mal et j'étais tellement mal qu'un jour, parce que j'étais allée avec des copains à Florence, je crois que je fuyais un peu cet appel *et je voulais être amoureuse d'un ami qui ne l'était pas du tout, je crois que je me faisais un peu des films*, et comme j'avais été collée à un certificat, je me suis dit je vais aller à l'abbaye parce qu'à la maison ce n'est pas toujours facile de travailler à cause des amis. Et là j'ai vécu un très très rude combat et j'étais tellement mal, le frère hôtelier est venu et m'a dit, ça ne va pas ? Non pas du tout et je ne savais pas quoi faire tellement j'étais mal, je n'avais jamais connu cet état et j'ai essayé de me mettre à genoux, là il y avait une croix, et Il était là et j'avais l'impression d'être dans un champ de bataille entre cet appel du Christ et puis cette espèce de résistance intérieure, de force intérieure très violente, et j'étais là en train de me demander ce qui se passait et puis je crois qu'il a fallu que je dise oui. Alors j'ai dit oui, et à partir de ce moment-là j'étais quand même en paix et j'avais dit oui pour la vie religieuse. »

« La vie monastique s'est alors peu à peu imposée car ce qui m'a attirée *c'est cet absolu, ce don total pour une vie très simple, de silence, austère aussi, communautaire je ne sais pas, que je trouvais belle*. J'aurais pu choisir une autre forme de vie religieuse mais j'avais l'impression que je serais divisée et pour moi *la vie monastique c'était ce don absolu, total, entier, amoureux au Christ*. »

• *Vous avez alors abandonné ce projet d'être médecin qui vous tenait tellement à cœur ?*

« Oui je l'ai abandonné totalement. Ça fait beaucoup de renoncements d'entrée, ça fait renoncer à un métier, renoncer à un mari. Je ne rentrais pas moniale pour être médecin ; ça fait partie du don, je disais oui au Christ, qu'importe le métier que je pouvais faire après dans la communauté et les petites tâches que je pourrais y exercer. »

Contrairement à la plupart des célibataires consacrés interviewés, Claire ne semble pas avoir été une enfant introvertie ; mais comme toujours alors nous retrouvons une conjoncture, source d'une intense culpabilité, et cela en deux temps. D'abord elle se vit coupable d'être dans une situation privilégiée par rapport à ses cinq demi-frères et sœurs ; en effet son père a divorcé et a réépousé sa mère – divorce dont elle dit qu'il avait été mal géré : « Ça n'a pas pesé sur mon enfance mais j'ai quand même senti qu'il ne fallait pas que je creuse et que je pose des questions. Je l'ai perçu assez vite, *moi j'avais la chance d'avoir mon père, ma mère qui s'aimaient voilà et j'avais des grands frères et des grandes sœurs qui m'ont considérée comme la petite sœur. Il ne fallait pas cher-*

cher plus loin, j'avais trop creusé comme ça, c'était difficile, trouble sûrement. »

Puis deuxième temps de culpabilisation : sa mère meurt brutalement alors qu'elle a 17 ans et, redoublant le traumatisme, son père sombre dans l'alcoolisme. Tout à coup son monde s'effondre : « C'est vrai, il faut que je vous le dise, ce qui m'a amenée à m'engager dans la foi chrétienne, c'est que ma mère est décédée. » Et elle ajoute : « En fait, je vais vous surprendre en disant que j'en garde un souvenir douloureux mais pas vraiment parce qu'en parallèle de ces épreuves il y a eu ce chemin de foi. »

Contrairement là aussi à beaucoup d'autres vocations, celle-ci s'impose tard – elle s'est longtemps rêvée mariée avec beaucoup d'enfants, et elle a fréquenté plusieurs garçons – mais il faut remarquer qu'à chaque fois – est-ce un hasard ? – il n'y en avait qu'un des deux qui était amoureux : d'abord c'est elle qui ne l'est pas, et sagement elle se dit qu'il ne faut pas faire souffrir quelqu'un pour qui on n'a pas de réelle attirance ; puis elle vit la figure inversée : « je voulais être amoureuse d'un garçon qui ne l'était pas du tout » et c'est à ce moment-là qu'elle va se rendre dans une abbaye où « un très rude combat » va s'engager pour elle entre l'appel du Christ et une intense résistance intérieure et, ajoute-t-elle, « je crois qu'il a fallu que je dise oui ». À la radicalité du traumatisme, elle oppose la radicalité d'une réponse d'amour « pour moi *la vie monastique c'était ce don absolu, total, entier, amoureux au Christ* ».

L'histoire de sœur Rachel, moniale, 55 ans.

Sœur Rachel est fille d'un assureur ; elle est la cinquième de six enfants – elle sera élevée dans la religion catholique. Alors qu'elle a sept ans, son père quitte sa mère pour refaire sa vie avec une autre femme dont il n'aura pas d'enfant.

Ses souvenirs d'enfance.

Comme je lui demande de me parler de ses grands-parents, elle me dit d'emblée qu'elle ne connaît pratiquement pas ses grands-parents paternels : « J'ai coupé avec mon père et donc j'ai coupé avec sa mère – mes parents se sont séparés j'avais sept ans, sans divorce parce qu'à cette époque-là ça ne se faisait pas, et j'ai coupé beaucoup avec mon père, c'était vraiment pénible d'autant que, même avant cette séparation, mon père n'était jamais là et que je n'ai aucun souvenir avec lui. »

• *Qu'est-ce qui a motivé cette séparation ? Vous avez une idée ?*

« Ils étaient aussi terribles l'un que l'autre, ils avaient des caractères très très marqués l'un et l'autre et ça aurait été un miracle que ça marche. »

• *Il se disputaient ?*

« Non, je ne les ai jamais vus se disputer, mais j'ai compris après que maman était très, très possessive et mon papa était, lui, très gamin. »

Comme je lui demande ce qu'elle entendait par « très gamin » elle me dit qu'il avait pourtant des responsabilités mais qu'il était très immature ; il avait lui-même eu une enfance difficile en tant que fils unique avec des parents très vite séparés.

De cette mère très possessive elle me dit qu'elle pouvait être aussi tendre que sévère mais qu'elle était en tout cas omniprésente – cependant ne fallait-il pas qu'elle joue tous les rôles ?

En tout cas de cette *enfance* elle se souvient qu'elle était *particulièrement solitaire* et que malgré la présence d'une nombreuse fratrie, elle ne jouait pas avec eux car ceux qui la précédaient étaient trop vieux et son petit frère ne savait, dit-elle, « que la taper » ; elle ne se souvient pas non plus avoir beaucoup joué avec des copines à l'école « je n'aimais pas les filles, je me méfie » – elle me répétera deux fois « à la maison on ne parlait pas » associant alors ce silence au besoin de parler à quelqu'un dans son cœur « à cinq-six ans, moi j'ai compris que Jésus était bon pour moi – il m'a aimée jusqu'à mourir pour moi ; et ça c'est vraiment au fond de moi – finalement, Dieu c'était le seul à qui je parlais. Et rien que pour ça je remercierai ma mère, c'est que je l'ai toujours entendue parler au Seigneur comme s'il était dans la pièce. Elle vivait avec Dieu et elle l'exprimait. Ça finalement c'est le plus beau cadeau qu'elle a pu me faire – et moi je racontais aussi tout au Seigneur et c'était le seul à qui je pouvais faire confiance et tout raconter. »

La scolarité.

« Bof, j'étais très mauvaise élève ! »

• *Vous n'aviez pas envie de travailler ?*

« Je ne pensais qu'à la famille et aux parents, je n'en sortais pas. Ça me prenait la tête. Et c'est très curieux, j'ai vécu longtemps, alors que j'ai su bien longtemps après que personne ne le savait, *avec la honte de la séparation de mes parents.* J'étais persuadée que c'était écrit en gros et que tout le monde le savait. »

Après donc une scolarité un peu difficile, elle fait une école d'assistante sociale.

L'adolescence.

Elle insiste à nouveau sur le fait qu'« elle n'aimait pas beaucoup les filles ». Il faut aussi dire qu'elle avait surtout des frères à la maison « j'avais beaucoup plus de copains que de copines » et, ajoute-t-elle avec une pointe d'humour : « Ce qui est cocasse c'est que je sois rentrée dans une communauté de femmes… Je n'avais jamais imaginé que je rentrerais dans une communauté de femmes, c'est trop compliqué. »

Parmi ces copains elle dit avoir eu deux amoureux (platoniques) et au deuxième qui lui parle de mariage, elle répond « la place est prise ».

Le choix de vie.

L'« appel » à la suite du Christ se situe donc pour sœur Rachel très tôt dans l'enfance puisqu'elle parle de ce dialogue qui s'installe dans son cœur avec Lui à l'âge de cinq-six ans. Et au tout début de l'entretien, à ma première question concernant les souvenirs avec sa mère, elle associe d'emblée « omniprésence » de cette dernière et entrée au couvent : « À l'époque quand je suis rentrée au monastère je sens que c'était pour en sortir, certainement. *À la fois je refusais le mariage à cause de l'exemple de mes parents et à la fois j'ai quitté pour échapper à l'emprise de maman.* »

Puis elle me parle de ses frères qui allaient à la messe le dimanche jusqu'à leur profession de foi et qui ensuite laissaient tomber les uns après les autres : « Moi, j'ai pris un peu de distance, disons j'espaçais les messes, mais j'ai toujours continué à y aller parce que j'avais l'exemple de mes frères et je me suis dit, c'est par défi, je me suis dit ils ont tout lâché et ça ne leur rapporte rien.

Je me suis dit, je vais essayer, moi, et on verra bien si ça m'apporte quelque chose. Et par défi, j'ai continué à y aller tout en ayant des moments de doute. »

Puis revient dans le discours cette certitude : Jésus est mort pour moi. « À ce moment-là je me suis dit, s'il m'a aimée comme ça, je me souviens très bien m'être dit : bon ! qu'est-ce que je vais faire ? Et tout ce que je vous ai raconté pour le reste c'est venu après, mais il y a eu tout le temps cette question : *qu'est-ce que je vais faire pour lui ?* »

Des textes de l'Évangile la touchent particulièrement : le jeune homme riche ou la graine à semer. « Ça faisait tilt, oui vraiment je les ai entendus pour moi. » Mais ce qui est notable c'est qu'elle ne parlait de tout cela à personne.

Pendant ses études enfin elle en parle à un prêtre : ce dernier allait passer quelques jours dans une abbaye et il lui propose de l'accompagner – elle y viendra avec son copain de l'époque.

« On est venus, on n'a rien vu de la communauté parce qu'en fait je ne suis pas venue aux offices. Mais ce qui m'a séduite c'est le cadre [...]. Je suis revenue toute seule [...] une amie à qui j'en avais parlé m'avait dit connaître la sœur hôtellière et je l'ai donc rencontrée au parloir, on a parlé de tout, de vocation, de la vie en général. Et en fait ce qui m'a accroché c'est de rencontrer des femmes libres, des femmes qui ne me mettaient pas le grappin dessus.

Alors je suis revenue faire une retraite parce que je continuais à me poser cette question du comment répondre au Seigneur. Et petit à petit j'ai vu les unes et les autres et ce qui m'a frappée c'est cette liberté. C'est là petit à petit que j'ai fini par me dire : *mais est-ce que ce que je cherche ce n'est pas ça ?* »

Rachel est toute révolte : contre son père, toujours absent, et qui finira par quitter totalement le foyer pour refaire sa vie avec une autre femme ; contre sa mère, qui cherche à lui « mettre le grappin dessus » et elle dira deux fois combien « c'était pour en sortir » qu'elle est entrée au monastère « je refusais le mariage à cause de l'exemple de mes parents » et il faut entendre ce qu'elle dit aussi sur la honte qu'a été pour elle, petite fille, leur séparation et combien à l'école elle n'arrivait pas à travailler, ne pensant qu'à ça : « ça me prenait la tête ». Dans ce contexte elle est très solitaire chez elle et dit ne pas jouer avec ses nombreux frères et sœurs.

Cependant on ne peut pas parler ici d'une vocation refuge comme je vais l'évoquer ensuite parce qu'il y a aussi et en même temps une vraie rencontre avec le Christ ; à cinq-six ans elle fait l'expérience du Christ qui l'aime – « il m'a aimée jusqu'à mourir pour moi ; et ça c'est vraiment au fond de moi – Finalement, Dieu c'était le seul à qui je parlais » [...]. Bien sûr elle s'identifie là à sa mère qui parlait ainsi « au Seigneur comme s'il était dans la pièce ». Et elle continue : « S'il m'a aimée comme ça, il y a eu tout le temps cette question : *qu'est-ce que je dois faire pour lui ?* » Et elle évoque des passages de l'Évangile qu'elle interprète pour elle comme le jeune homme riche.

Il est étonnant de l'entendre raconter comment elle découvre le monastère et ce qui la séduit dans les femmes qu'elle va y rencontrer : « Et petit à petit j'ai vu les unes et les autres et ce qui m'a frappée c'est *cette liberté*. C'est là petit à petit que j'ai fini par me dire : *mais est-ce que ce que je cherche ce n'est pas ça ?* » Beau et vrai paradoxe que ce pressentiment d'une liberté qui pour elle se trouvait dans une clôture !

Des vocations refuges.

Une vocation refuge assumée : celle de frère Augustin, moine, 80 ans.

Augustin est né petit dernier d'une famille bretonne d'agriculteurs de tradition catholique qui avait six enfants. Il y a une grande différence d'âge entre les parents. Son père mourra alors qu'il a neuf ans. Notable aussi le fait que sur les six enfants, seule une des filles se mariera – tous les autres resteront célibataires.

Ses souvenirs d'enfance.

Ses premiers souvenirs sont ceux d'une grand-mère paternelle chez qui il prenait, seul (la sœur qui le précédait avait cinq ans de plus que lui), ses repas à la sortie de l'école ; c'était « quelqu'un d'affectueux mais sans expansion à l'époque, pas d'embrassades, juste ce qu'il faut. Je n'ai pas de souvenirs de manifestations affectives des grand-mères – et même de mes parents, quand j'y repense. Mon père est mort j'avais neuf ans, donc j'étais privé de mon père, ça a dû marquer mon évolution. Et je ne me souviens pas qu'il m'ait embrassé, c'est curieux. Ma mère c'était assez froid aussi. Je crois que ça nous a marqué, ça ».

« Cela dit j'avais trois mères, j'ai vécu dans un milieu féminin plutôt – j'étais chouchouté en tant que dernier. On ne voulait pas que je pleure, mes sœurs me prenaient dans leurs bras. »

« Tous les six, on avait une vénération pour notre mère. Elle nous a beaucoup marqués, elle nous a sortis de l'ornière. Mon père sur la fin s'était mis à boire. Je pense qu'il y avait une raison, moi en tant que sixième je n'étais pas attendu, je n'étais pas du tout désiré. À cette époque le médecin avait dit c'est terminé parce que ma mère était très très malade pendant plusieurs années après. Elle était épuisée par les travaux de la ferme et par sa grossesse. Le médecin a dû lui dire à partir de ce moment-là de faire chambre à part à cause de sa santé et c'est alors que mon père a commencé à boire. Et puis il est mort à 53 ans d'un arrêt cardiaque. J'ai conscience que tout ça a dû marquer mon psychisme, je me souviens surtout d'une fois, j'avais sept ans, on était revenus du marché avec le cheval et mon père était tellement ivre qu'il était incapable de monter dans sa chambre et moi j'étais là avec une couverture, je n'étais pas au courant, mais ça m'avait beaucoup troublé… »

La scolarité.

Deux enfants seulement sur les six feront des études car les autres travailleront très vite à la ferme. Pour lui, en primaire, il n'y aura aucun problème. Mais en secondaire « c'était plutôt moyen. En fait j'étais assez passif. J'aimais plutôt les matières scientifiques mais j'ai raté mon bac la première année en section latin-grec et je l'ai eu la seconde année grâce aux maths où le niveau n'était pas très élevé. J'étais très timide, hypertimide ».

« Comme je n'étais pas un brillant élève, je n'étais pas très considéré par les professeurs, ils s'intéressent aux premiers de classe et les autres suivent comme ils peuvent. »

L'adolescence.

« Alors qu'est-ce qui s'est passé ? À part mes sœurs, c'était un collège où il n'y avait que des garçons à l'époque. Donc les filles, oh là là, je n'étais pas très rassuré de ce côté-là, je ne me sentais pas très ravi. Donc ça a peut-être marqué dans mon évolution qui fait que je me suis retrouvé dans un milieu monastique, monosexué. Alors comment ça s'est passé ? Quelques crises dans mon équilibre, quelques angoisses vis-à-vis de la sexualité. »

• *Et vous avez été amoureux d'une fille ?*

« Oui, j'avais 12-13 ans au catéchisme – puis elle est partie de son côté, on ne s'est pas revus. Après, après il n'y a rien eu de spécial. »

Deux événements vont marquer la fin de son adolescence : le service militaire fait en Algérie et, à la même époque, la mort accidentelle du frère qui le précédait dans la fratrie.

Il me parlera longuement de cette vie en Algérie qui l'a beaucoup perturbé. À la fois il en dépeint des côtés très positifs : d'abord ce qui n'était pas négligeable, c'est qu'il se faisait de bonnes payes dont il pouvait envoyer une partie à ses parents, et il y avait les magnifiques paysages avec des orangers et des vignes à perte de vue qui lui donnaient une impression d'être en vacances, « donc les souvenirs sont mêlés parce qu'il y avait en même temps la violence, les tortures, les têtes coupées dans les paniers. [...] On a été en danger, il y a eu des blessés et des morts parmi nous ; je me rappelle un petit gamin de quatorze ans que des soldats poussaient pour le descendre – alors je suis allé voir le capitaine qui m'a dit de ne pas m'inquiéter, que la guerre c'était comme ça... ».

Le choix de vie et l'« appel » à la vie religieuse.

Je l'ai déjà indiqué en introduction : aucun de ses frères ne s'est marié ; il dira : « Ma mère ne poussait pas au mariage, elle voulait garder ses enfants pour elle ; j'ai un frère qui a essayé de fréquenter un peu des jeunes filles mais ça n'a pas abouti, il avait aussi un petit complexe vis-à-vis des femmes. » « Ma rencontre de Dieu, cette aspiration spirituelle, c'était peut-être un certain complexe d'infériorité, d'un milieu rural, assez pauvre, j'étais avec des bourgeois au collège, ils avaient tout ce qu'ils voulaient, moi j'avais juste le minimum. J'étais un petit peu craintif, pas très heureux, pas bien dans ma peau et je sur-compensais par mon intériorité. »

Et puis surtout ce qui est dit et redit c'est l'attirance vers tout ce qui est beau : l'art, la musique, la belle liturgie, l'architecture, les monuments.

« À 15-16 ans, il y a eu un professeur que j'ai admiré et il y a eu une relation d'amitié qui s'est créée entre nous, c'était le maître de chapelle, il m'a emmené chez lui pour me faire écouter de la musique classique ; j'écoutais les symphonies de Beethoven sur des 78 tours, ça m'intéressait. C'était un prêtre d'origine très bourgeoise, assez riche lui-même, un patrimoine personnel avec de beaux meubles, je me plaisais là-dedans. On était trois ou quatre à aller régulièrement chez lui les samedis soir. Il nous aimait bien, les trois amis. »

Et c'est exactement à ce moment-là que le père Augustin « rêve de la vie monastique parce que l'aspect esthétique, le chant l'enthousiasment ». Il se rend alors régulièrement dans un monastère que fréquente beaucoup ce prêtre, et il se dit séduit par la vie que mènent les moines. C'est là qu'il reviendra à son retour d'Algérie. Voici ce qu'il en dit lui-même : « Je me suis mis à l'abri, c'était un peu une vocation refuge. »

Augustin est donc un sixième et dernier enfant d'une mère tellement épuisée par les grossesses et les travaux de la ferme que le médecin avait déjà conseillé au couple de faire chambre à part ; il se pense donc un enfant non désiré, d'autant plus qu'après sa naissance son père se met à boire. Il a ainsi le souvenir très précis d'un soir où, rentrant avec lui, celui-ci était tellement ivre qu'il ne pouvait pas monter dans sa chambre. Ce dernier mourra alors que lui-même a neuf ans.

Il dit et redit combien il était timide, complexé, pas bien dans sa peau, combien il avait peur des filles ; « je n'étais pas très rassuré de ce côté-là » et peur de la vie. Il va alors explicitement relier sa vocation à ce complexe d'infériorité : « « Ma rencontre de Dieu, cette aspiration spirituelle, c'était peut-être un certain complexe d'infériorité, d'un milieu rural, assez pauvre, j'étais avec des bourgeois au collège, ils avaient tout ce qu'ils voulaient, moi j'avais juste le minimum. J'étais un petit peu craintif, pas très heureux, pas bien dans ma peau et je sur-compensais par mon intériorité. »

Dès l'école et le collège il va être attiré par le monde de la bourgeoisie et vers quinze ans il noue avec trois autres copains une relation amicale avec le maître de chœur du collège, qui les emmène chez lui le samedi soir écouter des symphonies de Beethoven. « C'était un prêtre d'origine très bourgeoise, assez riche lui-même, un patrimoine personnel avec de beaux meubles, je me plaisais là-dedans. » Alors, dit-il, il se met à « rêver de la vie monastique à cause de l'aspect esthétique et du chant, pas du tout par le côté ascétique, ça n'était pas du tout mon style ». « Le chant, la musique m'intéressaient. J'avais une attirance du côté de l'art, la musique, les beaux bâtiments, la bonne liturgie. »

Il y aura ensuite l'Algérie et le traumatisme que cela a pu représenter pour lui, puis le retour en France, et l'entrée au monastère où, dit-il, « il se met à l'abri ». Mais pourquoi pas ? Le problème devenait ce qu'il pouvait, à partir de ce choix, construire… ou détruire. Or, contrairement à ce que nous verrons avec sœur Monique, il trouvera là un monde suffisamment ordonné et protégé pour lui donner envie de participer pleinement à la vie de cette communauté, d'y travailler et d'y prier et il peut aujourd'hui témoigner qu'il est heureux.

Une vocation à risque ? André, séminariste, 24 ans.

André est le cinquième d'une famille de onze enfants. Les parents sont pratiquants, très engagés dans l'Église. Le père est médecin-anesthésiste et la mère reste au foyer.

Ses souvenirs d'enfance.

« Je me rends compte que maman était trop présente justement et ne laissait pas papa prendre son rôle. Maman a un peu les nerfs à vif et elle a pris une place importante et papa était un peu gommé, il était une très bonne pâte et c'est vrai qu'il travaillait beaucoup. Maman enseignait dans un lycée mais elle a arrêté de travailler au quatrième enfant et du coup elle nous enseignait, nous. »

Jusqu'à la sixième André restera donc à la maison avec ses frères et sœurs : « On était toujours entre nous, même si on faisait plein de choses à côté. Ça se passait très bien parce que maman nous a toujours appris le service, le pardon, l'attention pour les plus jeunes, ce qui fait qu'il n'y a pas de rancune entre nous. »

« On faisait la prière tous les soirs avant de se coucher et comme on était enfants de chœur on allait à la messe tous les dimanches, même pendant les vacances, parfois plusieurs fois dans la semaine, c'est vrai qu'ils nous ont inculqué la prière, la foi, le bénédicité avant les repas. Quand on allait à l'école comme on arrivait très tôt on allait à la chapelle faire une prière ensemble ; les parents nous emmenaient nous confesser et il y a beaucoup de prêtres et de religieux qui passaient à la maison. »

La scolarité.

André n'ira donc dans une école privée qu'en secondaire. « Je n'étais pas très content d'entrer à l'école parce que j'étais bien conscient que c'était génial d'être à la maison parce que l'après-midi on allait jouer ou il y avait de la musique, c'était une vie assez heureuse et tranquille. Alors aller à l'école il fallait se lever tôt et ça au début je m'embêtais pendant la récré, je me disais vivement qu'on rentre en classe, mais ça n'a pas duré, très vite je me suis fait des camarades.

• *Et vous étiez bon élève ?*

« Oui quand j'étais en 6e j'étais premier partout sauf en maths parce que maman n'étant pas du tout matheuse ce n'était pas mon fort. Puis après comme j'ai assez de facilités du coup je faisais juste ce qu'il fallait, j'ai un peu plus bougé pour mon bac, mais je n'étais pas un gros bosseur. »

Il tentera une première année de faculté et, collé, il rentrera au séminaire.

L'adolescence, les filles.

« L'adolescence, ça n'a pas toujours été facile. J'ai eu de très bons amis et en même temps plein de difficultés, c'est un truc tout simple, mais assez fondamental parce que mes parents ne nous ont jamais parlé de sexualité. Alors là tant qu'on restait à la maison ça allait, mais après dès qu'on arrive dans le monde, ça, ça a été un peu difficile, c'est certain, de découvrir tout, seul... C'était un peu difficile de découvrir la masturbation en retraite de profession de foi, c'est un peu bizarre des choses comme ça ; c'est vrai qu'il n'y avait pas de dialogue de ce côté-là avec les parents et maman mettait une sorte de pression affective si on peut dire, il ne fallait pas en parler et mes frères eux-mêmes avaient des difficultés. »

« Comme tout adolescent, j'étais amoureux de toutes les filles que je rencontrais, c'est normal. Mais c'est vrai, par éducation, on ne sortait pas avec une fille. Ça ne se faisait pas, je ne suis jamais sorti avec une fille. Je faisais un peu le caïd mais je ne me déclarais pas, mais de toute façon ça changeait tellement souvent... Vers seize ans, là, j'ai été amoureux de la même fille tout le temps mais je ne me suis jamais déclaré... et elle non plus. Pour moi c'était pas bien, pas d'être amoureux, mais de sortir, c'était dans l'*ordre d'une culpabilité* et puis je ne me suis pas déclaré et puis j'avais toujours cette question de la vocation qui me trottait dans la tête, mais quand elle était là, je n'y pensais pas beaucoup. »

Le choix de vie et « l'appel » à la vie religieuse.

C'est un prêtre qui, alors qu'il a dix ans, lui suggère : « Est-ce que tu as pensé, est-ce que ça te dirait d'être prêtre ? » Signalons aussi que deux de ses frères sont déjà entrés dans les ordres. « Ça a fait son chemin et ensuite il y a eu des hauts et des bas. » J'étais très amoureux et j'étais vraiment pris entre deux choses, ces deux choix qui me tarabustaient. J'en étais à genoux à pleurer au pied de mon lit. Je demandais au Seigneur qu'est-ce que je dois faire ; et puis voilà je suis entré au séminaire. Il y a eu pour moi une confirmation intérieure au moment du vendredi saint de cette année-là, la révélation, la certitude. Donc après je suis allé aux JMJ à Rome ; ça c'était un moment fantastique et je suis rentré juste après. Ça va faire six ans. »

« Si l'Église me laissait le choix je choisirais le célibat, justement pour cette donation totale au Christ et aux hommes. Cette notion de cœur sans partage, c'est vrai que le célibat y aide d'une manière toute particulière. C'est saint Augustin qui disait que tant qu'on n'a pas tout donné on n'a rien donné et la mesure même de l'amour de Dieu c'est d'aimer sans mesure. Il y a bien sûr une beauté du mariage mais une femme et des enfants ne m'auraient pas donné cet amour-là. »

Bien sûr rien n'est définitivement joué pour André – mais simplement, ici plus qu'ailleurs, *l'environnement va être déterminant, car pour l'instant ce choix ressemble beaucoup à une fuite devant la peur éveillée par son attirance pour les filles*. Dans la façon de dire, on ressent combien les raisons qu'il se donne pour se convaincre sont plaquées et idéalisantes et combien tout reste ouvert, le meilleur comme le pire !

L'histoire de Monique, religieuse ayant quitté son couvent et s'étant mariée à 40 ans.

Monique est l'aînée de quatre enfants de parents traditionalistes chrétiens et qui sont, dit-elle, restés « par devoir » ensemble. Le père est militaire et la mère reste au foyer. Elle se fera religieuse à 21 ans et, à 40, ayant rencontré un homme de qui elle est tombée enceinte, elle quittera sa communauté pour se marier.

Ses souvenirs d'enfance.

Elle parlera surtout de ses grands-parents maternels dans la propriété de qui ses parents vivaient. Elle avait une adoration pour ce grand-père : « Il était très beau physiquement, il était très grand, il avait beaucoup d'allure. » Sa grand-mère, elle, avait beaucoup hésité à se faire religieuse mais, ajoute-t-elle, « ç'aurait été dommage car elle était très belle » (!) ; cette dernière se mariera donc et aura quatre enfants – les deux aînés mourront en bas âge « et les deux enfants qui lui sont restés (dont fait partie sa mère), c'est ceux qu'elle aimait le moins… ».

De cette mère « mal-aimée » elle dira combien elle imposait ses idées, ne supportant pas d'être contredite « maman était très dominatrice et il fallait penser comme elle » et combien son père était soit en déplacement prolongé du fait de son travail, soit, s'il était physiquement présent, prenait très peu part à la vie de famille, aimant surtout s'isoler pour lire ou bricoler.

Ses souvenirs tournent essentiellement autour de la maison et du parc de son enfance qu'elle me décrit avec force détails nostalgiques… et de son grand-père maternel qui « me racontait des histoires d'autrefois et moi j'ai toujours été très tournée vers le passé et comme j'étais très rêveuse je recréais en moi le décor qu'il avait vécu ».

La scolarité.

À onze ans elle quitte la maison et est mise en pension : « Ça a été très dur d'être mise en pension, surtout que j'ai été la seule de mes frères et sœur à y aller. À l'école, je travaillais beaucoup les matières que j'aimais, et pas du tout les matières que je n'aimais pas. Alors disons qu'en français ça marchait superbement. Mais jamais je ne me serais fait reprendre pour bavardage avec les voisines : je n'étais pas présente à ce qui se passait ; je composais dans ma tête des romans et le fait de les écrire m'avait complètement sortie du réel… j'allais au réfectoire… j'allais en récréation… Je me couchais le soir comme si je vivais une autre histoire, voyez ! » « J'étais assez silencieuse ; maman nous forçait à voir des amis… mais disons que mes meilleurs souvenirs sont des souvenirs solitaires. »

Elle passera son bac et s'inscrira à la fac pour faire une année de Deug lettres.

L'adolescence, les garçons.

« Disons l'adolescence, moi j'avais des goûts très retirés ; mon meilleur souvenir, c'est de m'enfermer dans le grenier pour écrire des romans, moi j'adorais ça… »

Ce qui va peut-être aussi accentuer ce retrait c'est une forte rivalité avec une sœur qui vient après elle : « C'était la préférée des parents, elle était beaucoup plus brillante que moi et ensuite elle était bien physiquement, donc ça jouait aussi… je suis sûre que c'est pour ça que maman la préférait ! »

• *Vous avez été amoureuse de garçons ?*

« Bien sûr, je suis sortie et j'ai rencontré des tas de… de gens mais je m'étais très éprise d'un de mes cousins germains… qui ressemblait à mon grand-père ; il n'était évidemment pas question de mariage parce que jamais les parents, ni d'un côté ni de l'autre ne l'auraient permis – pendant trois, quatre ans j'ai énormément souffert parce *que c'était lui que je voulais*... et puis ça s'est pas fait... et je suis entrée au couvent. »

• *Vous êtes entrée sur un désespoir d'amour ?*

« Non, parce que j'aurais quand même pu épouser quelqu'un d'autre... que j'ai marié avec une de mes meilleures amies de pension d'ailleurs celui-là. »

• *Que vous avez marié ?*

« Oui, j'ai fait le mariage [rires] je les ai mis en contact et puis ça s'est fait – non, on n'entre pas au couvent sur une histoire de désespoir d'amour... »

Les choix de vie.

• *Mais alors qu'est-ce qui vous a fait dire que votre place était au couvent ?*

« Disons que j'étais très idéaliste... je recherchais le beau mais... sous toutes ses formes, disons le beau plastique... la beauté physique, la beauté spirituelle ; *je recherchais la perfection et la beauté* et Dieu me semblait, non, *Dieu est effectivement tout ça*, disons que je me jetais en Dieu par recherche de l'absolu, vous voyez, je crois que c'est ça... par amour de Dieu aussi. »

À la toute fin de l'entretien, alors que je lui repose une question sur sa demande de mise en pension dont elle répète avoir tant souffert, elle me répond « parce que je voulais fuir la domination de maman ».

• *Vous sentiez ça très fort ?*

« Très fort, d'ailleurs quand je suis partie au couvent il y avait de ça aussi, *fuir cet espèce d'étouffoir*, pour la pension c'était mes possibilités d'enfant et après ça je suis partie au couvent, c'était mes possibilités de jeune fille... »

• *Et comment s'est passée cette expérience au couvent ?*

« Je n'avais pas de difficultés de contact, sur le plan communautaire ça se passait bien. Et il y avait beaucoup de temps de prière que j'aimais bien. »

• *Mais alors pourquoi en êtes-vous partie ?*

« Disons que je me suis rendu compte que ça ne correspondait plus à ce que je recherchais – j'aurais pu y rester jusqu'à la fin de mes jours car je n'avais pas de problèmes mais je me suis dit "je reste par souci du confort et par peur de... l'aventure, par peur de la vie dans l'existence" et je me suis dit que c'était pas un motif pour rester au couvent. »

Son couvent est sans clôture et dans le village où les religieuses ont diverses activités auprès de malades, ou de personnes en difficulté, elle a rencontré un étranger sans papiers dont elle va tomber amoureuse (elle dit être attirée pas sa grande beauté !) et qui va lui faire un enfant. Elle trouvera très vite un travail rémunéré – travail indispensable puisqu'à l'époque son mari est sans ressources possibles. On peut imaginer combien sa famille va vivre cette aventure comme un scandale… « ils me reprochent cette union et ils m'ont fait savoir que pour l'héritage, toutes les choses bien iraient *d'abord à ma sœur* et aussi à mes frères ».

Elle va donc se marier et accoucher d'une petite fille. Mais ce qui est intéressant, c'est la relation difficile qu'elle va alors entretenir avec son mari. D'abord elle dit l'admirer énormément pour sa culture d'autodidacte et parce que dans la vie et contrairement à elle « il fonce ». Mais elle va lui en vouloir d'être à sa charge et par exemple elle se dit « très énervée » quand elle rentre le soir ; après sa journée de travail il lui faut reprendre le bébé à la crèche et cela redouble les trajets en train et en métro : « Je suis souvent si fatiguée que je ne supporte rien ni de lui ni du bébé. »

• *Et une question un petit peu indiscrète : sur le plan sexuel, comment ça se passe entre vous ?*

« Très mal, je ne dois pas savoir faire… pourtant j'adore mon mari mais ça dépend peut-être comment on est faite… »

• *Et votre mari en souffre ?*

« Énormément. Une femme se contente de tendresse mais un homme c'est une autre histoire, mais je ne peux pas lui donner ce que je n'ai pas… mon mari a des besoins… il aimerait que je sois belle, il aimerait plein de trucs… et en plus je suis trop vieille pour lui, j'ai trois ans de plus…

• *Vous en souffrez ?*

« Je souffre de n'être pas belle, ça oui, j'aime la beauté… et je l'aurais aimée pour moi aussi et mon mari aurait besoin que je sois belle… J'en souffre car je ne peux pas lui apporter l'épanouissement dont il aurait besoin et c'est moi qui en suis la cause. »

• *Mais la beauté c'est très subjectif. On peut plaire sans être « beau » et il vous a choisie ?*

« Oui et non, enfin oui bien sûr [elle fait alors un très beau lapsus] *j'ai été choisie* PAR *moi-même*, de toute façon mais… est-ce que c'est vraiment de l'amour ou pas… ça c'est une autre histoire ! »

Sa vocation, son mariage, « est-ce que c'est vraiment de l'amour ou pas… ça c'est une autre histoire ! » En effet, c'est une autre histoire…

D'abord cet entretien est intéressant car il permet une comparaison avec d'autres situations apparemment semblables – si nous nous rappelons par exemple l'entretien avec sœur Élisabeth, nous nous trouvons dans cette même douloureuse rivalité avec une sœur « préférée » par la mère. Et nous avons aussi cette même façon de donner plus tard sa place à une rivale amoureuse[1]. Souvenons-nous d'Élisabeth qui commençait à nouer une histoire d'amour avec un garçon et qui, voyant son amie Mélanie faire tapisserie, suggère à ce dernier d'aller l'inviter à danser.

Relisons intégralement ce que nous dit Monique car tous les mots comptent :

• *Vous avez été amoureuse de garçons ?*

« Bien sûr, je suis sortie et j'ai rencontré des tas de… de gens mais je m'étais très éprise d'un de mes cousins germains… qui ressemblait à mon grand-père ; il n'était évidemment pas question de mariage parce que jamais les parents, ni d'un côté ni de l'autre ne l'auraient permis – pendant trois, quatre ans j'ai énormément souffert parce *que c'était lui que je voulais*… et puis ça s'est pas fait… et je suis entrée au couvent. »

• *Vous êtes entrée sur un désespoir d'amour ?*

« Non, parce que j'aurais quand même pu épouser quelqu'un d'autre… que j'ai marié avec une de mes meilleures amies de pension d'ailleurs celui-là. »

• *Que vous avez marié ?*

« Oui, j'ai fait le mariage [rires] je les ai mis en contact et puis ça s'est fait – non, on n'entre pas au couvent sur une histoire de désespoir d'amour… »

Dans un certain nombre d'entretiens, il y a cette même

1. Cette façon de se sacrifier et de « donner » son amoureux à une autre fille se retrouve de façon significative dans beaucoup d'entretiens avec des femmes entrant dans les ordres.

façon de se prémunir narcissiquement en faisant état de prétendants éconduits avant de choisir le célibat ; mais il y a une certaine façon de dire qui ne trompe pas : alors que je lui demande si elle a été amoureuse, elle me répond d'abord en me signalant qu'elle a « rencontré des tas de… de gens » ! Pour ensuite me parler d'un jeune homme… justement inépousable parce qu'il était son cousin germain mais qui n'était apparemment pas au courant des sentiments qu'elle lui portait – il ne s'agit que de ses fantasmes : un peu plus haut voici d'ailleurs comment elle se décrit elle-même « je composais dans ma tête des romans […]… Je me couchais le soir comme si je vivais une autre histoire, voyez ! » Et en effet elle se compose dans la tête des romans comme celui d'avoir donné son prétendant à une amie – mais de toute façon, c'était son cousin germain qu'elle voulait et pas un autre ! Comment ne pas rapprocher cet oukase solitaire du lapsus final : alors qu'elle me dit souffrir de ne pas correspondre à ce qu'attend son mari, je lui réponds que c'est quand même lui qui l'a choisie… « Oui, non, reprend-elle, j'ai été choisie par moi-même. »

En effet tout se joue uniquement par rapport à elle et à son monde imaginaire. Il semble qu'elle n'ait jamais pu accéder à un monde relationnel et qu'elle soit restée enfermée dans une histoire qu'elle dit se raconter à elle-même. Mais il n'y a pas de secret : quel monde avait-elle elle-même « trouvé là » ? Son père fuyait dans la lecture ou le bricolage, sa mère mal-aimée par sa propre mère s'était récupérée dans des conduites d'emprise et, dans ce contexte, père et mère étaient restés ensemble « par devoir ». Un grand-père aurait pu avoir un rôle important d'appui mais il semble qu'il ait surtout été idolâtré parce qu'« il était très beau physiquement et qu'il avait beaucoup d'allure » – Cette importance donnée à *un idéal de beauté* sert de fil conducteur au récit : c'est d'abord cette remarque lourde de sens sur sa grand-mère qui avait beaucoup hésité à se faire religieuse mais, ajoute-t-elle, « ç'aurait été dommage car elle était très belle » (!). Que nous dit-elle de sa vocation ? « Disons que j'étais très idéaliste... je recherchais le beau mais... sous toutes ses formes, disons le beau plastique... la beauté physique, la beauté spirituelle ; *je recherchais la perfection et la beauté* et Dieu me semblait, non, Dieu est effectivement tout ça, disons que je me jetais en Dieu par recherche de l'absolu, vous voyez, je crois que c'est ça... par amour de Dieu aussi. » Nous avons ici une terrible illustration de ce que veut dire « aimer l'amour, (ou la perfection, ou la beauté) à la place des personnes[1] », et il est vrai que, dans la relation verticale à Dieu, il peut être difficile de faire la différence entre la fascination par un idéal abstrait et une rencontre avec Quelqu'un... Que nous dit-elle d'ailleurs de ce qui l'a séduite chez cet étranger sans papiers qu'elle va « aider » ? Ce qui l'a séduite, c'est deux choses qu'elle recherchait désespérément pour elle-même : d'abord bien sûr la beauté physique, mais surtout ce qui l'a conquise, c'est de trouver en cet étranger sans papiers un double d'elle-même – il vit comme elle une certaine forme d'exclusion – par rapport à qui elle va prendre une position dominante : c'est elle qui va s'employer à le « réparer » à la force du poignet.

Mais il n'y aura pas de miracle, en tout cas au niveau humain : il n'y aura pas de rencontre, pas de plaisir du partage, ni au niveau sexuel, ni dans d'autres domaines – juste encore un petit exemple – elle me raconte que son mari, de langue étrangère, essaie d'écrire des poèmes : « C'est très beau, surtout ceux qu'il écrit maintenant. Mais disons qu'il faudrait que je puisse les lire à tête reposée... les poésies c'est une herméneutique très grande, or je n'ai jamais beaucoup de temps pour les lire... alors quand même mon mari n'est pas de langue maternelle française et ce n'est quand même pas si simple... il aurait besoin d'avoir une lectrice mais je n'ai pas le temps, vous savez, et je suis moins littéraire que lui, etc. » En clair, elle n'a jamais lu les

1. C'est Christian David qui parle de perversion de l'amour à ce propos.

poèmes « très beaux » de son mari ! Tout se joue uniquement dans sa tête et dans son désir sans doute très sincère d'aider son mari… mais qui malheureusement ne trouve jamais à se réaliser.

Cependant comment juger ? Dans la parabole des talents, il y a celui qui n'en a reçu qu'un et qui, de peur de le perdre, l'enterre ? L'a-t-elle enterré ou ce peu d'amour reçu l'a-t-elle malgré tout fait fructifier à sa façon et à sa mesure ? Laissons à Dieu le soin de sonder ses reins, Lui qui « est plus grand que notre cœur et qui connaît tout ».

Avant de parler de ceux qui ont choisi d'être prêtres et mariés, encore un témoignage, mais cette fois recueilli dans un livre[1]. Il est tellement représentatif de tant de drames de « défroqués » qui se sont pris à leurs propres pièges ainsi qu'aux pièges d'une Église un peu trop en mal d'idéal et de perfection !

François Vachette raconte qu'à onze ans alors qu'il était scout, un aumônier l'avait amené à se poser la question de la vocation ; il en parle à sa mère et, ajoute-t-il : « Je fus comme dépassé par la situation et ce ne fut pas un vrai bonheur. Dès ce moment je fus pris en main par l'aumônier *avec le sentiment bizarre d'être à part, puisque je devais être* MIEUX *que les autres.* » À 18 ans il était tombé amoureux d'une fille, hélas amoureuse d'un autre : « Je fais comme si j'avais entendu, mais je ne veux pas entendre. Je reçois au creux de l'estomac cet amour qui n'est pas pour moi, et à celle qui me tient sous le charme, je livre cela dont je ne parlais à personne : “j'ai décidé d'être prêtre”. Pour une déclaration c'en fut une, dont je mis très longtemps à décrypter la nature. »

Nous avons là une succession de quiproquos : il est difficile déjà de porter un jugement sur le bien-fondé d'« amener un enfant de onze ans à se poser le problème de la vocation »

1. François VACHETTE, *Sur cette parole s'appuie ma confiance,* Paris, Éd. de l'Atelier, 2007.

– cela dépend tellement de la façon de le faire… mais là où le piège va se refermer sur lui, c'est qu'il va en parler dans le but de se faire valoir et qu'il se fera lui-même le prisonnier d'un projet qu'il entend comme le mettant au-dessus des autres, à part… vouloir être prêtre c'est magiquement entrer dans le monde du sacré et de la pureté rituelle… Et puis il y aura ce coup de grâce de la révélation de ce même projet à une fille dont il était amoureux – et c'est le même piège : face ici à l'humiliation qu'il aurait pu ressentir d'être éconduit, il oppose la grandeur magnanime de se faire prêtre… En toute sincérité il nie ses propres affects et son immense déception ; désormais il est au-dessus et indifférent à tout cela !

Comme l'auteur l'analyse très bien, *la parole évangélique « elle-même peut être dénaturée sous le couvert de l'idéal devenu un magnifique système construit pour fuir dans l'ailleurs et le registre de la morale peut être le lieu de toutes les autosatisfactions et de toutes les autopunitions »*. Il continue un peu plus loin : « Dans les années 50, nous étions partis à la poursuite d'un rêve que notre foi légitimait mais aussi le mode de vie alors mené chez les prêcheurs. Sa régularité, son style, son harmonie apparaissaient comme le signe d'une cohésion dont les tensions internes nous échappaient […]. Nous participions d'un mouvement, le reste importait peu. Nous passions allégrement sur les contradictions qui nous habitaient ; c'est de cette façon que *je transformais avec la plus grande sincérité des désirs incertains en un projet très lesté de sublimité. Que s'est-il joué là qui n'a rien à voir avec la sublimation ?* »

« Que s'est-il tramé, en toute honnêteté, dans cette étape, d'une évolution affective laborieuse ? Il eût été simplement nécessaire d'opérer un patient décapage auquel je ne me suis pas prêté, car je n'avais pas la moindre idée d'une éducation possible à la libre détermination de soi […] À cette époque, tous confondaient les élans de la générosité avec la vie spirituelle. » N'est-ce pas encore trop souvent vrai aujourd'hui ?

Comment mieux exprimer les errances d'une idéalisation qui vous a coupé de vos besoins affectifs et sexuels ? « Cet envahissement du tout en Dieu, tout pour Dieu, tout à Dieu, était devenu pour moi irrespirable. Cette forme de vie, je l'avais pourtant choisie, mais *au prix d'un célibat que je payais par de sérieux déséquilibres, errant dans de malheureux esseulements qui dévoraient mon énergie*. Dans un foisonnement de relations, me voilà incapable de supporter la solitude, cette capacité d'être soi sans avoir besoin de personne, cette possibilité d'être aux autres, sans se laisser dévorer par eux. »

Tout est dit du tragique de cette méprise. Les commentaires seraient superflus…

Simplement, dans ce cas précis, le courage aura été de reconnaître cette méprise, de quitter les ordres et de se marier.

Que nous apprennent ces histoires ?

D'abord, elles ont le mérite de nous faire mesurer l'extrême complexité du problème.

Dans les histoires racontées, j'ai malgré tout été frappée par plusieurs choses :

Le fait que les difficultés affectives et relationnelles se trouvaient souvent *plus apparentes* chez les grands-parents que chez les parents : il y a des morts, des « enfants illégitimes », des faillites, des cassures relationnelles, en tout cas, un vécu de rupture souvent violent, par rapport à quoi les parents vont plutôt être dans une certaine forme de « résilience[1] » – fait toutefois notable : le nombre important de pères qui se sont mariés vers 45 ans, donc très tardivement (sans que les enfants sachent pourquoi).

Mais si ces parents ont plutôt réussi, sauf quelques-uns, à surmonter les difficultés familiales, ils semblent avoir du

1. Concept mis en valeur par B. Cyrulnik, signifiant une possibilité de récupération après quelque chose de traumatique. Mais j'ajouterai que cette récupération se fait en général grâce à un processus d'emprise à l'opposé de la capacité à « être affecté » par l'autre.

mal à tenir leur place auprès de leurs enfants ; nombre de ces derniers trouveront peu d'appui auprès d'eux, que ce soit auprès des pères, soit parce qu'ils sont eux-mêmes en grande difficulté (le père de Jean ou de Léa, mais aussi celui de Thomas et de Claire) soit effectivement parce qu'ils ont disparu ; ils ont quitté leur femme (Rachel) ou encore ils sont décédés (Nicolas, Augustin) ; ou que ce soit auprès des mères qui sont dans l'emprise (Jean, Rachel et Vincent) ou de mères qui vont faire vivre un sentiment d'abandon en préférant un autre enfant (Élisabeth ou Monique) ou encore parce qu'un événement fortuit – l'accouchement qui s'est mal passé et qui a rendu cette mère stérile – ne peut que faire peser une lourde culpabilité inconsciente sur l'enfant (Antoine), etc.

Au niveau maintenant des « appelés par Dieu », la plupart, pour des raisons qui donc sont multiples, vivent assez précocément une assez grande solitude affective, un certain repli sur un monde interne avec souvent (mais pas toujours) une forte intellectualisation. Ce repli peut être précoce, en lien avec une certaine forme de tempérament et souvent aussi avec un environnement donnant l'exemple d'une vie intérieure riche ; ou il peut être plus tardif, accentué, voire provoqué par un accident de la vie comme un deuil ou une grave maladie.

En réponse à ce trop peu affectif, qui est devenu souvent une *peur de l'affectif,* la question qui se pose alors est la suivante : *Comment et où trouver ou retrouver une confiance dans l'autre, quand les expériences vous en ont fait douter ?* Or les extrêmes s'appellent et, face à la situation de manque, va être quêtée une plénitude, un Absolu, qui, pour certains, trouvera une expression adéquate dans les représentations de Dieu mises à leur disposition. (Et cette quête d'un Absolu n'aura certes pas la même radicalité pour ceux qui désirent par exemple devenir chartreux, dominicains ou prêtres.) Et c'est toujours *une rencontre avec quelqu'un vécu comme un modèle identificatoire fiable et attirant*, que ce soit un père, une mère, un des grands-parents, un professeur, un ami, un prêtre, etc. qui sera décisive. Dans toutes les histoires racontées, il est une personne qui, par sa vie et ses engagements, se fera relais de cet Absolu.

Mais quand on a dit tout ça, on n'a encore rien dit, ou pas grand-chose. *Le problème n'est pas d'abord ce qui s'est passé, mais ce qu'on peut faire avec ce passé*, et en quoi les choix faits peuvent aider ou non à construire... et les autres et soi-même. Nous avions souligné par exemple combien pour Léa et Jean le soutien d'une communauté « fraternelle », *qui évitait de se poser le choix d'une exclusivité affective incarnée*, les avait manifestement aidés à s'engager et à s'épanouir. Ensuite reste la question de ce que chacun va mettre sous ce désir d'Absolu. En effet pour Monique et François Vachette par exemple, cet « absolu » sera compris de façon close sur elle-même, dans une recherche de maîtrise, voire d'omnipotence, et conduira à des impasses. C'était le même piège d'un accrochage à un absolu sans compromis possibles, en lien avec des expériences précoces de non-fiabilité de l'environnement, dont j'avais essayé de rendre compte dans mon précédent livre sur l'amour et la sexualité en m'appuyant sur des romans contemporains. Mais avec un passé assez semblable à celui de nos célibataires pour Dieu, et *avec la même peur de l'exclusivité affective,* l'Absolu avait ici été cherché dans le contrôle de l'autre à travers une sexualité agie et coupée des sentiments.

Dans le quatrième chapitre nous réfléchirons alors sur ce que veut dire ce projet de vie avec un Dieu-Absolu et combien cet Absolu, pour ne pas être mortifère, se doit d'être désabsolutisé, car comme y insiste Xavier Thévenot : « Dieu révélé par Jésus-Christ est le contraire d'un Absolu. [...] L'Absolu étymologiquement c'est ce qui est absous de tout lien, c'est la totale Omnipotence close dans son isolement sans failles [...] Or le Christ est le Lié par excellence[1]. »

1. *Compter sur Dieu*, p. 129.

3

Des vocations de pasteurs ou de prêtres orthodoxes mariés et la réalisation de leurs projets de vie

Dans un troisième chapitre, nous allons donc maintenant écouter des prêtres et des pasteurs mariés. D'une certaine façon, nous allons voir que le mariage n'est sans doute pas plus facile à vivre que le célibat… et que l'idéalisation peut y être aussi dévastatrice.

Des mariages qui étayent la vocation de prêtre.

Nous nous appuierons sur trois récits qui illustrent des facettes différentes de cette situation d'être prêtre et marié. Contrairement à ce que nous avons fait avec les célibataires, nous ne séparerons pas la vocation de sa réalisation. En effet la relation à un conjoint ici était souvent tellement imbriquée dans le projet d'être prêtre qu'il s'avérait presque impossible de les traiter séparément. Mais alors le problème était de pouvoir garder l'anonymat des récits – ce qui nous a obligée à taire beaucoup de détails et d'événements qui auraient pu être trop reconnaissables. Cependant l'essentiel a été gardé et permet de prendre la mesure de ce qui se joue dans ce type de vocation.

L'histoire de Xavier, pasteur marié, 50 ans.

Xavier naît dans une famille de tradition protestante, mais non pratiquante. Le père est un *self-made man* et les parents sont dans des relations assez conflictuelles. Il est le deuxième de cinq enfants.

Ses souvenirs d'enfance.

Xavier a surtout connu ses grands-parents paternels qui « n'avaient pas des relations très amicales ». Ce grand-père qui, lui-même avait perdu son père tout petit, était extrêmement tyrannique avec les siens. Quant à la famille du côté maternel, il ne l'a pas beaucoup fréquentée : « entre mon père et sa belle-mère, je crois que les choses étaient un peu tendues » [...] « j'avais un père qui était assez exclusif et du coup j'ai peu connu, j'ai eu très peu de rapports avec mes cousins germains du côté maternel ».

« Mon père était une forte personnalité, colérique, il ressemblait à son père. Mais, combattant, il a quitté ses parents un peu fâché avec eux, il n'a pas fait d'études mais il a fait une très belle carrière professionnelle. C'était un caractère difficile aussi. » « Entre mes parents, je crois qu'il y avait *une certaine violence et un profond attachement*. Je me souviens quand j'étais petit, mon souvenir qui me vient là, *c'est papa qui crie et maman qui pleure.* »

• *Vous avez des souvenirs de tendresse avec votre mère ?*

« Pas énormément, non. Mais je l'admire beaucoup car depuis la mort si violente de mon père elle est vraiment extraordinaire, elle a su se réinstaller, ils étaient toujours par monts et par vaux, elle s'est stabilisée, elle s'est reconstruit une vie et elle a suffisamment de ressort, aujourd'hui elle est autonome, elle mène sa barque, elle a ses amis, ses engagements associatifs, elle a des maisons qu'elle gère... »

« Sinon mon enfance, qu'est-ce que j'en dirais ? Je ne sais vraiment pas. Je réfléchis, *j'étais plutôt un enfant solitaire*. »

La scolarité.

« Je travaillais moyennement bien à l'école. »

L'adolescence, les filles.

« Quand j'étais adolescent, *l'église était pour moi un refuge*. L'adolescence pour moi c'était le scoutisme, je m'étais beaucoup engagé. Beaucoup le scoutisme, *l'église c'est ce qui m'a tenu, m'a accompagné.* » « J'ai connu un animateur de jeunesse, un pasteur qui m'a beaucoup marqué. Et c'est vrai que j'aimais bien aller à l'église, et dans ma génération il n'y en avait pas beaucoup qui le faisaient. Et après quand j'essayais de réfléchir, je me suis rendu compte qu'il y a de ces idées un peu bateau qui disent que notre image de Dieu dépend de notre image du père. C'est plus compliqué que ça parce que quand je réfléchis par rapport à moi, je crois que c'est l'inverse et que peut-être justement, *je cherchais en Dieu une image d'un père qui n'était pas celle de mon père.* C'était plutôt renversé par rapport à ça. »

« À l'adolescence, je ne pensais pas du tout à devenir pasteur. Pour blaguer, mon épouse me dit que je changeais tous les huit jours d'idée, j'ai voulu être instituteur, j'ai voulu être ingénieur, j'ai voulu faire pompier, etc. Finalement j'ai fait des études de droit et j'ai commencé à fréquenter l'institut de théologie parce que je voulais suivre les cours d'André Dumas qui m'avait beaucoup impressionné. Mais je disais ouvertement que je ne suivais pas des cours de théologie pour être pasteur. »

« J'ai eu quelques amourettes de jeunesse, mais quand j'ai rencontré ma femme, j'avais vingt ans et après entre vingt et vingt-cinq ans j'étais avec elle, je l'ai quittée, je l'ai retrouvée, je l'ai quittée mais il n'y avait pas d'autres femmes entre deux, elle savait que c'était moi et elle m'attendait mais *moi j'ai eu beaucoup de mal à comprendre que c'était elle.* »

• *Et qu'est-ce qui vous a plu en elle ?*

« Je ne sais pas, qu'est-ce qui m'a plu en elle, la première chose qui frappe c'est sa générosité. Sa générosité par rapport aux gens en général, son engagement, son attention aux autres et qui existe toujours vingt-cinq ans plus tard. »

Les choix de vie.

Ce qui est notable ici, c'est combien, dans cette histoire, les choix conjugaux et « sacerdotaux » sont liés. « Je ne savais pas très bien ce que je voulais faire au niveau professionnel et je ne savais pas non plus ce que je voulais vivre au niveau conjugal avec celle qui est devenue mon épouse et que je connaissais depuis longtemps, il y avait des va-et-vient, je la quittais, je revenais, *et pour moi la décision d'être pasteur a été concomitante à la décision de l'épouser. En même temps j'ai pris les deux décisions et pour moi elles sont totalement liées.* » « Je sentais bien que j'étais travaillé par ces deux désirs, ces deux appels et finalement dans les deux, ce qui me faisait hésiter c'était la crainte de l'avenir, me disant : *serai-je capable ? serai-je capable de ?* Questions qui se sont résolues en même temps, c'est que je me suis dit : compte sur tes propres forces, mais essaie aussi de compter sur la présence de Dieu qui ne t'abandonnera jamais et, pour moi c'était un basculement, c'est à partir de cette compréhension-là, de cette conversion-là que j'ai pu en même temps décider de l'épouser et de m'engager dans le pastorat. Honnêtement je ne crois pas que j'aurais pu être prêtre célibataire car je crois qu'il y a une analogie entre la relation conjugale et la relation de foi, ça c'est dans l'Écriture. »

« Ainsi dans mon voyage personnel j'ai découvert la foi dans le scoutisme. Après ça a été une période de recherche, d'hésitations, d'avancées et de reculs et puis à un moment il y a eu le pari de la foi, *le saut de la confiance et de dire : je décide de faire confiance par rapport à mes craintes*, par rapport à mon ministère et à ma conjugalité et trente ans plus tard, je me dis que j'ai fait le bon choix. »

Pour finir je vais citer quelques passages de cet entretien, qui témoigne magnifiquement d'une réussite à la fois conjugale et pastorale… et qui peut faire réfléchir sur l'éventualité de prêtres mariés dans l'Église.

• *Par exemple si vous aviez été catholique et que vous auriez eu envie d'être prêtre et qu'il aurait fallu être célibataire, comment auriez-vous vu les choses, vous auriez tranché dans quel sens ?*

« Mais honnêtement je ne crois pas que j'aurais été prêtre, je le pense très, très fortement et de ce point de vue-là je suis très sévère, je crois qu'alors je n'aurais jamais eu de vocation. Là où je suis un peu gêné c'est que j'ai beaucoup d'admiration pour les sœurs, il y a quelques sœurs protestantes et je les connais très bien, je suis très proche, et je reconnais que ces femmes ont un rayonnement, tout ça, et du coup c'est un peu contradictoire avec ce que je peux prescrire, mais quand je dis que je suis un peu juif, c'est vraiment baroque, non, il n'est pas bon pour l'homme d'être seul, je crois que c'est une vérité anthropologique fondamentale. J'admets qu'il peut y avoir des vocations exceptionnelles, mais en tout cas pour moi, si j'avais été catholique je ne sais pas…, mais *a priori* c'est inconcevable. C'est vrai dans ma vie, c'est vrai dans ma façon de conduire mon ministère et c'est particulièrement vrai, en l'occurrence, à l'origine de mon ministère qui est indissociable de mon projet conjugal. »

• *Donc vous décidez de vous marier et vous avez la chance que votre femme soit solidaire de votre engagement.*

« Complètement, elle l'est devenue, oui elle avait un petit engagement dans l'Église mais elle dit : "Qu'est-ce que je serais aujourd'hui si je ne t'avais pas épousé." Elle avait connu un garçon avant moi qui aujourd'hui a très bien réussi dans la vie, elle dit : j'aurais une vie avec plus d'argent, j'aurais une vie socialement très différente, mais honnêtement je n'envie pas du tout ce type de vie. »

• *Donc en fait il y a une espèce de complémentarité de vos engagements ?*

« Oui, mais elle l'a eu après, le premier poste que j'ai occupé, j'étais nommé en province et tout à coup elle se retrouvait avec des tas de gens qui pensaient que parce que c'était la femme du pasteur, elle devait tout savoir, qu'elle était exemplaire et qui commençaient à lui poser des questions, à se confier à elle, et là elle a eu l'intelligence de prendre ça au sérieux, de se former, de suivre des retraites. Elle n'a pas fait de théologie, mais elle a eu toute une démarche spirituelle, de réflexions, et sur elle-même pour essayer de répondre un peu aux attentes que les personnes avaient sur elle, alors qu'au départ, elle n'était pas contre mais elle ne m'a pas épousé pour ça. Je connais des gens qui ont épousé des pasteurs pour être femme de pasteur, il n'y en a pas beaucoup, mais certaines qui le disent. Ma femme, ce n'est pas du tout son cas [...]. »

• *Vous avez des enfants ?*

« Nous avons quatre enfants [...]. »

• *J'ai réalisé, à travers des rencontres que j'ai faites que pour certains enfants ce n'était pas évident d'être enfant de pasteur à cause du décalage entre l'idéal que représente un prêtre, un pasteur et puis la vie de tous les jours où on découvre les faiblesses de ses parents.*

« Alors ça c'est une chose sur laquelle l'on a beaucoup, beaucoup réfléchi, votre remarque est on ne peut plus vraie, tant et si bien que sans avoir exactement de chiffre statistique, les suicides

des enfants de pasteur sont plus fréquents que la moyenne. J'en connais plusieurs, vraiment, ces dernières années j'ai trois exemples sur ces trois années, dont un qui était assez proche et deux qui sont des gens que je connaissais comme ça. Et c'est quelque chose que nous avons beaucoup travaillé, dont on a beaucoup parlé quand on était au commencement de notre histoire, parce qu'on voyait autour de nous on savait que c'était difficile. Quelque chose nous a aidés à comprendre les choses, l'histoire du décalage, une vision à cette époque-là, nous étions dans une maison et on était avec un collègue, nous on était au 1er, lui était au 2e, donc on savait ce qui se passait chez lui et c'était un homme qui n'était pas toujours, il avait de temps en temps des relations conflictuelles avec sa femme et avec ses enfants et mon épouse au bout d'un moment elle ne supportait plus de l'entendre prêcher quand elle savait, ce qu'elle savait de la façon dont il se comportait avec sa famille. Est-ce que là il n'y a pas une clef ? À ce moment-là il y a eu un message qu'on a fortement martelé auprès de nos enfants, c'est que je suis un homme pécheur et que vraiment on l'a dit... que, comme je suis dans une profession où les gens ont tendance à m'idéaliser, donc totalement de me désidéaliser devant les enfants et là on a bien forcé là-dessus. »

• *Vous, quel père vous pensez être ? Quelle relation vous avez, sûrement des relations différentes avec chacun, vous étiez heureux d'être père ?*

« Oui, j'aimais beaucoup les enfants, mon épouse aussi, si on en a eu quatre assez proches, c'est que derrière le fait de les vouloir proches, il y avait cette dimension de faire une fratrie, de travailler sur le côté de faire un clan. Mon épouse prétend qu'elle, depuis – elle travaillait à mi-temps – ça lui laissait beaucoup de temps à la maison et depuis cinq ans elle a eu un poste important, ça fait longtemps qu'elle voulait avoir cette évolution-là, elle a attendu que les enfants aient franchi le gué, le dernier était en seconde et là du coup le contraire d'avant, peu présente à la maison, elle part à 7 h 30 et ne rentre pas avant 8 h le soir. Et elle a l'habitude de dire aujourd'hui que quand les enfants étaient enfants-adolescents elle s'en est beaucoup occupée, les baigner le soir, être présente, etc. et elle trouve que j'ai un peu pris le relais, que là dans un âge où il faut plus être dans le dialogue, la disponibilité, elle me jette des fleurs en disant que je suis un bon père pour les enfants jeunes adultes. »

• *Alors que vous ne l'étiez pas quand ils étaient plus petits.*

« Si, je l'étais, mais j'étais peu disponible, j'étais moins disponible. Un jour notre fille avait fait un dessin, il y avait d'un côté maman et les trois enfants, et de l'autre l'église et papa, les choses étaient assez claires, là on s'est dit il faudrait peut-être corriger un peu les trucs, parce que ce n'était pas terrible. »

• *Comment pensez-vous que vos enfants vous voient ?*

« Pour le coup, j'ai peur qu'ils idéalisent un peu notre couple, c'est l'image qu'ils nous renvoient et l'image qu'ils ne renvoient pas tellement de leur part, mais de la part de leurs amis. Tous les dimanches, on est là une dizaine ou une quinzaine à déjeuner, et ils disent : ah les copains trouvent que vous êtes géniaux. Je suis très heureux dans mon couple, mes enfants le savent et j'ai le sentiment qu'ils le sont aussi, ce que je crains c'est qu'ils nous idéalisent par trop et que ça les perturbe dans leur propre relation affective. »

• *C'est important aussi d'idéaliser, c'est très important.*

« Quand ils en parlent j'ai l'impression que c'est l'image qu'ils ont. »

• *Quel reproche vous feriez à votre femme, si vous aviez un reproche à lui faire ?*

« Quel reproche je pourrais lui faire, de trop travailler mais ça j'ai bien voulu on en a discuté ensemble. Très égoïstement, je lui reproche d'être trop généreuse de s'occuper trop des autres et pas assez de moi. »

• *Et quel reproche vous pensez qu'elle pourrait vous faire ?*

« Quel reproche, je suis tellement parfait, peut-être de temps en temps elle me reproche que je n'aime pas danser, mais je pense que derrière ça elle me reproche probablement de ne pas avoir une vie sociale plus développée, parler avec les gens, aimer plus le contact. »

• *Au niveau de la foi, vous avez une vie de prière avec vos enfants ?*

« Pas beaucoup, on en avait un peu, quand tout le monde est rassemblé on fait une prière avant de manger, pas toujours, mais quand on est tous là pour marquer les temps, maintenant moins et maintenant ils sont un peu plus gênés, quand ils étaient plus jeunes on marquait le temps de l'avent, le dimanche on était un peu plus en famille, on chantait avant de manger, avant de se coucher avant de leur dire bonsoir. »

• *Et actuellement ils gardent tous la foi ou certains la remettent en question ?*

« J'en ai trois sur quatre qui vont… à l'église, le quatrième parle beaucoup de Dieu mais, c'est le dernier, mais pour l'instant il ne fréquente pas l'Église, je pense que pour mes enfants l'église n'est pas que l'église, et maintenant ça va plutôt mieux, c'est celui des quatre enfants qui a eu une adolescence la plus difficile en terme de trouver sa personnalité. »

• *Rencontrer Dieu, comment diriez-vous votre rencontre de Dieu ?*

« Dans mon voyage personnel, voilà j'ai ainsi fait ma découverte de la foi dans ma jeunesse, notamment dans le scoutisme. Après ça a été une période de recherche, d'hésitations, d'avancée, de recul, et puis à un moment il y a eu le pari de la foi, le jeu de la confiance et de dire je décide de faire confiance par rapport à mes craintes, notamment à mon ministère et par rapport à ma conjugalité et je fais le choix de faire confiance, le pari de la foi et, trente ans plus tard, je me dis, j'ai fait le bon choix. »

• *Vous avez le sentiment que ça vous a aidé ?*

« J'ai le sentiment qu'un jour j'ai pris une décision, une décision de la confiance par rapport à ces angoisses que je pouvais avoir, des angoisses pas pathologiques, mais ces peurs que j'avais, est-ce que j'arriverai, est-ce que je serai à la hauteur, est-ce que je pourrai, et un jour j'ai décidé de faire confiance. Je décide de m'appuyer sur la fidélité de Dieu. Donc ça, ça a été la décision marquante qui n'est pas arrivée du jour au lendemain, comme ça, c'était précédé par un certain nombre de choses, mais si il y avait un moment que je devais marquer, ce serait celui-là. »

• *Est-ce que pour vous Dieu fait nombre avec votre femme, et si vous aviez une définition à donner de Dieu qu'est-ce que vous diriez, qu'est-ce qui est plus important pour vous dans ce concept de Dieu ?*

« L'être de Dieu par définition nous échappe et la foi reste un pari. En revanche, ce dont je suis sûr c'est que l'Évangile est une parole de vie. Évidemment il y a eu la rencontre avec mon épouse et la patience qu'elle a eue à mon égard. Ce fut une bénédiction de vivre ensemble et elle partage avec moi ce sentiment qu'aujourd'hui nous sommes plus heureux encore qu'il y a vingt ans. Quand je relis ma propre histoire je repère tout ce qu'il y a de beau dans cette histoire et je l'entends comme la marque de la grâce. »

Dans la relecture de sa vie que fait Xavier, mariage et choix d'être pasteur sont au départ intimement liés… dans la peur de ne pas arriver à assumer. On se souvient de cette jolie phrase témoignant de ses difficultés à s'identifier à son père : « Je cherchais en Dieu une image d'un père qui n'était pas celle de mon père. » « Je sentais bien que j'étais travaillé par ces deux désirs, ces deux appels et finalement dans les deux, ce qui me faisait hésiter c'était la crainte de l'avenir, me disant *serai-je capable ? serai-je capable de ?* Questions qui se sont résolues en même temps c'est que je me suis dit, compte sur tes propres forces, mais essaie aussi de compter sur la présence de Dieu qui ne t'abandonnera jamais et, pour moi, c'était un basculement, c'est à partir de cette compréhension-là, de cette conversion-là que j'ai pu en même temps décider de l'épouser et de m'engager dans le pastorat. »

Et si Xavier affirme qu'il n'aurait sans doute pas pu être prêtre célibataire, c'est qu'en l'occurrence sa femme a joué pour lui un rôle capital de réassurance et de stabilité ; pourrait-on alors dire qu'il a trouvé en sa femme une image d'un père qui n'était pas celle de son père… ? En tout cas ce qui est sûr c'est combien il y a eu complémentarité et progressif ajustement entre Xavier et sa femme et combien elle a su être à bonne distance : à la fois elle a eu toute une démarche spirituelle pour tenir sa place de « femme de pasteur » mais sans vouloir nécessairement être elle-même pasteur, et surtout, chose capitale, elle avait ses investissements à elle, son métier à mi-temps, ses enfants, puis quand les enfants ont grandi, elle a pris un poste plus important, laissant alors plus de place à son mari auprès de leurs enfants.

Cela dit, sur les huit entretiens que j'ai faits avec des pasteurs et des prêtres orthodoxes, c'est celui qui témoigne de la plus grande réussite.

Nous allons maintenant écouter l'histoire de Dimitri, histoire elle aussi réussie, mais dans une relation plus figée et traditionnelle. À aucun moment il n'émet une critique ou un doute ; on sait que dans la tradition orthodoxe il y a beaucoup d'encens dans la liturgie : j'ai eu ce sentiment que la parole de Dimitri participait de cet encens qu'il déversait sur sa mère, sa femme, ses enfants… sans bien savoir si ce nuage d'encens était là pour cacher autre chose, ou simplement par goût de la beauté. Ou peut-être que l'idéalisation a été la meilleure façon de gérer ce drame qu'a été pour sa mère et ensuite pour lui le fait d'être le seul à rester vivant après quatre enfants morts.

• *L'histoire de Dimitri, prêtre orthodoxe, marié, 40 ans.*

Dimitri est le cinquième de six enfants dont les quatre premiers sont morts à la naissance. Les parents, eux-mêmes de tradition orthodoxe, vivent en Grèce et sont très croyants.

Ses souvenirs d'enfance.

Dimitri garde le souvenir de parents très amoureux l'un de l'autre, mais très traumatisés par des deuils à répétition : leurs trois premiers bébés meurent au moment de l'accouchement et le quatrième à son sixième mois. Inutile de préciser que, quand Dimitri va naître, il sera l'objet d'une hypersollicitude : les détails abondent pour traduire la vigilance angoissée de sa mère : dans la panique qu'il attrape une maladie, non seulement elle le gardait à la maison, mais elle avait mis du coton dans les trous de serrure…

Un petit frère naîtra cinq ans après lui, ce qui relâchera sans doute un peu l'attention de tous les instants qu'on lui portait.

De sa mère il dit qu'elle était parfaite, belle et câline et qu'il avait avec elle d'excellentes relations. Il se rappelle surtout combien souvent elle et sa grand-mère lui parlaient de Dieu ; l'histoire qu'il préférait qu'on lui raconte était celle de Joseph et de ses frères. De son père, il a plutôt le souvenir de quelqu'un qui était là pour faire la loi et pour « redresser ».

La scolarité.

Il était très bon élève et aimait beaucoup l'école.

L'adolescence, les filles.

Première évocation de son adolescence : la découverte de la beauté liturgique ; ses parents très pratiquants l'emmènent souvent avec eux : « J'adorais ces célébrations où se mêlent l'encens, l'or des décors et les chants, et très vite j'ai voulu me faire prêtre ou moine. Dans son discours apparaît alors un double mouvement : à la fois il dit le tabou de la sexualité avec une grande exigence de chasteté étant donné ses désirs d'entrée en vie religieuse, et en même temps « j'avais peur du célibat car je ne savais pas si je pourrais le supporter. »

Les choix de vie.

Si c'est lui qui choisira de devenir prêtre, il semble qu'il ait en revanche été choisi par celle qui va devenir sa femme. Alors qu'il est en vélo il rencontre une jeune Française venue en Grèce qui lui demande son chemin ; il l'accompagne jusqu'à la plage où elle voulait aller, puis il l'invite à passer chez lui. Elle reprenait l'avion le lendemain pour Paris ; mais voici que trois jours plus tard, elle réapparaît… pour lui dire : « Ta compagnie me manque, alors je suis revenue. »

Mais il va falloir alors faire part à cette Française de ses projets de devenir prêtre et des règles très strictes de l'Église orthodoxe quant à la continence avant le mariage. Non seulement elle en est d'accord mais, catholique, elle décide de se convertir à l'orthodoxie. Finalement ils vont se marier et c'est lui qui viendra s'installer en France où il a trouvé un travail[1] et où il s'est définitivement établi.

Il insiste sur le caractère harmonieux de son couple et dit combien sa femme l'a soutenu dans son ministère et particulièrement dans des moments difficiles : « elle est patiente, ouverte, sociable – mais je dois vous avouer que ce n'est pas la sexualité qui prime entre nous ; nous aimons autant l'un que l'autre faire de la natation, écouter de la musique, aller à l'opéra, prier… » et il termine en disant combien il est heureux d'avoir choisi d'être prêtre tout en ayant une vie de famille.

L'histoire de Geneviève, pasteure, 45 ans.

Geneviève est née dans une famille de petite bourgeoisie provinciale. Les parents sont tous deux catholiques et elle sera l'aînée de quatre enfants.

1. Les prêtres orthodoxes gagnent leur vie en plus de leur ministère.

Ses souvenirs d'enfance.

Elle se souvient de grands-parents paternels tous deux très pieux ; son grand-père avait même voulu être prêtre mais cela s'était révélé impossible car il y avait fallu reprendre la petite ferme familiale. Sa grand-mère allait tous les jours à la messe et c'était avec eux qu'elle y allait le dimanche quand elle allait les voir.

« Nous étions une famille assez triste et silencieuse avec des problèmes de communication. Je n'ai pas de souvenirs très heureux de mon enfance (elle le répète deux fois en quelques minutes). J'ai une mère qui ne sait pas montrer son affection, et mon père non plus. Il était très pris par son travail ; peut-être aurait-il été plus affectueux mais il était un peu paralysé par le côté froid de sa femme. »

• *Et vous n'aviez pas une grand-mère ou des tantes pour vous câliner un peu ?*

« Pas vraiment, ce sont des générations où on ne montrait pas son affection, on ne s'embrassait pas, le petit câlin n'existait pas, non, non. »

« En tout cas ce que je peux dire c'est que je n'osais pas dire le métier de mon père tellement c'était pour moi le symbole de la bourgeoisie triste mais je me souviens aussi combien je mettais mes parents sur un piédestal : pour moi, dans le non-dit, c'était le couple idéal. »

La scolarité.

Elle garde des souvenirs mitigés de l'école sauf un merveilleux souvenir d'une institutrice en 8e et 7e : « Je pense encore à elle aujourd'hui avec émotion et reconnaissance. Je crois qu'elle m'aimait beaucoup et elle avait une espèce de lumière, on s'en rend compte après, on la reçoit des gens qui vous aiment et on en prend conscience quand il est trop tard pour dire merci [...]. À tel point qu'aujourd'hui quand je prêche et que j'arrive à une certaine simplicité de cœur et de parole, j'ai l'impression que c'est elle qui parle à travers moi. »

« Puis après ça je suis partie en pension et ça s'est très moyennement passé. J'étais assez dissipée, assez instable ; j'avais la peur de ma vie, je crois que j'avais des problèmes affectifs en fait, j'étais assez indisciplinée et à l'époque je ressentais aussi de l'hypocrisie chez les adultes. » « J'avais envie de parler, de dire ce que j'étais et il ne fallait pas faire de vagues, pas faire de bruit et moi je bousculais, j'étais toujours à côté. »

Elle dit avoir eu de bonnes copines car elle était très boute-en-train, « j'amusais la galerie », mais la situation de pension faisait que « je n'étais pas très réceptive, j'étais surtout dans la dissipation tant et si bien que j'ai été virée du collège et je suis partie dans un lycée mixte : Là j'avais des copains, des copines, c'était supersympa d'avoir ce mélange, *l'impression de respirer un peu*, d'avoir un peu plus d'ouverture ».

Elle fera une maîtrise de lettres sans avoir du tout envie d'enseigner. Elle a des amis protestants qui lui font connaître la faculté protestante de théologie où elle va entreprendre de faire une licence.

L'adolescence, les garçons.

« J'avais une soif d'absolu et pour moi Dieu a toujours été présent, c'était une évidence, c'est un peu bizarre donc même quand à l'adolescence je n'ai plus pratiqué, ça n'a rien changé au fond et si j'avais été dans une famille normalement équilibrée sur le plan affectif, j'aurais peut-être été religieuse. Je ne suis pas anticonventionnelle par principe mais quand j'ai fait mes études c'était la grande époque du marxisme et j'étais en admiration en me disant si je pouvais parler comme ça… Mais je ne pouvais pas. Je suis devenue protestante mais ce n'est pas par anticatholicisme. C'est un peu par hasard et *ensuite le vent de liberté que j'ai trouvé à la faculté de théologie protestante j'ai trouvé ça fabuleux*, on étudie, on critique, on interprète, c'était l'envers de mon catéchisme d'enfant où surtout on n'avait même pas le droit de poser une question parce que c'était déjà émettre un doute. » En tout cas, dans un premier temps, elle prend le contrepied du milieu bourgeois de ses parents, ce qui lui permet en outre de n'avoir pas à rivaliser avec leur « couple idéal ». « C'était un peu compliqué comme beaucoup de jeunes de ma génération. J'ai vécu avec un homme pendant sept ans, je n'étais pas mariée parce qu'il était anarchiste et contre le mariage et nous avons eu une fille et on s'est séparés dans la foulée. Comme souvent on pense qu'un enfant arrangera les choses, c'est idiot ! »

« Je pense que j'ai gardé de mon enfance un problème psychologique profond qui fait que je me suis mise dans ses bras, on est attiré par des gens qui ne vous font pas particulièrement du bien quelquefois. C'était vraiment la personne qui sabotait tout. »

• *Qu'est-ce qui vous avait plu dans cet homme ?*

« Il me prenait en charge, en fait c'est ça. Il était très possessif, il me prenait en charge et je crois que c'est ça tout simplement. Je n'avais pas de décisions à prendre. *Je crois que je retrouvais l'atmosphère de la famille où on ne pouvait pas parler.* »

Les choix de vie.

Donc ce premier « choix » semble être une répétition de ce qui avait déjà été subi dans l'enfance : « J'idéalisais en niant un peu la réalité et un jour j'ai explosé : *c'est de devenir mère qui m'a permis de faire ce pas vers la maturation affective* ; il voulait me garder sous sa coupe et cet enfant était un moyen de me garder même s'il ne pouvait pas supporter l'idée de couple. »

Elle le quitte donc et part avec son enfant dans le sud de la France où elle donne des cours pour vivre. Quelque temps plus tard elle va, par l'entremise d'amis, rencontrer celui qui deviendra son mari « je n'imaginais pas de vivre seule avec un enfant, j'avais envie de rencontrer quelqu'un, mais je n'ai pas fait simple ». De nouveau elle est attirée par quelqu'un aux antipodes de ses parents : c'est un étranger qui milite à l'extrême gauche.

• *Qu'est-ce qui vous a plu en lui ?*

« Ça n'a pas été le coup de foudre mais j'ai été attirée par sa gentillesse, son intelligence, son humour. *C'était quelqu'un à qui on pouvait parler, même de choses pas faciles.* » Elle se marie et c'est cet homme qui va l'aider à prendre la décision de devenir pasteur : *« Sans mon mari, je n'aurais jamais eu le courage, il m'a énormément poussée. »*

Elle franchit donc le pas, avouant combien au départ ça a été « dur, car je n'étais pas armée psychologiquement, je ne savais pas dire non et je me faisais bouffer par tout le monde, toujours du fait de la culpabilité sur moi ».

Donc voici trois cheminements bien différents l'un de l'autre et pourtant semblables quant à l'importance du soutien qu'a représenté pour chacun la rencontre d'un conjoint, même si pour la dernière, il lui a fallu emprunter un chemin un peu tortueux.

Pour Geneviève, il est donc intéressant de constater combien il lui a d'abord fallu répéter un mode de relation sado-masochiste[1] (était-ce inévitable ? Pouvait-elle faire l'économie d'une répétition ?) et devenir mère sans être mariée, donc en complète opposition à son milieu « bourgeois », pour ensuite – et seulement ensuite – s'autoriser un début d'autonomisation et se trouver un autre partenaire qui l'aide dans son chemin d'ouverture.

On sait combien par exemple quelqu'un qui a été abandonné va se remettre dans ce genre de situation (soit activement en abandonnant l'autre, soit passivement en se faisant abandonner), et répéter le traumatisme… pour essayer de trouver une issue autre – ce que Freud appelle une « abréaction ». Malheureusement la répétition se fait souvent cercle vicieux. Mais parfois, *ce qui a été revécu permet justement de sortir enfin de ce piège*. Ce qui semble être le cas ici.

À travers ce témoignage, se profile alors le douloureux problème des divorcés-remariés – bien sûr ici, si on s'en tient à la forme, il ne s'agit pas de cela, puisque Geneviève a vécu plusieurs années avec un homme sans être mariée… Mais cela pose toutefois, pour le fond, exactement ce problème – problème qui se redouble de celui d'être un prêtre, dans ce genre de situation !

Avant d'en terminer, insistons sur deux aspects importants : Souvent les divorces sont réclamés par un seul des membres du couple : ici, c'est elle qui, mûrie par sa maternité, fait le pas de quitter son amant. De toute façon, il y en a alors *un des deux qui subit la décision de l'autre et qui se trouve alors doublement victime*. Et pour celui qui part, n'est-ce pas parfois courageux d'oser regarder les choses en face et d'admettre qu'il s'est lourdement trompé, d'autant que le problème se redoublait ici de la présence d'un enfant ? Mais tout cela ne se découvre qu'après l'avoir agi…

1. Elle explique qu'elle s'est d'abord mise en ménage avec un homme « qui sabotait tout » – elle dit donc avoir choisi un homme qui la fait souffrir.

Écoutons en écho ce qu'écrit Dietrich Bonhoeffer : « Il ne s'agit pas de réaliser un "bien absolu" ; *celui qui agit en responsable se contentera humblement de préférer un mieux relatif à un pire relatif, et de reconnaître* que "le bien absolu" peut être justement le pire[1]. »

Des mariages qui non seulement n'arrangent rien, mais redoublent les problèmes.

Cette fois, c'est sur deux témoignages que nous prendrons appui. Nous allons d'abord écouter les récits de Michel et de Maxime avant de faire une analyse commune.

L'histoire de Michel, prêtre marié, 65 ans.

Michel naît d'un couple qui se séparera assez vite, du fait du départ du père pour épouser une autre femme. Il est l'aîné de deux enfants. Sa mère est catholique.

Ses souvenirs d'enfance.

Des deux côtés, les choses sont un peu compliquées. Du côté paternel, aussitôt après le divorce (Michel a six ans), les grands-parents ne veulent plus voir leur belle-fille et de ce fait il ne les verra plus beaucoup non plus. Du côté maternel, sa grand-mère n'était pas mariée quand sa fille est née. Elle épousera un peu plus tard un juif avec qui elle s'entendra très mal. Elle « détestait sa fille d'une part parce qu'elle lui rappelait une période très dure de sa vie au moment où elle avait été rejetée par tout le village et, par ailleurs aussi, parce que mon grand-père a séduit ma mère et ça a aggravé le climat entre elle et sa mère ».

Il garde des souvenirs de disputes violentes entre ses parents avant qu'ils ne se séparent définitivement : « Ça a été terrible pour ma mère mais elle n'a jamais voulu se remarier. Je crois qu'elle n'a pas voulu donner un beau-père à sa fille par crainte qu'il se passe la même chose que pour elle. » « Pendant toute mon enfance j'ai eu peur, une fois que mon père est parti, *j'avais peur qu'elle*

1. *Éthique*, p. 185.

ne revienne pas elle-même. [...] Pendant toute mon enfance j'ai été hanté par toute cette angoisse, jusqu'au moment où je suis devenu scout et le scoutisme m'a aidé à sortir un peu de ça. »

« J'aimais bien jouer avec des camarades du même âge. »

« Quand mon père a été parti, ma mère est tombée en tout bien tout honneur amoureuse d'un prêtre. Elle disait que c'était comme son frère. Elle nous emmenait ma sœur et moi les soirs d'été, voir tonton Marcel comme elle l'appelait, lire son bréviaire. »

La scolarité.

« C'était moyen, moyen. J'aimais tout ce qui faisait un peu rêver, l'histoire, ça fait rêver un peu. »

L'adolescence, les filles.

« L'adolescence ça n'a pas été très facile, je ne voudrais pas revivre ça, *l'angoisse fondamentale c'était le péché contre la pureté* oh là là ! quand je lisais dans un livre le mot "sein" par exemple, il fallait se confesser après... »

« Je n'ai connu la masturbation qu'à l'âge de 22 ans, c'était totalement impossible. J'étais torturé et comme je voulais devenir prêtre, il y avait ça aussi... »

Les choix de vie.

Michel se sentira appelé à être prêtre à l'âge de dix ans : « Mes professeurs étaient des prêtres et ma mère avait beaucoup d'admiration pour eux et elle les invitait à dîner, donc on les voyait beaucoup et pour moi être prêtre avec une soutane, c'était tout à fait quelque chose de fantastique. J'étais un garçon très pieux, je priais beaucoup, la communion c'était important, la prière. Tout *le truc c'était la sexualité, c'était complètement tabou, il fallait surtout ne pas y penser*, ne pas s'arrêter là-dessus. »

Après le bac, Michel entre au séminaire. Plusieurs fois il fera en tant que moniteur des colonies et à chaque fois il tombera amoureux d'une fille différente, tant et si bien qu'on lui conseille de prendre un temps de réflexion. Il quitte donc le séminaire et fait des études de lettres qui lui permettront ensuite d'enseigner. Il tombe à nouveau amoureux d'une jeune femme avec qui pour la première fois il a des relations sexuelles mais il découvre que cette dernière entretient plusieurs relations en même temps, ce qui lui fait vivre une expérience assez cruelle. Dans le même temps une autre jeune femme « lui court après et je l'ai épousée en fin de compte, je me suis marié avec elle et j'ai eu trois enfants ». En fait il ne l'épouse pas tout de suite car il a commencé une psychanalyse et, comme il le dit, cela l'arrange bien car son psychanalyste lui avait fait savoir qu'il ne fallait prendre aucune décision pendant ce temps. Mais « je vais vous dire c'est horrible je l'aimais bien mais je n'étais pas amoureux d'elle, mais je n'avais rien d'autre, donc on a continué. C'est affreux. Et puis elle s'est retrouvée enceinte et vu mes valeurs je ne pouvais que me marier avec elle, de toute façon elle voulait se marier ».

Pendant plusieurs années il n'a plus aucune pratique religieuse. Puis un jour, en vacances à la montagne, il décide d'aller à la messe de Pâques : « Là Dieu m'a rattrapé, je ne peux pas dire autre chose, j'ai passé la messe à pleurer derrière un pilier, mes larmes coulaient, coulaient comme ça et l'intuition que j'avais c'était de me dire que je pouvais m'abandonner à Dieu et en pleurant je priais et je disais je m'abandonne totalement à Toi, je Te donne tout. Et ça a été une frontière dans ma vie. » « Et curieusement au même moment j'ai eu une relation avec une femme que j'aimais beaucoup et qui m'aimait aussi. J'ai demandé alors conseil à un prêtre qui m'a dit de prendre ce que la vie me donnait. Mais cette femme voulait que je divorce mais moi je ne voulais pas refaire ce que mon père avait fait. Alors je l'ai quittée mais comme notre vie sexuelle de couple n'était pas épanouie j'avais des aventures à droite et à gauche. »

« Or il se trouve que je connaissais très bien un prêtre qui s'était marié et qui était devenu prêtre orthodoxe et qu'un jour il m'a demandé si je n'avais jamais songé moi aussi à le devenir. » Cette idée fera son chemin : « Je retrouvais ce désir d'enfance en étant marié et puis la liturgie me semblait plus conforme à ma sensibilité parce que les cinq sens sont mis en jeu. »

Il devient alors diacre puis prêtre – ce qui l'oblige, à la grande satisfaction de sa femme, à se marier à l'église.

Mais ni la psychanalyse autrefois entreprise, ni sa foi retrouvée, ni cette nouvelle situation n'ont eu le pouvoir de le délivrer de ses *angoisses d'abandon* et il me relate avec force détails toutes les aventures qu'il multiplie – et Dieu sait qu'un prêtre a d'innombrables occasions de rencontrer des jeunes femmes en demande d'« amour » !

Michel n'a jamais pu se rassurer sur lui-même et sur sa valeur et il cherche désespérément un miroir où se voir enfin « aimé » ; il ne peut rien contre un « je vous aime » qu'une femme lui dit ou même lui laisse espérer. « *Ma peur fondamentale c'est la solitude*, mais ma peur, ma peur la plus terrible, c'est quand même la solitude et la solitude sentimentale et sexuelle, c'est une peur terrible, terrible, terrible. En fait je n'ai pas été seul un seul jour : le jour où j'ai quitté la maison je me suis installé avec celle qui allait devenir ma femme. C'est pour ça que je suis resté avec elle d'une certaine façon, sinon je l'aurais quittée. Bon il se trouve qu'il y avait aussi mes enfants, mais c'est vraiment *la peur d'être seul*. Avec une femme ou une autre je craque, je n'ai pas le tempérament à résister *parce que j'ai besoin de toucher le corps d'une femme, d'être pris dans les bras, de prendre dans les bras.* »

Ne retrouve-t-on pas là le besoin existentiel d'un petit enfant à être materné, câliné, rassuré, qui dépasse de loin ce qu'on peut entendre par « besoin sexuel » ?

Et voici les trois rêves qu'il me racontera à la fin de l'entretien et qui sont un condensé saisissant de la problématique restée incestuelle de Michel :

– Il est dans une maison ; les propriétaires ont fermé les fenêtres de l'extérieur ; je suis totalement enfermé à l'intérieur et j'essaie sans succès de crier.

– Une jeune femme pleine d'innocence m'aime complètement (?) mais il y a ma femme et ma mère qui sont là et qui surveillent – je ne peux pas vivre cela, c'est trop culpabilisant, il faut que je me cache dans le lit avec ma femme.

– Je suis en train de dormir dans le même lit que ma mère.

L'histoire de Maxime, pasteur, 60 ans.

Maxime, de père belge et de mère française, se dit de longue tradition protestante du côté paternel. Mais ce père perdra la foi et deviendra très critique par rapport à la religion. La mère, très pieuse, est au foyer où elle élèvera deux enfants, Maxime étant le dernier.

Ses souvenirs d'enfance.

La famille paternelle est très engagée dans l'Église protestante : avec ses grands-parents et plusieurs oncles, Maxime participe dès le plus jeune âge à des mouvements très actifs dans l'évangélisation : « L'histoire se passe au point qu'assistant à un culte avec un de mes oncles pasteurs je me suis dit que moi aussi je serais pasteur – j'avais sept ans ; il n'y avait pas d'autre possibilité dans la vie, sinon de trahir ce que l'on connaît d'essentiel. »

Du couple de ses parents, il dit combien ils se sont peu aimés. « Ma mère n'a pas choisi son mari, c'est le drame de sa vie. Elle a eu le sentiment que sa vie ne lui avait pas appartenu, elle ne l'avait pas décidée. » C'est sa sœur aînée – la préférée de leur mère – qui a apparemment arrangé ce mariage avec le frère de son propre mari, et ce qui a été sans doute le plus difficile a été pour elle de quitter sa ville du sud de la France pour aller s'enterrer dans une petite ville de Belgique. « Et mon père c'était quelqu'un qui avait des difficultés professionnelles, des difficultés affectives ; il a fait trente-six métiers et il méprisait beaucoup d'aspects de ma mère – il avait été élevé par un grand-père « donc un sentiment de non-appartenance à la famille très marqué ». « Avec mon père, il n'y avait jamais de contact physique [...]. Mes parents me paraissaient en construction continuelle, donc il a fallu que je me structure de mon côté. »

Il se souvient qu'à six ans il est allé chez sa tante en France avec des amis belges ; il y reste huit mois, « une connexion affective se fait. Quand je suis rentré à la maison je n'ai pas reconnu ma mère... »

• *Vous aviez jusque-là une relation tendre avec elle ?*

« Oui et non. Si on discutait des choses importantes de la vie, ça se passait en dialogue avec ma sœur, *j'étais toujours un peu à part, un peu en retrait déjà.* Je savais l'affection de ma mère mais je la sentais préoccupée pas sa blessure originelle, profonde et pour moi *la vie se passait comme un manège autour de moi.* » « Chez moi j'étais considéré comme un enfant presque insignifiant et c'est quand je suis venu en France que je suis devenu un personnage à part entière, respecté. Du coup le référent pour toute ma vie a été cette période-là. »

La scolarité.

« Les études ne sont pas très brillantes. J'ai des copains très bons. Mais là encore il y a un décalage entre ma culture française et les copains belges, il y a des distances ; je suis profondément religieux et par exemple eux ont des préoccupations de catéchisme obligé. »

L'adolescence, les filles.

« L'adolescence c'est un moment magnifique. » À quinze ans il tombe amoureux d'une amie de sa sœur qui a six ans de plus que lui et qui lui dit qu'il est très beau et qu'elle l'aime comme une folle : « Ça me fascinait, j'ai un tempérament qui fait que c'est toujours un peu l'autre qui a l'initiative, mais j'étais religieux et moral et on n'a pas eu de relations sexuelles. » « À dix-sept ans je commence à sortir et je fais attention à ma toilette [...] j'ai des copains pour lesquels l'affection est là *mais le décalage est permanent*. J'ai toujours le sentiment que mes préoccupations ne sont pas tout à fait les mêmes, et il y a toujours un peu de marginalisation. »

Il se lance dans diverses études et au cours d'un stage il rencontre une fille dont il se dit : « celle-là elle va pas faire long feu, puis elle est devenue ma femme. Là aussi à son initiative plus qu'à la mienne ». Dans un premier temps donc « du fait qu'elle insiste tant et qu'elle semble attachée à moi », il entretient avec elle « une relation non pas amoureuse mais de tendresse et sexuelle ». Puis au bout d'un an il se sépare car, dit-il, « j'en avais assez de m'obliger à faire des choses ». Il part loin de là chez un oncle avec qui il travaille et gagne sa vie, « j'ai enfin un rôle, j'aime bien ce que je fais mais sans que ça me remplisse la vie ».

Les choix de vie.

Quelque temps plus tard « elle m'écrit une lettre très, très belle me disant qu'elle a réussi l'examen qu'elle préparait et que c'est beaucoup à moi qu'elle le doit. Retrouvailles, fiançailles, mariage, deux enfants mais le jour où je me marie avec elle, je lui dis : il faut que tu saches une chose, c'est que je veux devenir pasteur et elle ne veut pas être femme de pasteur ».

En effet cette vocation qui lui vient de toute une tradition familiale et qu'il avait faite sienne à l'âge de sept ans lui fait reprendre alors des études de théologie dans le but d'y répondre.

Mais entre eux deux va alors se créer un climat réciproque de rivalité : « Pendant ce temps au lieu de m'épauler pour ma théologie et pour cette cause magnifique, elle m'a dit, si tu fais des études, je vais en faire aussi. »

Puis, non contente de reprendre des études et d'y réussir, elle décide de faire une psychanalyse : « Ma femme tenait donc à faire sa psychanalyse et le bateau a commencé à prendre l'eau. J'avais une autorité morale et une propension à parler dans les dîners et elle était un peu dans mon ombre et la psychanalyse l'a aidée à s'émanciper. »

Tant et si bien qu'elle tombe amoureuse de son psychanalyste avec qui ils vont passer des vacances à trois[1] : « Il y en a qui vont à Venise pour leur amour, moi j'ai vécu une atrocité. » Il s'avérera que ce psychanalyste était homosexuel et que de ce fait cela n'ira pas plus loin pour elle. Mais un jour elle m'a dit « moi, je m'en vais ». Elle est partie avec un réfugié de l'Europe de l'Est qui n'avait pas de papiers. « Elle a pris un appart, elle avait son job. Alors là effondrement total, sans doute dominé par l'amour-propre, la déception. » « On a partagé un divorce à l'amiable, bras dessus, bras dessous au palais de justice, très affectueux, très amical de sa part, c'était sans problème, je n'ai jamais compris. »

Ce départ est vécu comme un cataclysme : « Je me suis dit, il faut prendre ta vie en main, être acteur de ta vie, je n'ai pas vraiment accepté sur le plan de mon confort pastoral, de mon image de marque, de ma vision de la famille, mais c'est une réalité et je me suis risqué presque *fortuitement* à une relation homosexuelle un an après son départ. J'étais content comme un pape en me disant : "Ça y est je connais toutes les choses de la vie", et puis j'ai eu deux anciennes amies qui sont venues me consoler, voyant ma détresse qui n'était pas simple, j'avais perdu une dizaine de kilos, elles m'ont donné beaucoup d'elles-mêmes donc j'ai eu deux relations féminines assez splendides. » « Je suis redevenu homme et comment dire, confiant d'exister pour autrui et de pouvoir donner du plaisir et d'être attendu sur tous les plans, y compris sexuel. »

Et donc après ces deux femmes, il va vivre une réelle passion amoureuse : « J'ai rencontré un homme avec qui la relation a été assez immédiate et belle, et il m'a dit qu'il tenait à moi, j'ai été agréablement surpris et heureux. Il me couvrait de cadeaux cet homme-là, ça ne m'était jamais arrivé non plus, d'attentions, ce n'était pas tant la qualité des cadeaux qui était importante, mais d'avoir des projets, d'être ensemble. » Puis cet amant, retrouvant un ancien amant, va brutalement le quitter. De nouveau le monde s'effondre – un ami le console « tu sais il est comme les autres, il

1. Signalons simplement que ce psychanalyste transgresse totalement le cadre.

fait comme il peut ». « Très *souvent j'aime beaucoup être aimé* et je ne mesure pas la fragilité des choses ou la discontinuité possible mais je n'ai pas très envie de garder une souffrance vive, c'est assez insupportable à la longue. Je crois que quand on donne de soi, quand on reçoit d'autrui et qu'on est dans le vrai, je n'ai ni honte ni morale excessive. La nourriture spirituelle ne me suffit pas, j'ai encore quelques travers, quelques compensations et ça me fait plaisir. Je suis le contraire d'un ascète. »

• *Vous vous souvenez d'un rêve ?*

« Je ne rêve pas tellement mais *ce que je crois, c'est que je rêve ma vie.* »

Nous avions vu comment Dimitri avait pu vivre positivement le fait d'être « choisi » par sa femme. Michel et Maxime, eux, vont utiliser cet argument pour justifier le fiasco de leurs couples :

Alors que Michel vient de vivre une déception amoureuse, une jeune femme « lui court après et je l'ai épousée en fin de compte, je me suis marié avec elle [...]. Mais je vais vous dire c'est horrible je l'aimais bien *mais je n'étais pas amoureux d'elle, mais je n'avais rien d'autre, donc on a continué.* C'est affreux. Et puis elle s'est retrouvée enceinte et vu mes valeurs je ne pouvais que me marier avec elle, de toute façon elle voulait se marier ». L'angoisse d'abandon de Michel est si massive et son besoin de s'agripper à quelqu'un si fort qu'il va être ainsi sans cesse à la merci d'une femme qui « lui veut quelque chose ».

Maxime, lui, s'est lancé dans diverses études et au cours d'un stage il rencontre une fille dont il se dit : *« Celle-là elle va pas faire long feu, puis elle est devenue ma femme. Là aussi à son initiative plus qu'à la mienne. »* Dans un premier temps donc « du fait qu'elle insiste tant et qu'elle semble attachée à moi » il entretient avec elle « une relation non pas amoureuse mais de tendresse et sexuelle ». Puis au bout d'un an il se sépare car, dit-il, « j'en avais assez de m'obliger à faire des choses ». Il part loin de là chez un oncle avec qui il travaille et gagne sa vie. Et en fin de compte il ne va pas résister au fait qu'elle lui écrit « une lettre très, très belle me disant qu'elle a réussi l'examen qu'elle préparait et que *c'est beaucoup à moi qu'elle le doit* ». S'enclenchera alors une lutte de pouvoir entre eux et c'est finalement elle qui partira.

Mais quels étaient leurs modèles identificatoires ?

Pour Michel un père dont on ne saura pas grand-chose si ce n'est qu'il était violent avec sa femme qu'il quittera alors que Michel a six ans et que ce dernier ne reverra jamais. Quant à sa mère, il est difficile d'avoir une histoire plus traumatique : sa propre mère était fille-mère (et il faut mesurer ce que cela voulait dire à l'époque de stigmatisation dans le vice !) et avait épousé un peu plus tard un autre homme qui va abuser de sa belle-fille. « Elle détestait sa fille d'une part parce qu'elle lui rappelait une période très dure de sa vie au moment où elle avait été rejetée par tout le village et, par ailleurs aussi, parce que mon grand-père a séduit ma mère et ça a aggravé le climat entre elle et sa mère. » Tous les événements se conjuguent pour diaboliser la sexualité : des relations violentes entre les parents, une mère qui, étant le fruit défendu d'une sexualité « honteuse », est détestée par sa propre mère, puis une sexualité de nouveau honteuse cette fois parce que sa mère prend dans le lit conjugal la place de cette mère qui la déteste. Dans ce contexte, il semble que cette mère à l'histoire si blessée ne pourra se récupérer que dans un monde « pur », aux antipodes de tout ce qui a à voir avec la sexualité forcément corrompue donc interdite : « Quand mon père a été parti, ma mère est tombée en tout bien tout honneur amoureuse d'un prêtre. Elle disait que c'était comme son frère. Elle nous emmenait ma sœur et moi les soirs d'été, voir tonton Marcel comme elle l'appelait, lire son bréviaire. »

On a là en condensé tout le drame de Michel pris entre des contradictions apparemment sans solution : dans le monde qu'il a trouvé là, les relations sont menaçantes puisque l'autre peut non seulement vous abandonner comme son père, mais aussi abuser sexuellement de vous : ne pouvant alors faire confiance, *il a en même temps et aussi fort besoin de s'agripper à cet autre, tant il est hanté par le spectre de l'abandon, la peur d'être seul.* « Avec une femme ou une autre je craque, je n'ai pas le tempérament à résister parce que j'ai besoin de toucher le corps d'une femme, d'être pris dans les bras, de prendre dans les bras. » *Et à côté de ces besoins d'enfant restés inélaborés, perdure l'idéal maternel de pureté incarné par les prêtres en soutane... idéal qu'il a, en toute bonne foi, voulu faire sien, mais qui le laisse sans défense face à des exigences pulsionnelles laissées en friche et mal différenciées de son besoin d'attachement tendre.*

Pour Maxime, si les événements diffèrent, le mal de vivre est bien là aussi. Comme Michel, il naît de parents « qui se sont peu aimés » : sa mère s'est trouvée forcée d'épouser un homme qu'elle n'a pas choisi et le père méprise cette femme. On ne dit pas assez combien ce qui se passe entre les parents est capital pour un enfant car l'identification ne se fait pas seulement à l'un ou à l'autre, mais aussi à la relation qu'ils entretenaient entre eux. Ce mépris est aussi le sien quand il parle de celle qui va être sa femme « celle-là elle va pas faire long feu ! » mais, bonne pâte, il se laisse faire « tellement elle insiste », puis voilà qu'il en a assez « de s'obliger à faire des choses » et qu'il rompt... jusqu'à ce qu'elle le réenchaîne en le flattant : n'est-ce pas grâce à lui qu'elle a réussi son examen ? Donc un mariage s'ensuit. Mais n'est-il pas étonnant que ce soit le jour de leur mariage – du moins c'est ce qu'il dit – qu'il lui annonce qu'il veut être pasteur, la mettant en quelque sorte devant le fait accompli... ce qui va, semble-t-il, entraîner une cascade de revendications des deux côtés, « si tu fais des études, je vais en faire aussi », etc. jusqu'à ce qu'elle finisse par le quitter.

Si nous comparons avec l'histoire de Geneviève, nous sommes dans le même cas de figure d'une première liaison ratée ; mais ce qui va être libérateur pour elle, l'est-il pour lui ? Je lui laisse la parole : « Je me suis dit il faut prendre ta vie en main, être acteur de ta vie[1], *je n'ai pas vraiment accepté sur le plan de mon confort pastoral, de mon image de marque, de ma vision de la famille*, mais c'est une réalité et je me suis risqué presque fortuitement à une relation homosexuelle un an après son départ. *J'étais content comme un pape en me disant ça y est je connais toutes les choses de la vie*, et puis j'ai eu deux anciennes amies qui sont venues me consoler, voyant ma détresse qui n'était pas simple, j'avais perdu une dizaine de kilos elles m'ont donné beaucoup d'elles-mêmes donc j'ai eu deux relations féminines assez splendides. » « Je suis redevenu homme et comment dire, confiant d'exister pour autrui et de pouvoir donner du plaisir et d'être attendu sur tous les plans y compris sexuel. » Pas une seule fois il ne peut se remettre en cause ; une quelconque responsabilité dans l'échec de son couple ne l'effleure pas : « On a partagé un divorce à l'amiable, bras dessus, bras dessous au palais de justice, très affectueux, très amical de sa part, c'était sans problème, *je n'ai jamais compris.* » Comment aurait-il pu en effet comprendre ? Il aurait fallu qu'il puisse se remettre un minimum en question lui-même. Il évoque simplement son « image de marque » qui en prend un coup et par rapport à laquelle il se récupère en me disant combien il peut « donner du plaisir et être attendu sur tous les plans ». Tout se joue par rapport à lui, à un besoin existentiel d'être reconnu et à l'image idéale qu'il veut donner de lui, mais jamais par rapport à un autre. Souvenons-nous en revanche de Geneviève : elle cherche à prendre du recul par rapport à ses choix et reconnaît que non seulement son amant était possessif mais qu'elle y est aussi pour quelque chose puisqu'elle-même avait besoin d'être prise en charge et qu'elle répétait là une situation de l'enfance. Son expérience malheureuse va alors lui être un tremplin pour repartir autrement.

Mais comment, dans ce refus d'un autre sans doute motivé par la peur, mesurer le poids des contraintes relationnelles

1. Justement ce que n'a jamais réussi à faire sa mère.

qui lui ont été imposées et la petite marge de décision qui a été la sienne ? *Quelle responsabilité revient ou non aussi à sa femme dans cette histoire ?* Même si le drame veut que dans un couple on ne se choisit pas non plus par hasard... Des questions pour lesquelles il n'y a pas de réponse, sauf à penser que dans la maison du Père, il y a beaucoup de demeures...

Que nous apprennent toutes ces histoires des « mariés pour Dieu » ?

La plupart vivent eux aussi, en lien avec des histoires familiales lourdes, une assez grande solitude affective précoce – et nous pouvons reposer la question que nous posions précédemment : *Comment et où trouver ou retrouver une confiance dans l'autre, quand les expériences vous en ont fait douter ?* Et que constatons-nous ?

Certains, comme Xavier, vont trouver une femme qui saura s'ajuster à ses besoins et à ses désirs et sur laquelle il va pouvoir s'appuyer dans une heureuse co-construction. Mais fallait-il qu'il accepte lui-même de s'en remettre un minimum à elle et de lui faire confiance... (il va d'ailleurs hésiter cinq ans avant de se décider à l'épouser, et il nous dira que c'est elle qui heureusement l'a attendu, malgré les nombreuses fois où il l'a quittée... pour ensuite revenir à elle).

D'autres, comme Geneviève, ne vont pas pouvoir faire l'économie d'une répétition d'un traumatisme affectif précoce, avant de se permettre de choisir un homme avec qui échanger et s'autoriser alors à un peu de confiance.

Et puis il y a ceux qui ne pourront ni s'ajuster ni s'en remettre à quiconque, et qui vont cliver l'Absolu d'un Amour qu'ils appellent Dieu, des amours humaines forcément insatisfaisantes... mais de la faute des autres ! Le drame étant autant le leur, que le contre-témoignage donné. En voici une autre petite illustration tirée d'un entretien (non utilisé ici) avec un pasteur marié, séparé de sa femme (mais non divorcé ; ça ne se fait pas…).

« Probablement ce qui me gênait chez ma femme qui était très bien, c'est que l'intelligence était coupée du cœur. Elle se gardait quand même, il y avait quelque chose qui ne se donnait pas complètement. Moi j'attendais un don complet. »

• *Et vous, vous vous donniez complètement ?*

« Oui, et en amour j'ai toujours été comme ça. Un don total. Mais ça, je le savais avant de l'épouser, mais voyez, je l'ai épousée par gentillesse… »

On est en droit de s'interroger sur la difficulté qu'il a à accéder à ses propres sentiments et sur ce que représente pour lui la « gentillesse »… et on est alors aussi en droit de s'interroger sur sa réelle aptitude à écouter les autres, en tant qu'accompagnateur spirituel…

4

Le projet de vie de celui qui est appelé et sa réalisation dans la durée et dans l'espace d'une communauté

Pour « l'observateur de la loi », il n'y a
qu'une seule possibilité de la faire-valoir,
c'est de l'accomplir lui-même.
L'homme devenu simple et libre
dans son obéissance à Jésus-Christ
peut avoir un psychisme très compliqué ;
il y a au contraire une simplicité psychique
sans rapport avec la vie réconciliée en Dieu[1].

Nous venons de voir la diversité des situations et des contextes environnementaux dans lesquels quelqu'un peut se vivre « appelé » par Dieu aussi bien dans le célibat que dans le mariage ; qui que nous soyons, un jour ou l'autre, nous avons vécu des blessures affectives, mais nous y avons réagi de manière extrêmement diverse suivant notre tempérament, les expériences relationnelles déjà faites, l'environnement

1. D. BONHOEFFER, *Éthique*, p. 25 et p. 19.

du moment et le contexte culturel. Or toute blessure affective, que celle-ci soit restée déception secrète ou qu'elle se soit manifestée dans des événements tels des deuils ou des ruptures amoureuses, *peut* servir de caisse de résonance à une « vocation ». Schillebeeckx[1] écrit : « Ce n'est pas ce qui va de soi, sans résistance, mais la contrariété, la "pierre de scandale" d'une réalité qui ne "se donne" pas, qui devient principe d'interprétation du réel. Les expériences de rupture peuvent être l'occasion d'une nouvelle intégration. » Or précisément ces expériences de rupture vécues rendent particulièrement vive l'espérance de trouver dans un ailleurs un autre amour, ou plutôt, comme beaucoup l'expriment, non pas un autre amour, mais *« l'absolu de l'amour ».* Y faisant écho, voici un petit texte écrit par les sœurs carmélites de Mazille : « Dans toutes nos existences il est des heures où le désir de vivre en nous se heurte au néant et se replie en situation d'enfermement. Reste à redécouvrir la seule issue : l'ouverture à et par l'autre. Une rencontre, l'accueil d'un amour, une nouvelle insertion sociale, un choix de vie... Disons-le, pour nous, ce fut le choc de l'Évangile, l'écoute d'une Parole qui portait en elle la même *illimitation du désir* que nous avions à peine osé entrevoir au fond de nous : donner sans comptabilité ni attente de retour, tendre la main, voire la joue, à son adversaire, pardonner soixante-dix-sept fois sept fois... Croire à l'Amour ! Dépassement infini et toujours à recommencer ! »

La plupart de ces histoires que nous venons de relater disent donc une souffrance relationnelle qui, parfois, peut confiner à une certaine forme de désespérance, et si l'appel du Christ ouvre à ce moment précis un chemin et propose une issue en offrant un autre lien où il va s'agir « de donner sans comptabilité, ni attente de retour » tout reste à faire, tout reste à vivre...

Cet appel a presque toujours été entendu de façon intense et ineffable ; souvent il a pris la forme d'un combat. « C'est

1. *L'Histoire des hommes, récit de Dieu*, p. 281.

une nuit de Noël que j'ai la révélation. Je m'effondre et passe le lendemain après-midi en pleurs, prostrée. Non, ce n'est pas possible. Et puis je m'entends dire "*Seigneur, ce que tu veux...*". Alors s'installe en moi une paix profonde. »

Parfois il a pris la forme brûlante d'une rencontre amoureuse : « Ça faisait longtemps que je ne m'étais pas confessé, je me suis reconfessé, je suis allé adorer, et après j'ai pleuré pendant toute l'adoration, j'avais l'impression qu'il y avait *quelque chose de chaud, une chape d'amour en fait et j'entendais : je t'aime, je t'aime.* Je ressentais un amour que jamais mes parents, et Dieu sait qu'ils m'en ont donné et parfois trop, un amour qui dépassait infiniment ce que j'avais pu ressentir. C'est là que j'ai dit oui au Christ. » Une analogie s'impose : se rejoue là quelque chose de l'expérience de l'illusion que peut faire un enfant avec une « mère suffisamment bonne » – illusion d'un amour parfait et déjà réalisé... où cette fois c'est le Christ qui est censé combler totalement dans une parfaite réciprocité... à la mesure des désirs bien humains d'omnipotence ! Illusion vécue indispensable à l'ébauche d'un travail de désillusion.

Tout reste donc à faire en prenant nécessairement appui sur ce qui a été trouvé là, mais parfois ce qui a été trouvé là était si fragile, si précaire, si inconsistant qu'il s'avère difficile, voire impossible (?) de construire dessus ; en effet si tous nous péchons, autrement dit, nous attaquons le lien qui nous unit à l'autre, il y a ceux qui, comme Pierre, ont une base minimale de confiance en ce dernier pour pouvoir malgré tout accueillir de lui un pardon et se laisser transformer, et il y a ceux qui, comme Judas, seront écrasés par l'idéal qu'ils se sont construit tout seuls d'un amour pur, absolu, parfait et ne pourront alors que désespérer d'eux-mêmes : aimer l'amour à la place des personnes a été pour eux la sauvegarde existentielle trouvée par rapport à des liens tellement expérimentés comme destructeurs, qu'ils ont dès lors été refusés.

Mais si encore une fois il est vain de vouloir juger, nous allons maintenant nous situer différemment. Nous allons désormais essayer de réfléchir aux chances et aux risques de l'engagement, une fois la décision prise de suivre le Christ. En quoi et à quelles conditions la représentation du Dieu de Jésus-Christ à travers Sa Parole appelant au dialogue peut, ou non, orienter et lier fantasmes et affects, et donner un sens à une vie ? Et ce modèle d'un « espace transitionnel » tel que nous avons essayé de le théoriser est-il pertinent pour comprendre, en quoi et comment le fait de chercher Dieu et de se laisser trouver par Lui, peut révéler l'homme à lui-même.

LES ASPECTS POSITIFS D'UN ENGAGEMENT. VALEUR D'UN « LÀ, JE ME TIENS » (RICŒUR)

> Ce que l'on appelle en Église « la vocation » n'est pas une forme *a priori* qui contraint l'appelé, mais une forme à venir qui le libère ; non pas une forme statique, mais une forme évolutive ; non pas un épisode de la vie, mais son vecteur[1].

Peut-être y a-t-il eu dans le passé une vision trop volontariste et simpliste de ce que suppose *la capacité à s'engager* ; notre société actuelle qui justement redoute toute forme d'engagement et ne veut plus vivre que de contrats à durée déterminée, nous oblige à nous interroger. Aujourd'hui en effet c'est la « sincérité affective » – ce que je ressens dans l'instant – qui fait loi. À ce propos écoutons cette jolie anecdote, tellement illustrative de cette notion de « sincérité » : un jour Julien Green s'étonne auprès de son ami André Gide que celui-ci soutienne un argument exactement inverse à celui qu'il avait soutenu la veille, et Gide de rétorquer : « Oui, bien sûr, mais c'est que j'ai des sincérités successives… »

Que veut dire s'engager, si ce n'est se lier par une promesse, que celle-ci soit explicite ou non ? En tout cas cela a à voir avec la fidélité dans le temps, une façon de durer

1. F. CASSINGENA-TRÉVEDY, *Étincelles* II, p. 96.

dans ses choix, que cette fidélité le soit à ses origines, à des valeurs ou à des personnes.

Mais nous revoilà au cœur des problèmes précédemment énoncés concernant la possibilité d'accéder pour soi-même à la catégorie de l'absence qui, parce qu'elle est une forme de présence à l'autre, fait en même temps lien entre passé et futur ; or cet accès encore une fois ne dépend pas que de soi : il dépend tout autant de l'environnement trouvé là puisque la capacité à s'engager est directement liée aux expériences faites de fiabilité ou non de l'environnement. Reprenons la relation mère-enfant, nous pouvons percevoir comment c'est la fiabilité de l'un qui construit l'identité de l'autre : c'est parce que l'enfant fait l'expérience qu'après la frustration et le déplaisir, la mère est de nouveau là, lui redonnant une autre forme de plaisir donc c'est parce qu'il fait l'expérience qu'il peut faire confiance, qu'il va accepter d'attendre, qu'il va accepter de s'inscrire dans le temps. C'est une expérience capitale car pendant ce temps d'attente où l'autre n'est pas physiquement là, mais présent dans le désir, *l'enfant va peu à peu apprendre à exploiter ses propres ressources et construire ainsi peu à peu son indépendance ; pouvoir attendre, c'est se donner la possibilité de choisir*, car plus je construis mon indépendance intérieure, plus je vais pouvoir accepter de dépendre de l'autre dans la réalité, avec ce que cette dépendance suppose de risque d'être trahi, abandonné, déçu…

Le lien vivant à l'objet absent, gage de la continuité à soi-même et à l'autre dans le temps, trouve sa forme éminente dans la promesse où se parachève le sens ultime de la mémoire. Être homme n'est-ce pas d'abord être capable de se tenir en mémoire ? C'est ce qu'écrivait Nietzsche dans la « généalogie de la morale » : « Un animal qui puisse promettre, n'est-ce pas là cette tâche paradoxale que la nature s'est donnée à propos de l'homme ? N'est-ce pas là le problème véritable de l'homme ? – Mais que de conditions cela n'exige-t-il pas ! Pour pouvoir à ce point disposer à l'avance de l'avenir, combien l'homme a-t-il dû d'abord apprendre à séparer le nécessaire du contingent, à penser sous le rapport de la causalité, à voir le lointain comme s'il était présent et l'anticiper, à voir avec certitude ce qui est but et ce qui est moyen pour l'atteindre, à calculer et à prévoir – combien l'homme lui-même a-t-il dû d'abord devenir prévisible, régulier, nécessaire, y compris dans la représentation qu'il se fait de lui –, pour pouvoir finalement, comme le fait quelqu'un qui promet, répondre de lui-même comme avenir. »

On peut ainsi dire qu'à la fois c'est le temps accepté qui permet l'engagement mais en sens inverse, que c'est l'engagement qui donne sens au temps… et me découvre à moi-même ; en effet des *rapports étroits existent entre progressive unification de soi-même et engagement* – unification qui est la tâche de toute une vie à travers des expériences répétées de déchirements surmontés. En effet nous sommes tous écartelés entre des désirs contradictoires : désirs de satisfaction immédiate et désirs de correspondre à un idéal, désirs de sécurité et désirs d'aventure, etc. Et cela se complexifie si on veut bien admettre que nous sommes aussi mus par des forces inconscientes qui peuvent nous faire prendre des vessies pour des lanternes… Or cette tâche d'unification de soi-même est sans doute la tâche humaine par excellence – Freud en donnait cet aphorisme bien connu : *« Wo Es war, soll Ich werden »* « Où était le ça (les forces pulsionnelles brutes) doit advenir le moi. »

Dans ce registre d'une progressive découverte de soi dans l'après-coup des engagements on pourrait relire toute l'histoire de Moïse par exemple. C'est toujours dans une action que Moïse découvrira quelque chose de lui, de l'autre… de YHWH ; Va trouver Pharaon ! Va dire au peuple ! Va… Sans programme préétabli, sans garantie ; la garantie, rappelons-nous, elle est promise… dans l'après-coup de l'engagement : « Quand tu auras mené le peuple hors d'Égypte… tu reconnaîtras que ta mission vient de moi » (Ex 3, 12) !

Nous voilà au rouet… pour savoir il faut faire, mais pour faire, nous voudrions être sûrs de savoir… *Or le sens est précisément donné par l'engagement lui-même et son inscription dans le temps* avec deux aspects inséparables l'un de l'autre :

Il y a l'enthousiasme du moment de l'engagement et cela aussi bien dans une vocation sacerdotale que dans le mariage et il y a ensuite la banalité, voire l'ennui du quotidien qui s'installe. Or même si dans les deux cas le lien à l'autre n'est pas vécu de la même façon, c'est le maintien de ce lien qui est fondamental ; car, comme nous le montre par exemple la bien-aimée du Cantique des Cantiques, il n'y a que dans ce lien que je peux apprendre qui je suis, en apprenant un peu plus et un peu mieux chaque jour qui est l'autre, et trouver un sens à ma vie. Apprenant dans ce lien à faire sa place à l'autre, je trouve la mienne – or *le narcissisme, ou sentiment de sa propre valeur, est directement référé à un espace unique à occuper et à remplir dans le monde. Un espace d'où les objet aimés se sont absentés, pour nous laisser désirer, penser et accomplir seul une œuvre nôtre, qui deviendra notre histoire.*

Et autre aspect indissociable : dans cet engagement maintenu, je me fais relais de fiabilité pour ceux avec qui je vis, leur offrant entre eux et moi un espace où apprendre cette confiance sans laquelle rien ne peut être construit.

Mais comme je le disais, cet engagement va prendre des formes différentes suivant les choix faits – toutefois, dans un premier temps, c'est sous forme thématique que nous allons écouter quelques témoignages sur les difficultés et les épreuves rencontrées par ceux et celles qui ont fait ce choix d'un célibat pour Dieu ; et même si encore une fois il y a de grosses différences entre les vocations monastiques et celles qui ne le sont pas, nous distinguerons surtout les vocations masculines, des vocations féminines ; en effet il nous est apparu que le célibat avait – qu'il soit donc vécu sous une forme monastique ou non – une signification beaucoup plus existentielle pour les femmes, outre le fait qu'ayant en général plus de goût pour l'introspection et l'analyse de ce qu'elles ressentent, elles savent souvent mieux traduire ce qu'elles vivent.

Puis après avoir mesuré le défi que représente ce choix aujourd'hui, nous essaierons de réfléchir à ce qui, dans ce chemin, certes, à certains égards austère, peut aider à une réelle humanisation ; ne pouvant pas tout traiter et pour ne pas me disperser [1], j'ai pris le parti de me centrer sur la vocation qui est la plus absolue dans sa quête de Dieu, la vocation monastique, et là encore, pour les raisons que je viens d'invoquer, j'ai choisi de prendre plutôt en exemple une communauté de femmes. Or il s'est trouvé que j'ai eu alors la chance d'être introduite par Monseigneur Claude Dagens, que je remercie une nouvelle fois, à l'abbaye Sainte-Marie de Maumont près d'Angoulême. C'est une communauté de bénédictines particulièrement vivante – elles sont une soixantaine – j'ai pu, avec les moniales qui le souhaitaient, y faire quelques tables rondes concernant leur état de vie ; pour d'autres qui préféraient écrire, j'avais demandé d'essayer de me dire en quoi et comment la vie en communauté, la liturgie et le silence leur étaient ou non un chemin de vie. Donc pour terminer cette enquête, nous écouterons ce que ces femmes, ayant choisi de tout donner à Dieu et de tout recevoir de Lui, ont à nous dire.

LES ÉPREUVES DE L'ENGAGEMENT

> D'une vocation qui ne serait qu'une inclination, il ne faut escompter aucune suite : tout commence lorsqu'elle se déclare aussi comme une adversité. Dieu ne se vérifie que lorsqu'il est contraire[2].

1. En outre au moment où j'hésitais à réinterroger sur ce thème les trois catégories retenues, est sorti le magnifique livre de Monique HÉBRARD, *Prêtres – Enquête sur le clergé d'aujourd'hui*, chez Buchet-Chastel. Je ne peux qu'en recommander la lecture : tout y est dit avec compétence et clarté et, ce qui ne gâte rien, de façon extrêmement nuancée et respectueuse des personnes interrogées…

2. F. CASSINGENA-TRÉVEDY, *Étincelles* II, p. 239.

Quelques échos d'une douloureuse rupture avec le monde.

Est-ce un hasard ? C'est plutôt *les hommes*, qu'ils se destinent à une forme de vie conventuelle ou non, qui auront le plus de mal à s'adapter dans l'immédiat à cette nouvelle vie qu'ils ont choisie :

« Pour moi ces deux ans de noviciat, je n'ai jamais eu aussi froid qu'à ce moment-là, ça a été pour moi une expérience de mort à mon avis trop forte, il m'a fallu reprendre pied, et j'ai mis du temps avant de le faire. J'avais l'impression d'entendre surtout qu'il fallait porter sa croix, j'ai été marqué par l'aspect négatif, l'aspect onéreux, l'aspect de mort, quelque chose de trop fort. En même temps j'étais un homme social, j'aimais danser et tout ça et alors la soutane noire, le chapeau ecclésiastique, ma mère m'a acheté un chapeau ecclésiastique. Mes compagnons au noviciat me disaient : tu aurais dû te renseigner… Pour moi j'avais l'impression d'être dans un autre monde et même de n'avoir plus de repères dans la société, même dans ma famille, je l'ai bien senti. On me disait : tu n'es plus toi-même, mon frère, ma belle-sœur, m'ont dit ça… redescends sur terre, il y a cet aspect-là et puis alors quand même, régulièrement, à étapes régulières des incompréhensions, l'impression de ne pas être vraiment compris notamment par des supérieurs, la dimension de l'obéissance par exemple : ça peut paraître bête, mais ça a été très, très loin, une fois je me rappellerai toujours une visite que mes parents m'ont rendue en compagnie d'une amie, juive, ça peut paraître anodin, ils s'amenaient avec des tas de cadeaux pour la communauté, et je les invite spontanément dans une candeur au réfectoire et j'enfreignais la règle de la clôture et alors il y a eu des retours de flammes qui m'ont un peu sidéré ; je me suis dit quel monde ! Où suis-je pour que l'on fasse un drame si je laisse entrer ma mère et une amie de la famille, que je connais depuis des années, dans le réfectoire parce que c'est un lieu interdit aux femmes. Les nuits sont passées souvent par des moments où je me sentais extrêmement seul, indépendamment du fait aussi que certains de mes meilleurs amis, ça fait aussi partie de mes nuits, nous avons été ordonnés dix-sept et l'année qui suivait refusait en bloc le sacerdoce ; enfin c'était l'époque aussi où j'ai vu partir un certain nombre de mes grands amis, c'était la grande hémorragie, donc m'était renvoyé ce que l'on veut faire de sa vie, malgré ces tempêtes. Et alors j'ai fait mes études bibliques sans savoir où j'allais débarquer. Ces incertitudes, je me rappellerai toujours, père L., qui était mon confesseur et conseiller à qui je disais : j'ai l'impression d'être un oiseau sur la branche, me disait c'est peut-être inconfortable mais du point de vue spirituel c'est la meilleure attitude possible. Je crois qu'il avait raison, mais ce n'était pas confortable. Malgré tout, dans ce contexte-là, j'ai vécu quelque chose de l'ordre d'une radicalité, que je crois avoir été excessive. »

« Le noviciat a été assez facile pour moi, sauf au début, j'ai bien mis trois mois avant de me réveiller, j'ai eu l'impression de m'être enfilé dans un sac de pommes de terre, le silence, les propos tenus par le prédicateur de retraite, par quoi débutait l'année. Tout ça était étrange, c'était au séminaire des Carmes à l'Institut catholique alors à la fois il y avait les voûtes, puisque tout est construit comme ça, j'avais vraiment l'impression d'être dans un autre monde et j'ai souvenir que j'étais tombé sur un livre, sur un cahier où il y avait des études carmélitaines et il y avait un numéro qui est un gros volume qui s'intitule : *Ma joie terrestre, où donc es-tu ?* C'était pour moi aussitôt à la fois l'austérité de ce monde des Carmes, et puis cette interrogation : ma joie terrestre où donc es-tu ? et mon cri s'adressait à Dieu. Mais après, ça a été. »

Parfois le mal-être dure plus longtemps dans un sentiment de s'être un peu fourvoyé et provoque un départ pour un autre lieu :

« Au début j'ai eu des périodes difficiles, j'ai eu du mal d'abord dans un monastère plutôt tradi, un peu fermé, ce n'était pas trop ça, même ça, enfin je traversais tout ça avec une espèce d'acceptation, sauf à la fin, ça ne collait plus trop, pour des questions liturgiques qui ont été le révélateur peut-être du tradi, peut-être aussi qui révélaient que ce lieu n'était pas fait pour mon tempérament. Donc je suis parti. J'ai fait une hernie discale, une somatisation, certainement je n'en pouvais plus, et puis là c'est vrai, j'ai eu une période un peu de découragement, je me disais au fond, pourquoi ? pourquoi ? »

Les femmes, elles, semblent mettre plus de temps à remettre en cause leurs engagements, mais ensuite les crises se font peut-être plus aiguës :

« Oui j'ai eu des doutes. Je ne fais pas souvent des crises, mais quand j'en fais, elles sont grosses.

C'était après ma profession temporaire, au bout de trois ans. »

• *Et pourquoi cette grosse crise ?*

« Je voulais partir. J'étais mal, j'en avais assez, je travaillais à la fromagerie, je m'ennuyais.

Oui, sinon il y avait les ménages et encore les ménages, la liturgie, les offices et après la fromagerie et j'en avais assez. »

• *On ne vous demande pas votre avis ?*

« Non. Et alors j'ai fait une grosse crise de tout. J'étais en conflit, j'en avais assez, j'étais jalouse parce que certaines autres religieuses faisaient, elles, des choses intéressantes.

Il y a eu sûrement une bonne crise de jalousie, ras-le-bol de l'obéissance, ras-le-bol de ces emplois où je m'ennuyais et je pensais que tous mes amis étaient en train de s'installer, de faire le tour du monde. Je me souviens l'avoir dit à une sœur, une de mes amies m'écrivait, elle était en train de faire le tour du monde, c'était atroce. Je me disais non, non. Alors j'ai fait ma bonne crise. »

• *Et vous êtes restée ?*

« Et un jour, un dimanche, je me souviens, j'avais décidé de partir pendant la messe un dimanche. Je suis allée voir la supérieure et je lui ai dit : voilà j'ai décidé de partir. C'est pas urgent, je lui dis je ne vais pas partir demain, mais. Et alors, on a parlé, on a reparlé le lendemain et je ne sais pas, et c'est passé, en tout cas je suis là. Il a fallu tenir, elle m'a parlé d'obéissance, de confiance. »

• *Et elle vous a remis à la fromagerie ou elle vous a donné d'autres tâches ?*

« Non, j'y suis retournée, il fallait que je traverse ça, maintenant que je le vois, il a fallu que je traverse ce temps, cette obéissance et ce côté très… un peu abrupt de la vie monastique, il n'y a pas de distraction. Je dirais à la limite… dans la vie, je ne sais pas, on peut se faire un cinéma, ou prendre le téléphone et puis appeler quelqu'un ou aller en famille quand même un peu, je ne sais pas ce qu'on peut faire ou pas, mais nous, non. Mais ça a été passé un peu par le feu. Mais c'est ce que je voulais aussi. Il a fallu traverser, creuser dans la nuit, je ne comprenais pas pourquoi on me maintenait là où j'étais comme ça, alors que je m'ennuyais. »

• *Vous avez fait le noviciat pendant cinq ans et vous ne vous êtes jamais reposé le problème ?*

« Si, sans arrêt, si, d'autant plus que quand je suis entrée j'étais toute jeune j'avais 21 ans, bon, pleine de vie. C'est évident qu'il y avait des moments où j'avais envie de partir, je me disais non je ne peux pas. »

• *Et qu'est-ce qui vous a retenu ?*

« Un fil, un fil à chaque fois, ça tient du miracle. Ça a été très dur pendant cinq ans. Et maintenant, je me dis je n'étais absolument pas prête, je ne l'étais pas du tout, pas du tout, il y a tout un chemin qui n'était pas fait. »

Autre témoignage.

• *Pourquoi ça devenait si lourd, et si difficile, qu'est-ce qui vous a le plus* pesé ?

« J'avais envie de combler un manque c'est vrai que je suis rentrée très jeune, à vingt ans, enfin je me rends compte je suis très captative, c'est vrai, c'est sûr, c'est sûr. »

• *Vous dites : j'avais envie de combler un manque, vous le combliez comment ?*

« Je ne le comblais pas en fait, c'était vide, c'était vide. »

• *Même avec Dieu ?*

« Ah oui, Dieu ne comble pas tout, il ne comble pas tout. On sent, on sent, on est femme, c'est sûr. C'est pourquoi ça a été très, très, très dur les premières années et il a fallu, justement en faisant ce chemin à la fois de découverte de ma famille dont je venais, de découverte de moi, c'est petit à petit en faisant la lumière que les choses se sont apaisées et que je me comble plus maintenant. »

• *Et les sœurs autour de vous, vous avez l'impression qu'elles vous ont aidée dans ce chemin difficile ?*

« J'étais infernale. J'étais encore plus infernale une fois que j'étais en communauté qu'au noviciat. C'est-à-dire qu'au noviciat il y avait moins de témoins. »

• *En quoi vous étiez infernale ?*

« Parce que justement tout ce chemin n'était pas fait et j'étais…, c'était de l'enfantillage. »

• *Mais vous avez des exemples ?*

« Je piquais des colères, je sortais d'ici en claquant la porte parce qu'on me contrariait. Justement j'étais toujours sur la défensive. En fait, moi j'admire les sœurs parce qu'il y en a certaines…, j'envoyais des choses à la figure, je m'en rends compte maintenant, je me dis il fallait qu'elles soient costaudes. Il y avait une souffrance et cette souffrance elle sortait. »

• *Et vous avez l'impression que cette souffrance a diminué ?*

« Ah oui, oui parce que je crois, personnellement, ce que j'ai vécu comme manque en entrant au monastère, j'ai vécu des manques, parce que justement il y avait des tas de choses qui n'étaient pas en place, qu'il fallait qu'elles se mettent en place et donc Dieu d'une certaine manière n'était pas non plus à sa place. Et c'est avec le temps que les choses, que Dieu a trouvé sa place et que je suis peut-être plus à ma place aussi face à lui. »

• *Et aujourd'hui quand vous vous retournez vous avez un sentiment que vous avez fait un bon choix ?*

« Ah oui, je ne sais pas ce que je serais, sinon. Parce que je ne vais pas tout dire… enfin si… j'ai fait une tentative de suicide. »

• *Et ça c'était quand ?*

« C'était ici, dans mes jeunes années et jeune dans la communauté. »

• *Et avec quelles raisons, quelles motivations ?*

« Justement la vie n'avait plus… la vie était insupportable, tout était insupportable, je souffrais trop. »

• *On ne vous a jamais dit qu'il faudrait peut-être faire une psychothérapie ?*

« Non, à ce moment-là, je n'étais pas mûre, ce n'était pas dans les esprits, ce serait maintenant il n'y aurait aucun problème. Mais je me dis, il a fallu que j'aille jusque-là pour m'assurer. »

• *Vous avez le sentiment que vous auriez eu les mêmes envies de suicide si vous vous étiez mariée, ce n'était pas tellement lié à votre condition, mais que ça tenait à quelque chose d'existentiel qui était en vous ?*

« Oui, ça c'est un fait. Je crois que l'on est aussi dans des conditions aussi… si j'avais été mariée ça aurait peut-être masqué les vrais problèmes… parce que il y a des choses… là on est dans des conditions, il n'y a pas d'échappatoire. On ne peut pas se divertir, et tout à coup la vie n'avait plus de sens. »

• *Et dans ce moment de détresse, il y a quelqu'un qui vous a aidée ou là aussi vous vous êtes débrouillée un peu toute seule ?*

« Je me suis un peu débrouillée toute seule, même si j'ai conscience qu'en fait il y a eu des mains tendues, que j'ai refusées. »

• *Les sœurs autour de vous en avaient conscience ?*

« Bien sûr, elles voyaient bien. »

• *Et qu'est-ce qui a redonné sens, parce que bon là ça n'avait plus de sens et maintenant vous avez le sentiment que ça a du sens ?*

« Oui, maintenant ça a du sens, et je me dis même qu'il fallait tout ça, il fallait tout ça. »

Donc dans ces deux cas, nous trouvons le même sentiment d'un passage obligé, d'un chemin qu'il fallait parcourir pour accéder à une certaine maturation. Malgré tout, ces témoignages, surtout le premier, posent le difficile problème des talents reçus que chacun a ou non à exploiter. Rappelons-nous par exemple sœur Marie se disant qu'ayant reçu des dons intellectuels, elle avait à les faire fructifier – ce qui a orienté son choix vers un ordre où elle pouvait enseigner. Or précisément cette sœur qui souffre d'être confinée dans les ménages et la fromagerie avait aussi de grands dons intellectuels et les diplômes correspondants… alors, bien sûr, personne ne l'a obligée à tout abandonner pour se livrer à des tâches matérielles que n'importe qui d'autre aurait pu accomplir, de même qu'Élisabeth de la Trinité avait aussi accepté d'abandonner du jour au lendemain le piano pour lequel elle était particulièrement douée.

Il me semble que nous sommes ici sur un chemin de crête : d'un côté cela peut très vite basculer dans le masochisme[1] (en

1. Dans le masochisme, et spécialement le masochisme moral, le sujet, en raison d'une forte culpabilité inconsciente, trouve son plaisir à s'autopunir en recherchant souffrance et humiliation. Ce qu'il faut comprendre, c'est que se faire soi-même souffrir est une façon de reprendre une position active de maîtrise, voire de toute-puissance : par le refus et l'échec, ce sont les autres qui sont mis dans une position totale d'impuissance. Pensons par exemple aux adolescents qui se mettent ainsi en situation d'échec ou qui menacent de se suicider : quelle toute-puissance par rapport aux parents qui essaient désespérément de les mobiliser…

écho parfois avec du sadisme de la part du père ou de la mère abbé), mais cela peut tout aussi bien – et ce paraît être le cas ici – devenir progressif chemin de sagesse, dans la mesure où ce renoncement est vécu *comme la mise en acte d'une valeur* qui, dans la foi chrétienne, peut prendre la forme d'une identification aimante au Christ serviteur ; *le renoncement alors peut se faire progressivement force du moi, pouvoir qu'on acquiert sur soi-même, maîtrise de soi et déboucher sur une authentique liberté*.

Et autre problème, cette fois pour la communauté, comment gérer le fait que certains moines ou moniales puissent se singulariser dans des activités à part, même si c'est pour développer leurs dons originaux, et qu'il y ait dans un monastère ainsi deux poids et deux mesures ? Quoique… un article paru dans *La Croix*[1] faisait état d'une exception à cette règle d'une certaine uniformité à l'abbaye de Ligugé – je cite : « L'un des frères, François Cassingena-Trévedy, enseignant à l'Institut supérieur de liturgie et membre du département de patristique de l'Institut catholique de Paris, va plusieurs fois par an vivre et travailler avec des marins pêcheurs professionnels du Croisic et publie des livres de poésie[2]. » « *Vie active et vie contemplative sont deux dimensions de la vie spirituelle qu'il faut tenir ensemble*, explique dom Jean-Pierre Longeat, le père abbé, *l'union à Dieu dans la communion universelle restant toujours la finalité de la vie.* »

Et ce même moine dont il est ici question écrivait d'ailleurs lui-même : « Si réellement l'on a un don, ils ne faut pas le mettre en doute : il faut se donner éperdument à lui, afin de se donner soi-même, à travers lui[3]. »

Sans doute est-ce une affaire à traiter au cas par cas, mais qui semble difficilement réalisable et risquée dans une communauté monastique. Une piste à creuser et à explorer…

1. Du 27 janvier 2008.
2. Nous le citons d'ailleurs plusieurs fois dans cet ouvrage.
3. *Étincelles* I, p. 26.

Ce renoncement touche essentiellement à tout ce qui a trait au corps, à la sexualité agie et au don de la vie.

Et je crois que là encore les hommes ne le vivent pas de façon aussi existentielle que les femmes. Voici d'abord *trois vignettes masculines* qui campent assez bien trois différentes façons de gérer en soi ou avec d'autres le désir sexuel, ou d'y être, malgré soi, livré ; bien sûr les sollicitations à une transgression ne sont pas les mêmes pour ceux qui sont cloîtrés et les autres et les réponses seront différentes.

Voici d'abord le bref témoignage d'un moine.

« J'étais plutôt mystique et je ne me sentais pas fait pour annoncer l'évangile aux autres. J'étais attiré par l'aspect consolant de la religion, le Dieu de miséricorde, mais moi je n'aime pas qu'on me parle d'ascèse ou qu'on me parle de retranchement.

C'était un Dieu de pardon ?

Oui, oui.

Vous aviez envie d'être pardonné ?

Oui je me sentais coupable quand même.

Et vous saviez de quoi vous vous sentiez coupable ?

… des affaires sexuelles en fait.

Quelles affaires sexuelles ?

Je ne sais pas, la masturbation, des trucs comme ça qui peuvent arriver, ça me troublait profondément, ça me remettait en cause, ça me travaillait. Il fallait que j'aille voir un prêtre, je ne pouvais pas garder ça comme ça pour moi. C'est ça… c'est pas que ça me traumatisait, mais ça m'enlevait ma liberté intérieure et après je me retrouvais apaisé…

Jusqu'à la prochaine fois ?

Jusqu'à la prochaine fois. Alors c'est vrai que je me sens heureux. Mais l'aspect affectif, j'en ai pris conscience assez tardivement, j'ai un manque quand même terrible, l'aspect même simplement sexuel, des fois ça m'a taraudé. Le manque d'expérience, en fait je ne l'ai jamais fait avant d'être moine, l'expérience amoureuse je ne sais pas, un manque de quelque chose, ça m'a taraudé. Mais toutefois petit à petit je me suis bien senti à ma place.

Et de ne pas avoir d'enfant ?

Prendre en charge l'éducation des enfants, je n'aurais pas eu l'autorité, j'ai l'impression, j'aurais laissé faire. C'est difficile l'éducation. En fait non ça ne me manque pas, je ne sens pas un grand vide. Mais il faut dire qu'avec ce système-là on ne se voit pas vieillir. J'ai des amis à moi qui sont pères et grands-pères, je pourrais être comme ça. Mais non. Je n'ai pas senti les années passer… »

Ce premier témoignage soulève un problème extrêmement courant dans ce contexte : celui de la masturbation qui tout à coup s'impose à vous et semble finalement la seule réponse possible au vœu de continence – au moins je n'entraîne personne dans mon « péché », et c'est sans doute la réponse la plus fréquente dans le cadre d'un cloître. Mais on voit avec cet exemple combien cette pratique peut être culpabilisante – surtout pour un moine. En fait, ce qui peut y être sans doute le plus dangereux, c'est le risque de clôture sur soi : finalement je découvre que je n'ai besoin de personne pour me donner du plaisir et c'est une expérience qui peut me conforter dans un auto-érotisme mortifère ; alors sans doute la chance ici, c'est que justement la masturbation ne l'enfermait pas sur lui-même « je ne pouvais pas garder ça comme ça pour moi » et le fait de faire confiance à un Autre qui pouvait lui pardonner, lui a permis de maintenir une ouverture.

Voici maintenant le témoignage douloureux d'un religieux.

Dépassé par des besoins contradictoires qu'il ne comprend pas lui-même et qui le livrent à la merci de femmes elles-mêmes en mal de reconnaissance.

« Je suis entré dans la communauté effectivement avec un bagage intellectuel, avec une ouverture spirituelle ça c'est clair, mais pas la formation affective, sans mesurer le défi que ça allait représenter ; je n'avais jamais rencontré une fille, je n'avais jamais embrassé une femme, je me suis rattrapé après mais quand j'étais religieux. Je n'avais jamais embrassé une fille donc à ce moment-là, excusez-moi je suis un peu... Il est certain qu'il m'est arrivé quelque chose d'assez bouleversant, on m'avait demandé de participer à une colonie de vacances, ça faisait partie de la formation, je me suis inscrit à une colonie d'enfants handicapés et donc là je rencontre une équipe de jeunes animateurs, mais c'était quelque chose de lourd la prise en charge de ces enfants handicapés, moi je ne connaissais pas du tout le monde des enfants handicapés et comme c'était un petit peu lourd on avait le droit de partir toutes les semaines une journée pour dégager un petit peu. Donc une de ces journées, je pars avec une fille, on part tous les deux, on va à la plage, il n'y avait pas beaucoup de monde sur la plage et elle a commencé à me caresser, c'était la première fois qu'une femme me caressait et ça m'a remué, comment dirais-je, ça m'a remué. Tout de suite après, je vais voir le directeur, mon directeur personnel, je lui dis que j'ai rencontré une femme et il me dit : est-ce que vous voulez vous marier avec cette femme ou non ? La question du mariage ne s'était pas posée et je ne voulais pas me marier et donc, si vous ne voulez pas vous marier avec elle, il faut ne plus la revoir. L'idée qu'il pouvait y avoir entre le fait de se marier et puis rien du tout, des intermédiaires dans la vie affective, ça ne les... j'avais l'impression que les formateurs n'étaient pas capables de savoir qu'il y avait des intermédiaires entre le mariage, avec l'engagement total, et puis rien du tout. En fait j'ai appris ensuite qu'il y avait effectivement des rites de la vie amoureuse, qu'il y avait des caresses, qu'il y avait d'autres façons d'exprimer la rencontre que le mariage. Donc j'ai rencontré cette femme qui m'a un petit peu bouleversé mais elle était tout de même un peu perturbée au plan, oui un peu perturbée, je voulais la fréquenter mais je ne me sentais pas du tout intéressé pour me marier avec elle. »

• *Et vous étiez amoureux ?*

« Oui nous étions amoureux bien sûr. J'avais voulu rompre mais elle m'a un peu harcelée, elle n'était pas très catho, et au téléphone elle me disait : je ne veux pas que ce soit fini entre nous et elle continuait à me titiller pendant une heure au téléphone, et moi je ne voulais pas raccrocher, mais je ne dormais pas de la nuit car en même temps elle m'a quand même dit : tu sais ce n'est pas parce que tu ne veux plus me voir que la question est finie pour toi, elle m'a un petit peu troublé à ce niveau-là.

Oui j'ai vécu des choses fantastiques dans ma vie de religieux – j'ai vécu aussi beaucoup d'autres aventures amoureuses, et puis chaque fois elles n'ont pas fait le poids par rapport à la détermination que j'avais de rester religieux. De ma vocation il y a tout de même quelque chose dont je suis totalement et toujours émerveillé, la place du Christ dans ma vie, je veux dire par là si je suis resté quand même fidèle malgré tous ces bouleversements c'est parce que j'y crois, même si j'ai connu des difficultés fortes, le témoignage que j'ai donné c'est le témoignage d'un homme fragile, mais croyant, d'un homme habité par le Christ, beaucoup de gens me l'ont dit et je trouve ça tout à fait merveilleux. »

Et voici pour finir le témoignage d'un prêtre épanoui.

« Quand je vous ai parlé d'amitié amoureuse, dans mon esprit, je pensais à des femmes, mais plutôt quand j'étais étudiant, parce que c'est sûr que dès que j'ai été prêtre j'ai eu des fortes et profondes amitiés, mais j'ai essayé que ce ne soit pas des amitiés amoureuses où sans rien dire, on a l'air de dire, tout en pensant et tout ça... J'ai tout de suite pensé que c'était ça qu'il fallait absolument éviter et là vraiment ça a été pour moi, on ne peut pas peut-être s'empêcher d'y penser, mais je me suis toujours défendu comme de la peste de rentrer un peu dans ça. »

• *Et quelle définition vous donneriez de la chasteté ?*

« Je pense que c'est ne pas suggérer, mener imaginativement une aventure qu'on n'est pas capable d'honorer à cause de la situation dans laquelle on se trouve, que l'on doit respecter. J'ai pensé même que si je voulais que des rapports d'amitié puissent se continuer, il fallait que ça en soit ainsi. Que ce soit clair. Et je pense qu'il est normal que quelqu'un pense que vous l'aimez bien. Ça a été le cas avec une de mes paroissiennes : vous voyez, j'ai marié son fils et la veille du mariage, elle m'a renvoyé une photo sur laquelle nous étions ensemble et en dessous elle avait écrit : "Cher X... nous nous sommes rencontrés il y a quarante ans, j'ai l'impression de vous avoir toujours connu, que cette joie se prolonge jusqu'à l'éternité." C'est ça, c'est très bien ! »

• *Est-ce que vous n'avez pas le sentiment que le fait d'avoir réussi à trouver une relation juste à l'autre, que c'est aussi une des raisons pour lesquelles vous vous dites heureux aujourd'hui ?*

« Oui je suis sûr, je vois par exemple je vois quelqu'un qui certainement a été un moment pour moi quelqu'un qui pouvait devenir trop important, eh bien j'ai senti..., c'est quelqu'un avec qui j'ai été plus distant qu'avec d'autres. Tant que j'ai eu l'impression que cette femme était amoureuse de moi... je pense que j'ai été, parce que ce n'était pas possible, ça aurait été destructeur y compris dans l'amitié. »

• *En fait vous avez construit plein d'amitiés.*

« Plein, plein. »

• *Est-ce que ce n'est pas ça la chasteté finalement ?*

« Pour moi, oui. Ce n'est pas ne pas avoir de préférence, vous voyez par exemple j'ai trouvé très belle l'attitude de Teilhard de Chardin, il disait qu'il n'avait rien écrit, fait ou réalisé, sans être sous le regard amoureux d'une femme. Il ne le dit pas comme quelqu'un qui veut se montrer, non il le dit alors qu'il savait que ça avait traversé sa vie. Mais pour pouvoir vivre ça sans ambiguïté il faut avoir été aidé par d'autres qui vivent la même chose. Et dans toutes les équipes où j'ai été j'ai eu des prêtres que j'ai admirés, que j'ai eus comme collègues. C'est vrai qu'il y a eu des rencontres qui m'ont marqué.

D'une certaine façon je pense qu'on est d'abord croyant en participation avec d'autres croyants, on n'est pas croyant comme ça tout seul et donc je sais, j'ai l'impression que les choix principaux de mon existence, à quoi j'ai dit oui, à quoi j'ai dit non, ont été faits en fonction de quelques personnes vis-à-vis de qui j'étais croyant. Et puis il y a les rencontres fortes à travers des témoignages ; j'ai ainsi vécu dans la communion de gens qui étaient pour moi, pas des maîtres, le mot ne conviendrait pas, par exemple la figure de Teilhard de Chardin de ce point de vue-là a beaucoup compté pour moi. Ou bien encore le pasteur allemand Dietrich Bonhoeffer, je peux même dire que depuis le séminaire il n'y a pas de semaine qui se passe que je ne le lise, c'est vraiment un frère dans la foi cet homme-là, y compris des choses : qui suis-je, est-ce que je suis celui ou bien est-ce que je suis celui... Je crois que ce qu'il a vécu dans un si bref temps parce qu'il est mort à 39 ans, comme Jésus-Christ ils ne se sont pas fatigués longtemps. Et donc le fait de voir vivre des gens... »

• *Qu'est-ce qu'a alors voulu dire pour vous rencontrer Dieu ?*

« Alors je crois que j'ai toujours senti combien Dieu était mystère, qu'il était au-delà de tout ce que l'on pouvait dire et qu'en tout cas on ne pouvait pas mettre la main sur lui. Par exemple j'ai adoré un petit texte de Jean-Paul II, qui s'intitule *Reste avec nous* et c'est sur l'eucharistie ; il a eu ce génie de prendre les pèlerins d'Emmaüs pour dire qu'au carrefour de nos amertumes, de nos difficultés, le Christ nous rejoint, lui, le divin voyageur. Je trouve que ce nom de Jésus "*le divin voyageur*", celui sur qui l'on ne peut pas mettre la main quand se fait la rencontre, cela rejoint sa présence même dans l'eucharistie. Je trouve que cette dénomination de divin voyageur, ça résume bien les deux choses importantes pour moi, à la fois j'ai toujours pressenti la nature, la grandeur de Dieu, son mystère, celui sur qui on ne peut pas mettre la main, le grappin, et de l'autre côté, cette figure de Jésus qui pour moi certainement rejoint, a été incarnée en partie par des gens qui m'ont estimé, qui m'ont aimé ; je me dis : si la terre a été jugée digne de porter un homme comme le Christ ça vaut la peine de vivre – eh bien moi ça me suffit et c'est tout mon bonheur. »

Nous sommes tous en quête d'un miroir où trouver une image de nous-mêmes. On voit combien pour ce prêtre les personnes rencontrées et les valeurs auxquelles il a peu à peu adhéré ont pris le relais symbolique de ce miroir dans lequel se voir et se juger. Et on peut mesurer rétrospectivement *combien c'est le fait de pouvoir tenir ses engagements qui a été pour lui la source de sa valorisation, « tout son bonheur »*.

Et maintenant trois autres vignettes, mais cette fois féminines.

Heureuse la femme qui trouve
à qui se donner !
Celle-là ne demande point à se reprendre[1] !

Premier témoignage : celui d'une religieuse.

• *Comment vous voyez le célibat, qu'est-ce qui a été difficile pour vous et qu'est-ce qui au contraire a été épanouissant ?*

1. P. CLAUDEL, *Partage de midi*, Acte I, Paris, Gallimard.

« Ce n'est pas facile de répondre. Au moment où je suis entrée dans la communauté, ce qui m'a coûté, ça a été *de renoncer à la maternité*, sans doute le plus. J'avais des amies qui se mariaient à ce moment-là, voilà je ne peux pas dire que je les enviais mais j'étais… je me disais c'est beau, d'abord parce qu'on a bénéficié d'un couple parental qui n'était peut-être pas harmonieux, mais qui était uni profondément, donc c'est peut-être pour ça, je n'ai jamais eu le sentiment que la vie conjugale ou que la vie maritale était quelque chose qui pouvait faire peur, je n'ai jamais eu ce sentiment, pas du tout, honnêtement. Renoncer à la maternité c'est vrai que c'était… Bon, j'ai envie de dire que quand vous vous mariez, vous choisissez quelqu'un, vous ne vous dites pas quand vous vous mariez que vous renoncez à toutes les autres femmes, *vous vous dites que celle-là, vous l'aimez, je crois que c'est un peu la même chose.* Le célibat c'est l'envers, c'est un envers, ce n'est pas un endroit. L'envers c'est que, je me souviens que le père D. m'avait dit alors que je lui parlais de ma vocation, il m'avait dit c'est un grand témoignage que Dieu se rend à lui-même en remplissant un cœur de telle sorte qu'il suffise à ce cœur et j'ai toujours retenu cette phrase, parce que je l'ai vérifiée si je peux dire dans la durée. C'est sûr j'ai eu la chance de souvent travailler avec des hommes, tout en étant dans un milieu très féminin. Je ne sais pas quoi vous dire d'autre. »

• *Et quelle définition vous donneriez de la chasteté ?*

« C'est la pudeur de l'amour, c'est ça qui me vient. Encore une fois ce n'est pas négatif. Si j'aime Dieu, eh bien effectivement je préserve, je préserve les puissances d'aimer pour Lui et pour ceux qu'il me donne à aimer autour de moi. »

Et maintenant deux témoignages différents mais complémentaires dans la question qu'ils posent de savoir ce que veut dire « être femme ».

Il est intéressant de constater combien pour l'une la virginité va être une richesse, une valeur sur laquelle construire toute sa relation à Dieu ; et combien pour l'autre, cette même virginité sera vécue comme équivoque et comment, à un certain moment de sa vie, être faite femme dans les bras d'un homme sera comme un nécessaire tremplin pour, dans un second temps, rechoisir de se donner entièrement à Dieu.

Le témoignage d'une moniale.

Pour moi, rencontrer Dieu c'est marcher avec lui dans ce chemin de sainteté et aussi d'humanité, aller jusqu'au bout du don, aller le chercher toujours. Moi j'ai une question qui me taraude : Qu'est-ce que c'est qu'être moine ? Quand je pense ça, je suis toujours en marche et je suis toujours en train de me dire : Seigneur guide-moi, fais-moi avancer. La rencontre pour moi c'est un peu le buisson ardent, c'est se laisser aimer, c'est cette expérience, le Christ vous prend là, tout entier, avec son passé, son avenir ; rencontrer Dieu c'est faire route avec lui, c'est vivre de tout son cœur. Oui, vous voyez j'ai reçu la consécration des vierges et j'ai choisi ça, pour avoir la consécration monastique. Dans une certaine communauté, il y a des groupes, moi j'ai reçu celle-là. »

• *Et ça donne quoi de plus ?*

« Rien de plus, le jour de la profession monastique, on reçoit la consécration monastique ou la consécration des vierges. »

• *L'un ou l'autre, mais quand on reçoit la consécration monastique, de toute façon c'est une consécration des vierges, non ?*

« Eh bien non. »

• *Alors expliquez-moi.*

« Il y a la profession monastique et après il y a un rituel, on reçoit la consécration monastique qui est plus axée sur le baptême et la consécration des vierges qui est plus axée sur le mystère du Christ et de l'Église et des épousailles entre le Christ et l'Église. »

• *Si vous n'aviez pas été vierge, vous auriez pu avoir la consécration ?*

« Non. »

• *Il fallait vraiment être vierge ?*

« Oui. Et en même temps, il y a quelque chose de bancal aussi *puisque la virginité est devant nous*, la virginité du cœur est devant nous. Je me dis qu'entre ma naissance et ma mort, il y a un point de mon être de femme, à un moment il y a un point d'arrêt que j'ai choisi évidemment, que j'assume, mais de renoncement, de deuil, fort, gros pour une femme et je me dis tout ce qui reste là, c'est mon accomplissement, c'est ça que je laisse au Christ, je n'accomplirai pas ma vie de femme, la rencontre de Dieu, c'est cette part de ma vie que je lui offre ; c'est lui qui accomplira en moi ce que je veux devenir. Voilà. C'est ça, je n'accomplirai pas ma vie par moi-même, je ne serai pas celle que je dois devenir par moi-même. Je me suis rendu compte de ça quand je suis allée chez la gynécologue, on y va quand même, et je me suis dit, ça fait réfléchir quand même, parce que ce n'est pas comme aller chez le cardiologue. Pour une femme, bon je ne serai jamais enceinte, je n'accoucherai jamais, aller chez la gynéco pour plein d'autres choses. Bon voilà. J'ai réagi et j'ai réfléchi et je me suis dit, la consécration des vierges c'est quoi, j'ai renoncé à tout ça, tout ce qui reste de moi de femme, qui est apparemment non accompli, au sens général, eh bien c'est ça, c'est lui qui l'accomplira. Moi, ça m'échappe. Il fallait que je l'accepte, je le vis heureusement. Oui, je le vis dans la confiance et cette charge de maîtresse des novices, ça a drôlement creusé, consolidé ma relation au Christ. Parce qu'on ne peut pas porter les sœurs comme ça, ce n'est pas moi, c'est avec Lui, dans la foi, avec lui et j'ai tout le temps une relation qui s'est… je dirais presque charnelle, une relation qui a grandi. »

• *Vous pourriez dire que c'est une relation amoureuse ?*

« Oui, je crois que dans la vie monastique, une vie consacrée il faut oser parler d'une vie amoureuse sinon on devient desséché. »

• *Je sais que pour une femme le fait de ne pas avoir d'enfant c'est très dur, vous avez pu en faire le deuil ou ça reste quelque chose d'une blessure, comment vivez-vous cela ?*

« C'est dur, c'est un vrai renoncement, je peux avoir des rêveries et des fantasmes, comme je peux m'imaginer comme une des mes amies, mère avec tous ses enfants. D'en faire le deuil, je crois, je me demande si on n'a pas à chaque âge à vivre sa sexualité, à chaque âge il y a sa sexualité à vivre et je me dis là, je crois que c'est moins dur qu'au départ, parce que je crois que plus je vis ici plus j'avance dans cette vie qui me rend heureuse, donc cette vie me stabilise, m'équilibre, canalise mes énergies. »

• *Quand vous dites à chaque âge il y a sa sexualité à vivre, vous voulez dire quoi ?*

« Je veux dire que quand j'avais vingt-cinq ans, le renoncement c'était de ne pas avoir de vie sexuelle, de ne pas avoir de grossesse, de ne pas toucher quoi, je ne connaîtrais pas ça. Maintenant, quand mes amis viennent ou quand des couples qui viennent ce sont des gamins, des préadolescents, quand je rêve c'est dans cette étape-là que je rêve, c'est drôle. Je me suis dit un jour : tiens, tiens. Je dis à vingt-cinq ans ce ne sont pas les mêmes fantasmes qu'à quarante. »

Le témoignage d'une religieuse.

• *Donc il n'y a jamais eu pour vous de relations privilégiées avec un homme ?*

« Si, si, mais beaucoup plus tard dans un autre contexte, beaucoup plus compliqué.

En fait c'est un moment où j'étais déjà dans la vie religieuse et j'ai passé un moment vraiment difficile et il y a un prêtre ami qui a eu ce flair, car c'était vraiment du flair, de me dire mais il faut de la tendresse, il te faut vraiment de la tendresse et c'est vrai qu'on a vécu des choses, pas beaucoup, mais des choses intimes ensemble et il m'a, je dois dire qu'il m'a énormément aidée. Il m'a dit : tu vis ça comment, je lui ai dit : c'est idiot ce que je te dis, mais d'un certain côté c'était possible qu'avec quelqu'un de consacré aussi, qui pouvait savoir, enfin on parlait le même langage, il avait conscience, parce que humainement j'avais quelque chose qui avait besoin de tendresse et en même temps il fallait que ça reste juste, c'est difficile à dire. Que ça puisse avoir un sens, même si ce n'était pas dans les clous, je ne sais pas si je peux, vous voyez c'est comme une dynamique de vie qui n'était pas un reniement du choix que j'avais fait, ni du sien. On est sur la frange, sur des zones de crête où il n'y a que des cas où ça peut être vrai ou pas. Ce n'est pas reproductible.

Et je pense que là ce n'était pas de l'ordre de la compensation, ni de la récupération, ni de la reprise de soi ou d'une déviation ou du mensonge. Il y a eu une audace terrible sur laquelle d'abord j'ai refusé d'aller. Je ne regrette pas parce que, comment dire, c'est… tellement, maintenant je peux dire que j'ai la certitude que là où je suis c'est bien mon chemin. Il a été une main tendue à un bon moment pour m'éviter de… [silence…]. »

• *De vous en aller finalement ?*

« Ou de me ratatiner. »

• *C'était une expérience transformante, non ?*

« Comment dire, c'est comme une route, traverser un bosquet et en plus c'était vraiment après un moment très difficile même physiquement, j'ai été opérée d'une hystérectomie à ce moment-là, j'ai vécu des choses très difficiles avant de le connaître, j'avais quel âge, j'avais presque 40 ans, 35-40, parce que je vivais des événements communautaires, propres à ma communauté, je les vivais comme tout le reste tout à l'intérieur puisque je suis sans doute très introvertie et j'encaissais tout et j'avais des hémorragies terribles qui ont fait qu'il n'y avait pas d'autre solution que l'hystérectomie. C'est dur pour une femme, parce que le gynécologue c'était vite fait, il m'a dit bon, vous êtes bonne sœur donc ce n'est pas un problème, d'accord vous êtes jeune mais ça ne vous fait pas de problème, bon c'est demain on fait ça.

En même temps je ne pouvais plus continuer comme ça. Donc c'était pour dire que c'était un moment où je traversais une zone d'ombre vraiment, à la fois une route droite mais comme une route droite où il y a tout un bosquet d'arbres sur le côté et toute la route est dans le noir. Et après, après le bosquet d'arbres il y a eu cette espèce de rayon de soleil qui m'a laissée penser que c'était toujours la route. Vous voyez et quand je dis rayon de soleil je ne veux pas dire qu'il y a que ça pour apporter de la lumière sur la route, ce serait complètement faux et puis c'est tellement… »

• *Est-ce que je pourrais dire que, à un moment, vous avez eu besoin d'une rencontre humaine pour vous sentir aimée, reconnue et avoir cette tendresse qui vous manquait cruellement et où vous vous sentiez seule et peut-être un peu abandonnée dans cette communauté qui vivait des choses difficiles, d'après ce que j'ai compris, où ça a été un moment très nécessaire pour pouvoir redéfinir, vous resituer dans votre chemin à vous. Si il n'y avait pas eu ça ?*

« S'il n'y avait pas eu ça, je crois que renfermée comme j'étais, sensible aussi, imaginative, il y a quelque chose qui ne se serait pas développé, quelque chose, parce que je sens que j'ai changé, je ne suis plus la même, même dans l'appréciation des choses, des gens, je ne vis plus. Vous voyez je relisais votre paragraphe sur le Cantique des Cantiques, je me disais quand je suis entrée dans ma communauté le Cantique des Cantiques je trouvais ça superbe, merveilleux, sublime, un sublime complètement éthéré. Maintenant quand je le lis, je me dis, ça dit aussi autre chose, je ne peux pas dire que c'est encore ma prière parce que je ne peux plus le sublimer autant que ça, vous voyez, ce n'est plus, comment dire… Ce n'est pas du tout que je pouvais ignorer, *c'est autre chose de savoir et autre chose de vivre*. Actuellement relire le Cantique, je ne dirais pas aussi vite que c'est l'expression de mon alliance avec le Christ. Par contre ce que vous en dites sur l'amour qui nécessite l'absence, le respect du partenaire, ça, ça se vit dans la vie fraternelle, je suis d'accord, tout à fait. Mais là c'est tout à fait un autre secteur et c'est en ça que c'est transposable votre bouquin, c'est très juste. Entre exploiter les autres ou se faire exploiter par les autres ou bien se situer vraiment en partenaire, maintenant c'est pareil dans la vie fraternelle, je ne suis plus dans la sublimation abstraite d'une union mystique et ça ne retire rien à l'attachement au Christ, je crois que là c'est viscéral. Ça me fait vivre foncièrement, la Parole de Dieu me fait vivre, les Psaumes me font vivre. C'est compliqué, hein ! »

• *Non, non, mais finalement on en arrive à dire, si je vous entends bien, qu'à un moment ou à un autre les uns et les autres, on a besoin de vivre une relation privilégiée de tendresse, mais vraiment privilégiée pour ensuite pouvoir y renoncer. Mais que si vous ne l'aviez pas vécue, vous vous ratatiniez, vous disiez. Alors on est en plein dans le problème. Est-ce qu'il y a une maturité affective possible, uniquement dans un chemin fait avec un homme Jésus-Christ qui est une relation mystique ? Voilà c'est ça ma question.*

« Je crois qu'il y en a une effectivement. Je pense que la réponse de ce prêtre ce n'était pas au niveau d'une vie de foi qui aurait nécessairement besoin de ce passage, c'était au niveau de mon problème à moi, de mon enfermement humain. Je le lis comme ça. Parce que bien des sœurs de ma communauté, au moins toutes celles qui sont de la génération précédente, je n'en sais rien, mais tout le monde n'a pas forcément vécu ça et que ça ne peut pas être présenté comme le modèle typique. Cela dit, je sais que maintenant dans le discernement des jeunes qui entrent, on ne peut pas dire qu'on leur dit qu'il faut se jeter dans les bras du premier venu, mais on insiste beaucoup pour qu'elles aient vécu humainement un maximum de choses, quoi que ce soit, d'expériences humaines qui ouvrent. C'est vrai que je suis entrée dans la communauté à vingt et un ans, donc très, très jeune. »

• *Et vous n'aviez jamais eu de relations sexuelles ?*

« Non. Avant, non. Pour le coup, plusieurs fois, je me suis dit la virginité à l'époque ce n'est pas une vertu, c'est une pauvreté. Et ça je crois qu'il faut faire très attention aux textes mystiques sur la virginité magnifiée, parce qu'on arrive à des dérives complètement absurdes et puis des femmes qui peuvent être d'une dureté terrible. Et l'avantage, si on peut dire, de ce qui m'a été donné à vivre, parce que je ne l'ai pas cherché, c'est vrai que je ne l'ai pas cherché, c'est qu'on n'a pas de quoi se vanter, pour moi c'est une vraie expérience de pauvreté ; moi je voulais prouver qu'on peut être femme et qu'on peut être religieuse et que ça a du sens. Mais je me suis dit : ma fille c'est bien parce que peut-être tu le vis, mais là où tu t'es trompée, c'est que l'on ne peut pas être femme toute seule. On ne peut pas dire que l'on défend l'idéal féminin sans le situer dans un rapport avec le masculin, d'une façon ou d'une autre. »

• *Si ce n'est pas indiscret, vous auriez aimé faire votre vie avec ce prêtre ou...*

« Sûrement pas. »

Ah bon, comment vous voyez ça alors ?

• Sûrement pas, parce que par ailleurs j'ai une très grande reconnaissance, mais je sais que c'est un type insupportable et lui non plus, c'est très clair. C'est pour ça, c'est vraiment, quelque part c'est un cadeau, mais sans ambiguïté. Ça a l'air idiot de dire ça, ce n'est pas un modèle reproductible tant pis, mais il n'y a aucune ambiguïté, je n'ai eu aucune hésitation par la suite à me dire je ne suis pas à ma place ; rien du tout, au contraire, je me trouvais plus à ma place. C'est là où je me dis ça a touché mon histoire à moi et pas mon chemin de consacrée en tant que tel. Ça l'a touché si, forcément, et de temps en temps je pense que dans la vie de communauté il y a bien des fois où il y a des réactions, etc. je me dis là il y a une expérience humaine qui manque, en particulier des espèces de trucs mesquins, des trucs mesquins il y en a dans toutes les vies, ce n'est pas propre à la vie de communauté. C'est trivial et je le dis comme je le pense, quelquefois des trucs... on s'énerve pour des bêtises et je me dis mais ça c'est des colères d'eunuques, vous savez des trucs de gens qui ne sont pas finis, qui ne sont pas faits, qui n'ont pas une densité d'humanité. C'est dangereux de dire ça parce que ça pourrait laisser penser qu'il n'y a que des gens ratatinés parmi les religieux, ce qui n'est pas vrai, ce qui n'est pas vrai du tout. J'ai des images d'anciennes qui sont encore chez nous, qui sont extraordinaires. Pour moi là je crois que ça répondait à la traversée de la nuit que j'avais vécue avec cette hystérectomie qui m'avait complètement retournée dans ma vie de chair. »

• *Et maintenant quand vous relisez votre vie vous vous dites que vous avez fait le bon choix ? Qu'est-ce qui donne le plus sens à votre vie actuellement ?*

« C'est l'alliance avec le Christ, il n'y a pas de doute. J'ai le sentiment d'être, ça a l'air prétentieux, mais quand même d'être habitée par la prière. »

• *Habitée par un dialogue ?*

« Oui, habitée par un dialogue. Et un dialogue qui n'a pas été abîmé par cette expérience humaine. »

• *Au contraire...*

« Non pas au contraire, justement c'est là où il faut faire attention, pas au contraire. Ça s'est situé dans le chemin, pas au contraire, non. »

• *Je dis au contraire parce que d'une part ça vous a fait toucher vos limites, votre faiblesse, et dans un sentiment que vous étiez aimée quand même, ce qui était extrêmement important et qui vous a rendue beaucoup plus tolérante, ouverte, etc. Ce « au contraire » est quand même vrai aussi.*

« Oui, c'est drôle je ne peux pas dire qu'il y a une rupture entre l'avant et l'après. C'est vraiment une continuité. Je crois que *ça a peut-être mis de la densité humaine dans ma vie*, mais spirituellement la continuité n'est ni rompue, ni transcendée tout d'un coup, ni affadie ; on n'est pas en tranches comme ça. »

Cette histoire est donc une histoire heureuse – cette aventure lui a été, en lien avec son histoire, comme un nécessaire tremplin pour repartir – mais ce n'est pas toujours le cas ; en effet souvent ces expériences – surtout vécues avec un prêtre – peuvent être au contraire très « désillusionnantes » pour leurs partenaires d'un moment, mais dans le mauvais sens du terme ; d'autant que ce genre d'aventure se doit, en général, d'être tenue secrète et laisse seul avec un profond sentiment de honte et avec très souvent l'impression rétrospective d'avoir été surtout utilisé, pour être ensuite abandonné... N'est-elle pas tenue secrète d'ailleurs, que cette infidélité à la parole donnée est de toute façon traumatisante pour ceux qui l'apprennent ; c'est tous ces cas d'hommes ou de femmes qui quittent les ordres, laissant leurs communautés et leurs proches dans un grand désarroi. Beaucoup m'en ont parlé. J'ai choisi cet extrait d'un entretien avec une religieuse qui a fait cette expérience au moment où elle se posait le problème d'entrer elle-même dans une congrégation :

« Avec mon père spirituel, ça s'est terminé par quelque chose d'une épreuve très grande pour moi, c'est qu'il s'est marié. Ça a été le tremblement de terre, un drame absolu. On était toute une bande de jeunes et il a épousé l'une d'entre nous. Quand j'ai su ça, il m'a écrit et je pense qu'il n'avait pas suffisamment de distance avec les jeunes avec qui il était, et avec moi il avait une relation très forte, fraternelle, paternelle, ce que vous voulez, mais très forte et donc il s'est donné la peine d'écrire une lettre qui m'était personnellement adressée pour me dire ça. Je me souviens quand j'ai lu ça dans ma chambre, j'étais chez mes parents, j'étais sidérée au sens exact du mot, ça a duré trois jours ma sidération et après je me suis mise à me démolir, le scandale, le truc qui vous fout par terre. Je me souviens que j'ai envoyé tout promener, à commencer par l'Église. Dieu merci j'avais rencontré au hasard d'une retraite un père jésuite ; plus tard je l'ai revu et il m'a aidée à sortir de mes discours intérieurs et de mes monologues, de ce que saint Ignace appelle des soufismes, c'est-à-dire des discours creux qui ravagent tout. Voyez par exemple ce qui m'avait mise tout à fait par terre dans cette histoire avec ce prêtre c'est quand j'ai commencé à me dire "qu'est-ce que j'ai fait moi à l'école de quelqu'un comme ça, il m'a emmenée où ?" Du coup, partie sur ce leurre, j'ai erré pendant cinq ou six ans… »

Dernier témoignage : celui d'une jeune femme ayant quitté le couvent.

Un peu plus haut nous avions évoqué un moine qui ne s'était pas senti à sa place dans un premier monastère où il avait prononcé ses vœux, et qui l'avait finalement quitté, pour trouver un autre couvent beaucoup plus en accord avec ses aspirations.

Mais parfois, c'est la « vocation » elle-même qui sera remise en question : cette dernière histoire sera celle d'une jeune femme maintenant mariée qui témoigne à visage découvert dans le documentaire intitulé *Vivre d'amour* réalisé par Mireille Darc et passé à la télévision sur Arte. Sont interrogées dans ce film des religieuses de communautés différentes, des Carmélites de Bayonne, des Sœurs de la Fraternité de Jérusalem ainsi que des Xavières et en contre-point à toutes ces femmes qui se disent heureuses de leurs choix, est parlé ce témoignage d'Anne Francq :

elle dit être entrée au couvent dans un ordre semi-contemplatif à 19 ans et en être ressortie à 26 ans, juste avant de prononcer ses vœux perpétuels. Elle-même avait été l'élève de ces sœurs qui avaient une fonction enseignante ; elle était en admiration devant certaines d'entre elles qui étaient jeunes, jolies et gaies et ajoute-t-elle, c'était un exemple exaltant. Puis un jour, alors qu'elle était en seconde et qu'elle participait à un office dans la cathédrale tout à coup elle a senti en elle l'appel de Dieu. Elle est donc entrée chez ces sœurs enseignantes, y a été deux ans novice, puis a prononcé des vœux temporaires pour trois ans avant de décider de partir définitivement. Pour elle, qui était très sportive, les premières critiques qu'elle émet tournent autour de ce qu'elle vit comme une espèce de momification insupportable de tout son corps, « on ne devait pas courir et tous les mouvements devaient être maîtrisés ». Puis un jour, explique-t-elle, j'ai eu « une impression d'absurdité ; j'avais le sentiment que ma personnalité était niée ainsi que mes désirs et mes affections et qu'en outre je ne réalisais aucune action signifiante ».

Quand un peu plus tard dans le film on lui redonne la parole, elle va évoquer ce qu'elle dit être ce vœu radical de chasteté qui lui a été finalement incompréhensible. « Que fait-on dans tout ça de ses désirs ? demande-t-elle, car ils ne peuvent même pas émerger. Au fond on vit une souffrance indifférenciée, une espèce de mal-être continuel avec bizarrement à la fine pointe quelque chose d'heureux. » Puis elle évoque l'aridité affective dans laquelle elle a vécu pendant quatre ans après son départ, habitée par des principes draconiens qu'elle avait faits siens, et combien il a fallu que l'homme qu'elle avait rencontré soit « comme un torrent qui brise des freins et des digues... ».

À la fin, elle dira cependant que ces sept années de réclusion l'ont *aussi* nourrie et que, étrangement, si c'était à refaire, elle le referait[1]. Elle évoque alors combien elle y a appris à maîtriser ses

1. Cela pose l'éventuel problème de « CDD » (contrats à durée déterminée) au couvent... Je veux dire par là qu'on pourrait imaginer des temps de participation à la vie conventuelle sans engagement définitif (?).

émotions et son irascibilité et la richesse d'y avoir acquis un regard de bienveillance. Pourtant, dit-elle pour terminer, quand je pense à ces religieuses, j'y pense avec beaucoup de compassion car, tout de même, il y a chez elles un manque, un vide, une douleur…

Ce témoignage à la fois critique et nuancé est particulièrement intéressant pour notre propos car, *à partir d'expériences communes à tout un chacun de « manque, de vide, de douleur »*, exacerbées ici par le contexte conventuel qui ne permet aucune distraction, il pointe, avec beaucoup de finesse et de réalisme, *la fracture possible entre ceux qui pourront en faire une expérience paradoxale de « rencontre avec l'A-autre », et ceux qui ne pourront les vivre que comme des contradictions insolubles, voire absurdes.* Revoilà posée avec acuité cette question que nous posions au début à propos de l'espace transitionnel ou paradoxal de la foi, et plus largement de la capacité à faire confiance à un autre dans sa dimension d'absence.

Nous avions évoqué l'importance des représentations et des idéaux culturels qui, donnant sens aux expériences relationnelles, orientent inévitablement les « croyances » de chacun. Or, si nous nous situons sur un terrain chrétien, il va s'agir de peu à peu apprendre à donner « chair » à ces mêmes représentations et idéaux, au départ abstraits et impersonnels, car le Dieu de la Bible se révèle à moi en tant que Personne qui me parle avec amour, qui m'interpelle et qui m'invite à dialoguer. Et s'il se peut qu'au départ, comme nous l'avons vu, Sa présence a pu être goûtée, Son absence (le manque, le vide, la douleur) fait tout autant partie de la vérité de cette relation, comme d'ailleurs elle fait partie de toute relation. Infiniment au-delà de tout ce que nous avons pu dire sur la vérité paradoxale de quelque relation humaine que ce soit, il va falloir en effet maintenir ce paradoxe d'un Dieu-Amour radicalement Autre, Ailleurs, Inconnu (Je suis qui Je suis), qui pourtant et en même temps est présent dans toutes mes expériences d'amour humaines (Je suis en train de devenir qui Je suis en étant avec T-toi). Il va donc falloir apprendre à me laisser affecter par ceux qui m'entourent ; or nous avions noté la solitude affective de beaucoup de ces appelés par Dieu – *Nous allons maintenant essayer de comprendre comment ces difficultés à se laisser affecter trouvent dans la médiation du Christ une ouverture possible vers l'autre*, ou dit autrement comment l'absolu d'un appel va trouver sa fécondité à être désabsolutisé par le rude apprentissage d'une mutualité.

LE MONASTÈRE, UN ESPACE ET UN TEMPS D'HUMANISATION À TRAVERS UN ESSAI DE CONSTRUCTION DES LIENS ?

Va vers le pays que je te montrerai »
(Gn 12, 1).

Cette recherche nous est donc un terrain quasi expérimental : nous avons pu constater combien par exemple pour certains prêtres mariés la sexualité agie n'avait aucunement facilité les rencontres, les laissant, malgré parfois la multiplication des aventures, cruellement seuls. Or à l'écoute de presque tous ces célibataires pour Dieu il apparaît que le projet de vie qui est le leur, ce pèlerinage vers le pays que Dieu veut leur montrer, peut au contraire aider à créer des liens et rendre profondément heureux. Comment comprendre cet apparent paradoxe ?

En préliminaire à cette réflexion, reprenons d'abord quelques phrases de Benoît XVI dans son allocution au Collège des Bernardins[1] lorsqu'il évoque quelles pouvaient être les motivations des premiers moines en Occident : « Leur objectif était de chercher Dieu *quaerere Deum.* Au milieu de la confusion de ces temps où rien ne semblait résister, les moines désiraient la chose la plus importante : s'appliquer à trouver ce qui a de la valeur et demeure toujours, trouver la Vie elle-même. [...] On dit que leur être était tendu vers l'*es-*

1. Vendredi 12 septembre 2008.

chatologie. Mais cela ne doit pas être compris au sens chronologique du terme – comme s'ils vivaient les yeux tournés vers la fin du monde ou leur propre mort – mais au sens existentiel : derrière le provisoire, ils cherchaient le définitif. Comme ils étaient chrétiens, il ne s'agissait pas d'une aventure dans un désert sans chemin, d'une recherche dans l'obscurité absolue. Dieu lui-même a placé des bornes milliaires, mieux, il a aplani la voie, et leur tâche consistait à la trouver et à la suivre. *Cette voie était Sa Parole, qui dans les livres des Saintes Écritures, était offerte aux hommes.* »

Mais important pour notre propos, cette Parole que Dieu donne à l'homme pour que celui-ci puisse venir à Sa rencontre, continue Benoît XVI, ne peut pas être réduite à elle-même, car elle est livrée « dans le multiple (les Écritures) et l'humain (la Parole de Dieu nous parvient à travers une parole humaine) ». De ce fait, « l'Écriture a besoin de l'interprétation et elle a besoin de la communauté où elle s'est formée et où elle est vécue » car, dit saint Paul, « la lettre tue, mais l'Esprit donne la vie » (2 Co 3, 6). Et l'Esprit c'est le Christ ; « un vaste horizon s'ouvre, mais en même temps une limite claire est mise à l'arbitraire et à la subjectivité, limite qui oblige fortement l'individu tout comme la communauté et noue un lien supérieur à la limite du texte : *le lien de l'intelligence et de l'amour* ».

Nous allons donc voir comment aujourd'hui se perpétue cette tradition monastique d'un « chercher Dieu », dans un essai de construction de liens – liens entre Dieu et soi, à travers liturgie et prière, liens entre les autres et soi, dans ce partage quotidien de vie et de travail avec les autres religieuses, liens entre soi et soi dans le silence – liens qui vont alors obliger à en tisser d'autres entre l'intelligence et l'amour, même si, répétons-le une nouvelle fois, si Dieu est vraiment Dieu, Il excède nécessairement tous ces liens. Réfléchissant sur l'aventure de Moïse, nous avions essayé de montrer combien YHWH s'était révélé à lui sous une forme éminemment paradoxale puisque dans Son Nom « Je suis en train de devenir qui je suis en étant avec toi », Moïse pouvait alors découvrir sa propre identité ; en effet il faut que dans ce Nom « Autre » « Je suis qui je suis » il y ait aussi du « même » que l'homme pour que cela prenne sens pour lui. Ainsi dans ce Nom, un espace paradoxal, *un terrain commun à Dieu et à l'homme*, était offert à ce dernier pour, s'il le voulait bien, donner à ses expériences un sens nouveau et une nouvelle orientation. De même que l'enfant devait se réfléchir dans le visage de sa mère pour entrer dans la découverte de lui-même, YHWH se proposait ainsi à l'homme comme AUTRE miroir d'identité, comme AUTRE manière de construire une continuité des liens.

C'est par cette autre manière de construire une continuité des liens qu'avec toute sa vie, corps et âme, le moine, en communion avec d'autres, va chercher à rencontrer ce Dieu qui s'est fait homme en Jésus-Christ. Et cette recherche va inévitablement être encadrée par des règles – sensiblement différentes suivant les différents fondateurs d'ordres monastiques – qui vont permettre la vie en commun dans le monastère, cette « école du service du Seigneur » comme l'appelle saint Benoît.

Nous avons donc choisi de pénétrer dans un monastère de Bénédictines et d'écouter, ce qu'à partir de leur clôture, elles ont à nous dire.

Voici d'abord comment se déroule chacune de leurs journées :

Lever	5 heures
Vigiles	5 heures 30 – 6 heures 20
Oraison-Lectio divina	
Petit déjeuner	
Angélus	7 heures 25
Laudes	7 heures 30 – 8 heures 10
Oraison	
Eucharistie	8 heures 50
Chapitre	
Travail	9 heures 45

Angélus	12 heures 20
Sexte	12 heures 30
Repas	
None, après le repas,	
puis silence jusqu'à	14 heures 10
Travail	14 heures 15 – 17 heures
Vêpres	17 heures 15
Lectio divina	
Dîner	18 heures 45
Rencontre fraternelle	
en communauté	19 heures 15
Complies	20 heures
Couvre-feu	21 heures.

Quelques précisions concernant certains des temps qui rythment la journée monastique.

La lectio divina consiste en une lecture personnelle de la Parole ou de textes y ayant trait – quant au chapitre, c'est une réunion de toute la communauté dans la salle du chapitre pour un « commentaire de la Règle » de la mère abbesse. Nous en préciserons la teneur un peu plus loin. Chaque soir après dîner, pendant ¾ d'heure environ, il y a un temps de rencontre communautaire partagé en deux temps : d'abord de manière spontanée et informelle (l'été parfois le temps d'une courte promenade) puis il y a une rencontre, en salle de communauté ou, s'il fait beau, dans le jardin, pour une conversation plus générale, souvent un partage de nouvelles, nouvelles familiales, ou concernant d'autres communautés ou encore des personnes accueillies ou rencontrées. Ce peut être aussi un partage au sujet de lectures, d'événements, de conférences.

Le dimanche, les choses sont un peu différentes dans la mesure où c'est un jour de repos et où, à la place du travail de l'après-midi, sont possibles à l'hôtellerie ou au parloir des rencontres diverses et variées. Des promenades ou échanges « gratuits » entre sœurs peuvent se vivre, des réflexions par petits groupes ou commissions ; préparation de fêtes, propositions ou projets touchant la vie communautaire, la vie monastique et les rapports intermonastères, la vie ecclésiale ou des sujets d'actualité divers… Par exemple, dernièrement à la suite du visionnage du film d'Al Gore, *Une vérité qui dérange*, un groupe de sœurs a souhaité poursuivre la réflexion et s'interroger sur nos modes de vie et nos comportements. Une synthèse de propositions a été faite pour sensibiliser la communauté sur des points concrets et inviter à une attitude « éco-responsable » (c'était l'appellation que le groupe de sœurs s'était donnée !). Un exemple parmi d'autres…

C'est aussi un jour où la détente peut trouver sa place : l'art, la musique, le sport, le visionnage de films-DVD ou d'émissions enregistrées sur magnétoscope sont aussi proposés : il y a parfois des « spectacles » organisés soit pour un jubilé, soit pour une fête ; en général, c'est un petit groupe qui organise, mais on m'a dit que les autres sœurs de la communauté sont alors d'excellentes spectatrices !

Ainsi, le dimanche est donc un temps où l'équilibre solitude et communion se vit dans une plus grande souplesse selon les personnes et les besoins.

La construction des liens par le travail et par la vie menée en commun avec les autres sœurs.

> Que celui qui ne peut pas être seul se garde de la vie communautaire. Il ne pourra que lui nuire et se nuire à lui-même […] Mais l'inverse est aussi vrai : que celui qui ne se tient pas dans la communauté se garde de la solitude. […] Ce n'est qu'en ayant notre place dans la communauté que nous pouvons être seuls et seulement celui qui est seul peut vivre dans la communauté.
> Les deux choses sont liées.[1]

1. D. Bonhoeffer, *De la vie communautaire*, p. 69 et 70.

Un regard extérieur.

D'abord je voudrais réagir à titre personnel et me faire le porte-parole des questions que peuvent se poser toutes les personnes qui vivent dans le monde et pour qui – surtout pour celles qui sont sans références religieuses – ce choix d'un cloître où vivre entre femmes est une totale énigme. Dans le chapitre précédent nous avons déjà évoqué ce problème de la sexualité qui ici n'est pas agie et du douloureux renoncement à la maternité et nous n'y reviendrons pas. Mais alors se posent d'autres problèmes dont *celui de la forme et de la qualité des liens qui peuvent, dans ces conditions de vie, exister entre elles ?*

De loin, et au vu de l'uniformité des costumes des moniales, on peut niveler, voire idéaliser, et se dire que cette uniformité doit aussi s'étendre aux sentiments qu'elles se portent entre elles ; n'ont-elles pas en commun leur foi et surtout leur désir de mettre l'amour, autrement dit le Christ, au centre de leur vie ?... Mais quand on parle un peu avec l'une ou l'autre, on s'aperçoit très vite de leurs grandes différences de sensibilité ; avec humour, l'une me dira que ce qui est la source la mieux assurée de leurs violents désaccords reste d'une part les options politiques, d'autre part les options liturgiques... Mais au-delà de cet aspect anecdotique, il faut voir combien parfois il peut être difficile de vivre à côté de sœurs qu'on n'aurait pas spontanément choisies comme amies et qui sont là, avec vous, pour l'« éternité » dans un lieu dont aucune ne sortira plus ; dans le monde, quand par exemple on n'a pas beaucoup d'atomes crochus (et c'est parfois un euphémisme !) avec une collègue de travail, il est souvent facile de s'en tenir à un partage de tâches minimal avec elle, voire de l'éviter. Ici rien de tel. Cette sœur qui, souvent sans qu'on sache pourquoi, vous irrite tant (et c'est une spécificité des femmes entre elles, d'être ainsi souvent à vif pour tout ce qui touche leurs relations) elle sera à vos côtés à table, aux offices, au travail... Et autre problème que je souhaitais aussi poser : d'expérience je sais l'appui précieux que peut être une relation privilégiée avec un mari ; or, au couvent, peut-on trouver un équivalent, ou bien comment fait-on ? Mais… écoutons plutôt le témoignage de celles qui sont concernées :

Difficulté à vivre en communauté entre femmes.

Il est, je crois, inutile d'épiloguer sur cette difficulté à vivre ensemble pour des femmes d'origines diverses, tellement cela est inévitable[1] ; ce me sera dit et redit. Un aperçu en est d'ailleurs donné un peu plus haut lorsqu'il est question des rudes épreuves liées à un engagement.

En outre, ce qui sans doute ajoute à cette difficulté, c'est que souvent revenait dans la vocation à être moniale le désir d'une relation verticale à Dieu, qui allait (plus ou moins consciemment ?) vous préserver d'une relation aux autres. En voici une illustration parmi d'autres : « Mon premier choix, après la première certitude de mon appel, aurait été pour une vie de solitude la plus absolue possible, mais les chartreux sont des hommes et vivre en ermite pour une femme n'est pas évident ; je me suis donc *résolue à consentir à* une vie communautaire qui, dans mon esprit, était le simple « milieu de culture » pour ma quête de Dieu. Certes, elle l'est, mais elle est aussi, je l'ai découvert peu à peu, un chemin d'ouverture, d'accueil, *un rude apprentissage de la fraternité que je n'aurais pas imaginé. Finalement un chemin évangélique.* » Ou encore une autre me parle des sœurs comme d'« intruses qu'au début elle supportait difficilement ».

Quel type de relations ?

Étant donné le côté très médiatisé des échanges, je me demandais quel type de relations elles pouvaient nouer entre elles et *si elles pouvaient, malgré tout avoir des relations privilégiées* ?

1. Comme d'ailleurs il est inévitable que toute relation qui dure soit difficile.

Voici deux réponses qui m'ont été faites :

« L'amitié, dans une vie consacrée, me paraît essentielle : quelqu'un avec qui on peut penser tout haut, partager une inquiétude, objectiver une situation, repérer un problème… Cela me fait du bien de me dire qu'on voit les choses avec la même approche, qu'on sent les mêmes difficultés, qu'on peut se mettre en boîte, se taquiner, sans que ce soit mal pris, utiliser l'humour avec confiance. Bref, une sœur avec qui je suis à l'aise. »

Et deuxième témoignage :

« Je pense, en communauté il y a de vraies amitiés et qui sont des amitiés ouvertes, qui ne sont pas exclusives, celles qui gênent et que l'on n'aime pas, ce sont les amitiés exclusives, celles qui se referment sur elles-mêmes. Et ça c'est vrai que ça a existé dans notre communauté et c'est vraiment insupportable, et pour les filles qui les vivent aussi. Quand on ne peut pas vivre une seconde sans chercher les yeux de l'autre, même s'il n'y a rien de physique, c'est insupportable et puis elles sont esclaves mutuellement l'une de l'autre, c'est ça qui est visé ; mais il ne peut pas ne pas y avoir d'affinités naturelles et des relations discrètement privilégiées, de vraies amitiés constructives – ainsi la sœur avec qui je travaille c'est quelqu'un avec qui je suis très à l'aise, quand elle est de mauvaise humeur je sais que ça va passer et quand je suis de mauvaise humeur, réciproquement, on se supporte comme on est et on s'encourage. »

• *Elle vous est importante ?*

« Oui elle m'est importante, elle m'est importante vraiment et il y en a plusieurs qui sont pour moi des références, une sœur qui est maintenant très âgée et qui est quelqu'un de tout à fait libre, cette femme est importante pour moi, elle est encourageante et en même temps elle, si vous la faites parler, elle dit qu'elle n'est bonne à rien, bref alors que c'est quelqu'un d'absolument lumineux, qui a une exigence personnelle, une vie avec le Christ très profonde, une vie d'intercession. »

Revient ainsi en leitmotiv l'exemple très fort et l'appui que peuvent représenter *les sœurs anciennes* qui, comme me le dit l'une, « ont traversé les remous inhérents à toute existence et nous montrent le chemin ».

La découverte de soi advient dans la rencontre de l'autre.

« La vie fraternelle est pour moi un soutien, un appel à aller toujours plus loin, au-delà de l'apparence, c'est très exigeant et réclame de prendre sur soi. *Un apprentissage de la relation à l'autre qui ne va pas sans la relation à soi.* Mais pourquoi suis-je si énervée par le comportement de cette sœur ? *Qu'est-ce qui m'est révélé de moi dans cet agacement, voire ce chamboulement intérieur devant telle réaction ?* Ce sont des questions qui m'ont aidée à grandir. Seulement accepter de se les poser passe par les larmes, la connaissance de soi est onéreuse. Point de passage obligé et qui invite à la vie : que choisir ? Rester dans mon confort intérieur ou bien être déstabilisée pour pouvoir ensuite être construite en vérité. Je crois que, sans cette confrontation à l'autre, je resterai au seuil de moi-même dans une certaine mesure ! J'y apprends ce que je suis car on ne se construit que par le jeu des relations [...]. Il y a comme un appel à aller à l'essentiel, où est l'essence de ma vie ? Pourquoi suis-je venue ici ? Ce sont les événements de la vie quotidienne la plupart du temps qui font naître en moi ces questions. »

Voici donc une première réponse à ma question : ce type de relation distancié avec toutes les autres sœurs, s'il n'empêche pas toujours la projection, c'est-à-dire l'attribution à l'autre de sentiments négatifs vous appartenant en propre, oblige ici sans cesse à un questionnement sur soi-même. À cela il faut tout de suite ajouter une deuxième réponse qui éclaire ce que nous venons de noter.

Un terrain commun... le Christ.

C'est qu'entre chacune des sœurs et toutes les autres existe un terrain commun, un entre-deux, cet espace transitionnel qui est le Christ. Voici ce qu'écrit une des religieuses :

« *Plus que de vivre quelque chose ensemble, nous vivons Quelqu'un et ce Quelqu'un nous apprend et nous engendre à la fraternité.* Si difficile qu'elle soit, voire même impossible à vue humaine, nous ne pouvons en faire l'économie. Elle reviendra sans cesse à nous comme un appel, comme une supplication de Dieu qui aime, lui, tous ses enfants ! » Il ne faut en effet pas oublier que la distance relationnelle entre les sœurs dont je parlais est faite d'une écoute de la Parole qui rend le Christ présent dans le cœur de chacune.

Le pardon.

Et *ce Christ* qui peu à peu se fait un hôte de plus en plus proche (même si cette proximité n'est pas forcément de l'ordre du ressenti) *appelle au pardon.* Et Dieu sait si les occasions de demander et de recevoir un pardon sont multiples ; peut-être évoquerai-je juste une revendication bien humaine qui, si elle n'est pas jour après jour éradiquée, peut détruire une communauté et sur laquelle Dietrich Bonhoeffer, citant un passage de l'évangile de Luc, met l'accent : « *"Une question leur vint à l'esprit : lequel d'entre eux pouvait bien être le plus grand ?"* (Lc 9, 46) [...] Aucune communauté chrétienne ne peut se former sans que cette pensée surgisse aussitôt comme une semence de discorde [...]. Dès qu'il rencontre un autre, l'être humain tente d'occuper en face de lui une position stratégique, qu'il cherche à établir et à maintenir face à lui [...]. Il s'agit là de la lutte menée par l'homme pour assurer sa propre justification. Il la trouve seulement dans la comparaison avec les autres, dans le jugement, dans la condamnation de l'autre. L'autojustification et le fait de juger vont de pair, comme la justification par la grâce et le fait de servir[1]. »

Mais précisément nous dit une religieuse :

« Il y a quelque chose que j'ai éprouvé dès le début de ma vie en communauté, après avoir travaillé, quand je suis rentrée,

1. D. BONHOEFFER, *De la vie communautaire*, p. 80.

je me suis dit ça c'est un milieu où on peut se planter et où on peut demander pardon. Ça c'est un cadeau merveilleux qu'on se fait mutuellement. Accepter la demande de pardon de quelqu'un, repartir à neuf, alors qu'on vit tout le temps ensemble, qu'on se connaît par cœur et qu'on sait que ça va recommencer forcément, guetter les signes, de voir que l'autre essaie de changer ou pourrait peut-être avoir l'air d'essayer de changer. Alors là, *ce lieu de pardon possible, c'est un cadeau merveilleux*. Ça c'est vraiment, je ne sais pas si il y a beaucoup de milieux de vie qui peuvent donner cette chance à ce point-là ; et la prière vocale, toutes ensemble, ça aide à garder le lien de la prière personnelle profonde, même si c'est une drôle d'astreinte d'arrêter ce qu'on fait, indéfiniment, on passe son temps à arrêter ce qu'on fait pour aller ailleurs. Mais ça c'est très structurant et ça fait des femmes fortes au bon sens du terme. Là vraiment je peux dire que je ne regrette rien. »

Lors d'une table ronde, c'est ce thème du pardon qui est revenu comme central dans les propos tenus avec, pour moi, la découverte de ce que les religieuses appellent « le chapitre des coulpes ».

Avant les *Complies* qui ont lieu à 20 heures chaque soir, toutes les sœurs se réunissent au chapitre pour une courte lecture patristique. Après un petit temps de silence, tout le monde reste assis, se lèvent seules les sœurs qui veulent dire une coulpe – par exemple « aujourd'hui je n'ai absolument pas voulu rendre service à une sœur ». Il s'agit, me disent-elles, de se remettre au clair avant de se coucher et de reconstruire tout de suite. J'interviens alors pour demander quelle différence il y a avec la confession et avec ce qu'on a coutume d'appeler « la correction fraternelle » mais aussi pour m'inquiéter des dérives possibles d'une telle pratique ; car effectivement sous le couvert d'une prétendue accusation personnelle, on peut subtilement attaquer quelqu'un d'autre et le culpabiliser. Alors on me précise que cette demande de pardon doit être courte et seulement concerner un acte précis et si cela s'est passé avec quelqu'un d'autre, respecter l'anonymat, « pas de déballage », me dit l'une d'elles – pour ce qui serait du « for interne » des intentions, des sentiments, etc., soit on peut avoir un entretien privé avec la mère abbesse, ou, si cela concerne la relation entre deux religieuses, avoir un entretien à trois, soit on peut effectivement se confesser. Alors renchérit une religieuse, vécu ainsi,

« c'est une aide formidable ; ça a été une de mes grandes découvertes au monastère : quelqu'un demande pardon devant tout le monde et c'est fini, on repart en sœurs ; et ce qui est bouleversant c'est parfois d'entendre qu'à son insu la voix de celle qui s'accuse tremble, et là on peut s'identifier à la fois à sa faiblesse et à son courage de parler malgré son émotivité ; cette ouverture à la grâce construit la communauté. Pour les novices par exemple c'est un exemple formidable de découvrir que les anciennes acceptent leur vulnérabilité. Quelqu'un qui nous dépasse nous rassemble et nous interpelle à ne pas en rester là. Alors nous sortons de nous-mêmes et dans ce lieu de vérité nous osons espérer ensemble ».

À ce moment de l'entretien, une sœur qui jusque-là avait peu parlé intervient et dit combien ce dévoilement de soi-même qui se fait en toute bonne foi et en toute espérance n'a cependant pas d'effets magiques :

« Pendant des années, dit-elle, tous les soirs, je me suis accusée de la même chose et, là, je n'arrivais pas à m'en sortir ; c'est alors qu'un très beau rite a été institué par une des mères abbesses et ça je dois dire que ça m'a beaucoup aidée ; désormais, quand une sœur vit une difficulté récurrente qui n'arrive pas à être dépassée, elle peut demander la prière de la communauté : alors elle se met à genoux au milieu de ses sœurs qui l'entourent et qui vont, ensemble, dire à voix haute cette « prière fraternelle » :

« Seigneur Dieu, notre Père à toutes, nous te prions pour notre sœur afin de répondre à sa demande courageuse. Nous le faisons avec une grande confiance fraternelle. Accorde-lui la grâce qu'elle attend de Toi et qu'elle soit toujours sûre d'être aimée et non jugée, dans cette communauté que nous formons toutes ensemble. Nous te le demandons par ton fils, le Christ mort et ressuscité pour chacune d'entre nous. Amen. »

« Ce qui est très émouvant dans ce type d'expérience faite en communauté, c'est que chacune d'entre nous peut, même si c'est pour d'autres motifs, se mettre à la place de celle qui est agenouillée et alors, au sens littéral du terme, nous faisons corps. »

Mais bien sûr, cela ne règle pas tout… Beaucoup s'épanouissent mais quelques-unes, dans ce même contexte, vont se refermer, ou pire, s'aigrir. Et même cette expérience libérante du pardon pourra parfois être refusée. Comme le remarque avec beaucoup de finesse Maurice Fourmond : « Cela n'est pas si simple car au fond, je voudrais mériter le pardon. J'ai du mal à accepter la gratuité du pardon de Dieu[1]. » De toute façon, me confie l'une des religieuses,

« il semble que pour certaines, quel que soit le contexte environnemental, elles auraient été marginalisées ; or justement ce projet de continuer à vivre ensemble – qui aurait été insurmontable ailleurs – est ici maintenu, certes souvent cahin-caha, parce que, dans la foi, je crois que cette sœur qui m'apparaît si rébarbative, Dieu l'a faite à Son image ».

Et Dietrich Bonhoeffer le dit lui aussi avec force : « Je ne peux jamais savoir d'avance à quoi ressemblera l'image divine dans l'autre […]. Cette image pourra me sembler insolite et même très peu divine. C'est que *Dieu a créé l'autre à l'image de son Fils, du Crucifié, et cette image m'a semblé elle aussi vraiment très peu familière et très peu divine […]*[2]. »

« Il arrive aussi que certaines religieuses soient blessées par la communauté elle-même, alors quoi faire ? Quoi dire ? Malgré la situation bloquée et la souffrance de part et d'autre, on essaie de vivre quelque chose ensemble et surtout on ne se résigne pas. Dans le monde on ne se voit plus, ici on apprend qu'aimer n'est pas forcément de l'ordre du ressenti et de l'ordre de l'être-bien-

1. *Quoi de neuf sur Dieu ?* p. 136.
2. *De la vie communautaire*, p. 82.

ensemble. On essaie tant bien que mal de poser des actes qui disent ce que dit le « je t'aime » en italien, c'est-à-dire « je te veux du bien ».

Le partage du travail.

Autre aspect important dans la construction des liens, le partage du travail, partage d'un travail qui la plupart du temps est routinier et ne met pas beaucoup en valeur celle qui l'accomplit mais apprend la valeur de la gratuité et des petites choses faites avec amour : « Travaille, fais des petites choses en attendant, au jour le jour. Applique-toi bien. Rappelle-toi l'écolier penché sur sa page d'écriture, et qui tire la langue. Voilà comme le bon Dieu souhaite nous voir lorsqu'il nous abandonne à nos propres forces. Les petites choses n'ont l'air de rien, mais elles donnent la paix. C'est comme les fleurs des champs, vois-tu. On les croit sans parfum et toutes ensemble elles embaument. La prière des petites choses est innocente. Dans chaque petite chose il y a un Ange. Est-ce que tu pries les Anges[1] ? »

Propos de Bernanos, repris par une religieuse : « Soutien par les petites joies partagées ensemble, l'émerveillement devant des choses toutes simples, cette fraîcheur est pour moi vraiment une grâce dans un monde qui donne parfois l'impression d'une course à l'extraordinaire ; joie profonde, vraie, durable et qui fait vivre, joie d'un sourire échangé. »

Le partage des joies et des peines.

Et ces petites joies, mais aussi toutes les peines et les souffrances partagées ensemble font évoluer chacune et *construisent une histoire à la fois personnelle et communautaire* :

« En communauté, c'est évident, nous ne nous choisissons pas et nous éprouvons les unes pour les autres plus ou moins de sympathie spontanée… mais il suffit qu'un événement fort survienne à

1. C. BERNANOS, *Le Journal d'un curé de campagne*, p. 227.

l'une de nous pour que je saisisse combien de liens nous unissent. Ces liens de quoi sont-ils faits ? Des mille riens de la vie quotidienne, des grands moments vécus en communauté, des conflits surmontés et des pardons échangés, d'un essentiel perçu bien souvent plus profondément dans le silence ensemble que dans de grandes confidences. Tout se tisse entre nous au long des années. Je ne suis plus tout à fait la même que celle qui est entrée à Maumont il y a quarante ans… il y a eu toute une évolution dans mes relations. Plus j'avance dans ma vie monastique, plus les relations, la qualité de nos relations me paraît vitale. C'est le domaine horizontal de la vie monastique. Plus jeune, j'avais plus conscience de l'importance des relations verticales (hiérarchisées). Maintenant, je crois que plus on s'approche du point d'équilibre, plus les relations horizontales et verticales épanouissent la personne. Quelle chance ! Je me sens sûrement plus « femme ». Je l'éprouve quand je rencontre des groupes mixtes à l'hôtellerie ; je ne me sens ni complexée, ni supérieure, mais simplement différente, et beaucoup plus différente que dans ma fratrie ou mes groupes estudiantins. Oui, *je serais portée à penser que même la sexualité est histoire quand il s'agit d'une personne humaine, et la grâce de l'amitié est d'en permettre la croissance sans jamais l'arrêter en chemin.* Et… bien des rencontres me pousseraient à demander si l'amitié ne serait pas ce qui permet à un mariage de réussir, et de durer. »

La construction des liens par la liturgie et le rituel.

> La gloire de Dieu se manifeste toujours dans un espace vide. […] C'est la célébration de la liturgie qui donne un sens à ce vide. C'est la célébration de l'Office choral, chanté plusieurs fois le jour, Qui manifeste que ce vide est rempli par la gloire de Dieu[1].

Timothy Radcliffe que je viens de citer défend donc l'idée que la gloire de Dieu a besoin d'un espace vide pour se mani-

1. Timothy RADCLIFFE, conférence « Le trône de Dieu » donnée à Rome le 6 septembre 2000.

fester – et cette idée, il l'appuie sur trois images, la première est celle de YHWH qui dit manifester Sa présence « entre les deux Chérubins placés sur l'Arche du Témoignage » (Ex 25, 16-22), la deuxième c'est celle du tombeau vide, et la troisième un Jésus qui disparaît à Emmaüs. Et cette gloire trouve dans la vie monastique un espace où se manifester puisque le moine n'a d'autre fonction que de demeurer avec Dieu et donc d'apprendre à faire le vide en lui (une façon d'évoquer l'humilité) pour laisser place à Dieu. La véritable histoire, continue T. Radcliffe, « c'est la marche de l'humanité vers le Royaume, histoire célébrée chaque année dans le cycle liturgique, depuis l'Avent jusqu'à la Pentecôte […]. Voilà le véritable temps […] qui ramasse tous les petits drames de nos journées, les petites défaites et victoires, et qui donne sens à nos vies ». Et, citant alors saint Augustin, il ajoute que ces diverses époques liturgiques de l'année vont être chantées, mises en musique pour célébrer la victoire du Royaume qui trouve son accomplissement dans l'eucharistie : « la plus haute musique dans ce monde déchu, la musique rédemptrice n'est autre que la répétition du sacrifice du Christ lui-même, qui constitue la musique de l'Eucharistie sans cesse renouvelée[1]. » Cette musique, ce chant qui par leur beauté éphémère sont de manière indicible « trône pour la gloire de Dieu ».

Et maintenant donnons la parole à quelques religieuses, en commençant par celle d'une toute jeune sœur :

« *La liturgie m'a aidée par la répétition à m'enraciner peu à peu dans la vie* ; c'était le moyen d'expression de mon désir, ou plutôt je trouvais dans les Psaumes des mots qui exprimaient ce que je vivais intérieurement, des remous, comme des joies ! Une sorte de creusement : les mêmes mots revenant régulièrement érodaient l'écorce me rendant peu à peu disponible à la grâce. Joie de parfois se réveiller en chantant tel ou tel répons ou antienne. La Parole de Dieu entendue, ruminée est un moyen sûr qui aide dans le cheminement. Manne pour la route qui mène à la Vie éternelle.

1. *De Musica* VI, 14, 46.

La régularité de l'office m'a soutenue, un lieu sûr dans la nouvelle planète qu'était le monastère ! Chaque jour à telle heure, je sais où je serai ! Bien sûr, c'est toujours la même chose, difficile au départ, mais cela peut s'avérer salutaire car il y a de la place pour tout le reste ! »

« Tout s'oriente vers la liturgie. Notre quotidien est rythmé par les différents offices et ce sont eux qui priment sur tout le reste. On laissera (autant que faire se peut) une activité en cours de route, mais on n'omettra pas un office. Ce lieu où la Parole m'interpelle, ne cesse de me faire signe, à moi personnellement, mais aussi à nous toutes ensemble, et elle tisse, au fil des années, des liens que nous ne soupçonnons pas toujours.

La liturgie, c'est aussi tout ce qui s'exprime au travers de gestes ou de paroles hors célébration et cela aussi nous façonne. Tout dans notre ordinaire, à y regarder de près (car on s'habitue à tout) consacre (au sens de sacré) nos faits et gestes. Dieu est partout et le moine ne doit pas l'oublier. Bien sûr il ne s'agit pas de vivre dans la rigueur rigide et implacable, mais bien plutôt de se laisser approcher et apprivoiser en tout et pour tout par les mœurs mêmes de Dieu. Je dis approcher et apprivoiser car, chemin faisant, je m'aperçois que ce Dieu auquel j'ai répondu et pour qui j'ai eu le coup de foudre, ce Dieu dont j'étais « amoureuse » se révèle progressivement autre que je l'imaginais. En fait, je ne peux pas imaginer Dieu ! Je le découvre, j'apprends à l'aimer pour ce qu'Il révèle de Lui et non plus pour ce que je croyais ou espérais ! Je crois alors qu'on entre sur le chemin de la maturité de l'amour. Dieu se fait plus distant, plus silencieux, mais jamais peut-être n'a-t-il été aussi présent puisque sa présence se murmure dans l'épaisseur de mon acte de foi. »

Une autre religieuse insiste sur l'ascèse que représente la liturgie car « la Parole est un glaive à deux tranchants qui me travaille à mon insu et je ne peux m'y dérober » et sur son aspect paradoxal :

« La liturgie est à la fois un pensum et le lieu de la joie d'adorer Dieu, libérée par le chant, l'allégresse du don gratuit. Elle est un peu partout, c'est ce qui agace et c'est ce qui délivre, elle envahit notre temps et le structure : “Celui qui garde mes commandements

– au pluriel ! – voilà celui qui m'aime !" *À force de se courber, de se tourner, de chercher à s'ajuster dans le chant, les mouvements, les pages à préparer dans les livres, on finit par accéder* ensemble, *à l'essentiel.* »

Nous touchons là plusieurs points importants : en effet c'est le temps liturgique qui, autour du Christ et de Sa Parole, structure la communauté et appelle chacun[e] à une permanente conversion. Donc, d'une certaine façon, nous sommes là dans un AUTRE temps qui requiert le corps et le « faire » : « se courber, se tourner…» mais *un corps et un faire ensemble qui transcende chacun[e]… pour que tou[te]s se rejoignent dans leur Unique, le Christ.*

Assistant moi-même aux offices, j'avais été frappée par l'importance donnée au rituel. L'arrivée des moniales et leur départ deux par deux, le fait que par exemple quand quelques-unes doivent chanter, elles descendent au milieu du chœur et se saluent deux à deux, etc. mais aussi ce que je n'ai pas vu mais qui m'a été rapporté : celle qui arrive à l'atelier pour travailler et y rencontre une autre sœur, la salue par un « Benedicite », à quoi l'autre répond par un « Deus ».

L'importance donc donnée au corps et au faire dans quelque chose qui tient à la fois du sérieux, du grave, mais aussi du gratuit et pourtant du très réglementé ? Ne rejoignons-nous pas là, avec le rite, ce qu'on peut exactement, à la suite de Winnicott, dire du jeu, du « playing » ? Le rite comme le jeu étant tous deux portes d'entrée dans l'espace transitionnel, cet espace du paradoxe qui est entre-deux, terrain commun à l'A-autre et à soi ? Mais insistons-y : *portes d'entrée dont l'accès ne se trouve que dans le faire* car, comme aime à le dire Philippe Jeammet, « on est fait par ce qu'on fait[1] ».

Et ce rite auquel peu à peu on se soumet et auquel on obéit va, en retour, vous structurer et construire votre liberté (cela a déjà été évoqué dans cette recherche à propos de l'en-

1. P. JEAMMET, *Pour nos ados, soyons adultes.*

gagement) : les normes et les règles de la communauté ont un rôle pédagogique – peu à peu ce qui était ressenti comme l'accomplissement d'un devoir, pourra se transformer en chemin de confiance ; l'« obéissance » qui se dispose librement à faire la volonté de l'autre se découvre être une forme de maîtrise de soi et donc de valorisation ; si j'obéis, ce n'est pas « simplement comme la loi l'exige ou parce que tu le veux, mais parce que *moi-même* je l'ai choisi et je m'y suis décidé *(quia elegi ea, observavi mandata tua).* Et je m'y suis décidé parce que j'ai compris que rien ne se soustrait à Dieu, qui se manifeste en toutes choses [...] Cette manière est dictée par l'expérience de Dieu cherché et aimé au milieu du défi même que la vie quotidienne lui présente. Tout assumer – le positif ou le négatif – comme invitation à grandir pour Dieu [...]. En effet la vie religieuse répond au sens radical et ultime de l'existence comme telle », écrit Leonardo Boff[1].

Ce que nous n'avons pas encore souligné – et pourtant Dieu sait que c'est capital – c'est le *rôle joué par la mère abbesse* dans ce subtil et paradoxal équilibre à trouver, au milieu de toutes ces femmes, entre une autorité à exercer, une humilité à vivre et une harmonie à favoriser... surtout si on fait sienne cette idée d'une coresponsabilité, où l'obéissance ne prend vraiment sens que dans une mutualité vécue. « L'abbé (ou ici la mère abbesse) sera la personne qui refuse de s'imposer dans le chant ou de dominer la mélodie, ou si on peut parler ainsi, d'étouffer la voix des autres moines, de s'emparer du centre[2]... » Il s'agit pour elle d'être au service de la croissance de la communauté, en essayant de susciter en chacune une réponse libre et responsable.

Évoquant le chapitre des coulpes, nous avions pointé la possible dérive de ces accusations publiques. Or précisément c'est la mère abbesse qui doit savoir, dans chaque cas particulier, poser les indispensables limites.

Mais, pour mieux prendre la mesure de son rôle, je vais

1. *Témoins de Dieu au cœur du monde*, p. 166 et 167.
2. T. RADCLIFFE, conférence citée.

citer intégralement ce qui m'a été dit du commentaire de la Règle que la mère abbesse fait chaque matin. Cela m'est apparu essentiel pour en comprendre le *caractère existentiel et incarné* et pour en saisir la visée : abattre les murs de la clôture pour rejoindre le monde.

« C'est un enseignement très bref qui naît d'une écoute plurielle : *la Parole* ruminée et priée ensemble, *l'écoute* des sœurs dans les rencontres et la vie concrète de la communauté, et en lien avec *les événements du jour*. [...] Cette parole qui les rassemble au chapitre avant le début du travail et après le grand temps de "prière-lectio" a un rôle de "starter". Elle suscite (ou re-suscite) un dynamisme de communion dans la recherche de Dieu menée "ensemble". »

En effet la vie spirituelle ou la recherche d'absolu comprend bien des illusions ou des pièges :

– risque d'individualisme : on peut chercher Dieu les unes *à côté* des autres mais pas les unes *avec* les autres. Or saint Benoît est clair : le cénobite va à Dieu « en Communauté », *avec* des frères ou des sœurs ;

– risque de cloisonnement entre le spirituel et « le reste »...

– risque de refuge dans l'observance extérieure...

Il appartient donc à la mission de vigilance de l'abbé (ou de l'abbesse) de tenir la communauté en éveil, en exode... De l'encourager dans le combat spirituel, dans une fidélité créatrice et vivante à sa vocation, à sa Tradition spirituelle propre mais qui est toujours à interpréter de manière neuve, inédite. D'où cette nécessité d'actualiser sans cesse le message de la Règle pour en vivre selon l'esprit et non la lettre. Qu'est-ce que veut dire pour nous, moniales aujourd'hui « chercher Dieu » à la manière de Benoît ? Quel est le charisme fondateur qui a touché notre cœur, saisi notre existence dans son désir de suivre le Christ à travers une forme de vie particulière, des vœux de stabilité, de conversion et d'obéissance ? Tout cela est à réinventer presque chaque jour ou du moins à revisiter, à habiter de manière neuve et imprévisible, même dans une vie dite « régulière », très cadrée et apparemment toute balisée ! mais précisément : attention à la fossilisation !

Qu'est-ce que « l'Esprit dit à l'Église » et à la communauté aujourd'hui à travers l'événement qui vient nous bousculer ? Ou le creuset de la pauvreté pour certaines communautés qui vieillissent ou qui n'ont pas de vocation ? À travers la crise d'un départ ou de certaines évolutions culturelles, liturgiques qui déstabilisent parfois, surtout dans une vie de stabilité qui peut développer une certaine frilosité ou une peur du changement chez certaines sœurs. *« Ma stabilité à moi, disait Newman, c'est ma persévérance à changer. »*

Ainsi le rôle de l'abbesse sera, tel Moïse, de tenir sa communauté en exode… en chemin vers la Terre promise. Faut-il encore qu'elle-même sache se tenir en exode, pour pouvoir y entraîner les autres ! Tâche impossible à vue humaine, sauf à demeurer en Christ : « Si vous demeurez en moi et que mes paroles demeurent en vous, vous demanderez ce que vous voudrez et cela vous arrivera. *Ce qui glorifie mon Père, c'est que vous portiez du fruit en abondance* » (Jn 15, 7-8). C'est une parole qu'on entend avec une force toute particulière quand on a soi-même des enfants : n'est-il pas vrai que la réussite de leur vie est le plus beau cadeau que des enfants puissent faire à leurs parents ?

La construction des liens par le silence.

> Il habite avec lui-même sous le regard de Dieu[1].
>
> La capacité d'être seul est basée sur l'expérience d'être seul en présence de quelqu'un[2].

Ces deux citations, l'une d'un Père de l'Église et l'autre d'un psychanalyste, se répondent exactement ; elles redisent ce paradoxe d'une solitude qui, pour être vraie et féconde, se doit d'être habitée. Habitée par Q-quelqu'un dont la « voix de fin silence » (1 R 19, 12) demande, comme l'a vécu Élie, à être écoutée. *« Shema Israël ! »* « Écoute, Israël ! »

1. SAINT GRÉGOIRE LE GRAND.
2. WINNICOTT, *De la pédiatrie à la psychanalyse*, p. 210.

La loi du talion stipulait un châtiment à l'exacte proportion du dommage causé « œil pour œil, dent pour dent ». Une seule exception à cette règle concernait le fait de provoquer la surdité de quelqu'un car le fait de condamner cette personne à ne plus pouvoir écouter était tellement « vital », tellement existentiel, que cela méritait la mort…

Cela dit, comment écouter, sans faire silence ? En voici trois témoignages :

« C'est bien de parler du silence à la fin, à cause des multiples illusions qui peuvent entourer cette rencontre. La Parole de Dieu est pauvre, vulnérable, elle attend, silencieuse qu'on s'occupe d'elle, qu'on la fasse advenir, elle aussi et qu'on lui donne toute liberté d'agir en nous. Elle souffre d'être manipulée, volée à Dieu, réduite au bavardage. Elle désire être trace, s'effacer, ouvrir à l'infini. »

« Ce silence, nous dit une religieuse, est comme le lieu de décantation : la vie communautaire, les événements, les paroles et la Parole entendues, tout cela résonne dans la mesure où le silence laisse le temps de germer, de mûrir. Le silence est le lieu où je me laisse interpeller et remettre en cause devant Dieu. Il est le terrain du combat spirituel. Il y a cette pensée qui m'obsède, ce doute, cette colère, cette amertume que je n'arrive pas à taire ; en effet le combat des pensées est certainement le plus éreintant de tous les combats à mener. Là il n'y a pas de divertissement possible, la confrontation à soi, à la réalité de la vie et des choix faits est incontournable. »

« Le silence est aussi un cadeau que l'on se donne mutuellement les unes aux autres, un espace où l'on se donne à soi mais aussi à l'autre une forme de respect par rapport au chemin de chacune. Je consens à cet espace intérieur pour que la vie germe à son rythme… et non pas au rythme que je voudrais ! Peu à peu, dans ce silence parfois assumé, parfois subi, j'apprends une certaine démaîtrise par rapport à cette sœur, par rapport à moi-même. C'est incroyable la place que prend à certaines heures un dialogue intérieur… *plus de place pour Dieu, pour l'autre, pour soi ! Vivre le silence comme un respect très profond de l'autre, une offrande…* »

Offrande qui est un laisser-l'A-autre entrer dans ma vie pour en faire une existence partagée en vue du Royaume qui vient, et devenir *signe* de ce Royaume. À cette mesure-là et après tous ces témoignages, nous pouvons passer de la question à l'affirmation : oui, le monastère peut effectivement être un espace et un temps d'humanisation dans une authentique construction des liens. Et des liens très forts, très vrais, tissés avec infiniment de délicatesse et de respect !

LA MATURITÉ AFFECTIVE. QU'EST-CE QUE DONNER LA VIE ?

> Douceur de vivre, amour de soi : là se tient le Très-Bas, anonyme, moqueur, inaperçu des moralistes qui le cherchent dans les foudres du ciel ou dans les tombes du repentir. L'amour de soi est à l'amour de Dieu ce que le blé en herbe est au blé mûr. Il n'y a pas de rupture de l'un à l'autre[1].

Si actuellement on faisait un sondage d'opinion concernant le sens à donner à « maturité affective » il y a fort à parier que la réponse la plus donnée serait la capacité à être autonome et à ne dépendre de personne. Et comment, en première approche, ne pas souscrire à cette définition ? C'est d'ailleurs sur cette compréhension des choses qu'actuellement le célibat (cette fois non plus pour Dieu mais pour soi-même) est devenu une valeur de vie revendiquée pour elle-même. Une totale autonomie des frontières existe entre l'autre et moi et, si je ne me marie pas, ce n'est plus que je suis « laissé(e)-pour-compte » (on pense aux vieilles filles aigries d'antan), c'est que je veux être libre et prendre mon existence en main, et que je vis ma liberté comme entrant en conflit avec ce qui serait un empiétement de l'autre sur mon

1. Christian BOBIN, *Le Très-Bas*, p. 45.

territoire… Nous sommes bien là dans une pensée subjectiviste où le moi, à l'instar de la personnalité narcissique, affirme qu'il se fait, tout seul, être ce qu'il est. Or, nous appuyant sur les travaux de Winnicott et sur notre propre expérience de clinicienne dans le champ de la relation mère-enfant, nous n'avons cessé de dénoncer ce leurre : tout ne se joue pas par rapport à soi-même, mais dans une permanente dialectique entre l'autre et soi.

Je vais risquer une réponse à cette question de la maturité affective qu'on pourrait aussi bien appeler amour de soi, ou humilité : *Au fond le critère n'en serait-il pas très simplement le fait d'être à sa place (place à la fois reçue et inventée), de tenir avec plaisir toute cette place, mais rien que cette place ? Et depuis cette place d'accepter d'être affecté par l'autre, aussi bien dans la joie que dans la peine.*

Je n'ignore pas que cette façon de répondre soulève d'autres interrogations : comment par exemple savoir si je suis bien à ma place, d'autant que les choses peuvent évoluer avec le temps et que rien n'est jamais définitif ? C'était toutes les questions posées par les différentes vocations dont nous avons parlé. Et puis, surtout, comment accepter d'être affecté par un autre, s'il m'a trahi ou abandonné ? Redisons combien cette capacité à tenir avec plaisir sa place dans l'échange avec l'autre, a largement dépendu de l'environnement que nous avons trouvé là. Parfois les situations d'emprise ou-et d'abandon vécues auront rendu méfiants envers tout ce qui a trait aux liens affectifs dans la mesure où ils supposent toujours une part de passivité, et l'échange avec l'autre aura pu alors trouver une voie privilégiée d'expression dans ce qui peut protéger de cette passivité tant redoutée, comme dans l'investissement intellectuel ou artistique. Mais pourquoi pas ? Pensons par exemple à Marcel Proust : sa vie relationnelle et affective a été un pur fiasco, mais à travers *La recherche du temps perdu* il a trouvé une façon médiatisée de créer des liens et d'aider d'autres personnes à se comprendre dans le miroir romanesque qu'il leur tendait. Il y a ainsi *beaucoup de façons médiatisées de partager du plaisir avec d'autres*, par exemple, dans le champ de la transmission de connaissances pour un enseignant. Parfois, cependant, aucun déplacement n'aura été possible, et la peur restée viscérale de l'autre aura contraint à un verrouillage sur soi dans une quête restée exclusivement narcissique : nous en avons eu quelques exemples assez illustratifs.

Or, se fermer sur soi, c'est précisément se rendre imperméable à l'autre. Écoutons Bernanos nous parler de cette façon d'être-au-monde qui peut apparaître comme si stoïque que certains l'interpréteront comme une vertu :

« Moi aussi je suis Sommerange. Avides et durs, jamais satisfaits de rien, avec on ne sait quoi d'intraitable qui doit être chez nous la part du diable qui nous fait terriblement ennemis de nous-mêmes, au point que nos vertus ressemblent à nos vices, et que le Bon Dieu Lui-même aura du mal à distinguer des mauvais garçons, les saints de la famille – si par hasard il en existe. *La seule qualité qui nous soit commune est de craindre le sentiment comme la peste. Détestant de partager avec autrui nos plaisirs*, nous avons du moins la loyauté de ne pas l'embarrasser de nos peines. C'est une qualité précieuse à l'heure de la mort, et la vérité m'oblige à dire que nous mourons assez bien. Voilà[1]. »

Nous sommes bien là à l'opposé de la douceur de vivre et de l'amour de soi dans lesquels, selon Christian Bobin, se tient le Très-Bas.

Un amour de soi qui est à l'exacte mesure de l'amour reçu d'un autre… Nous revoilà confrontés à cet indécidable de l'origine : est-ce de la poule que naît l'œuf ? Ou est-ce de l'œuf que naît la poule ? Suis-je responsable de ne pas m'aimer, ou est-ce l'autre – tous ces autres qui ont croisé mon chemin – qui portent cette responsabilité ? Et à l'inverse, puis-je m'enorgueillir d'un suffisant amour de moi-même, alors que je le dois à un regard aimant que d'autres ont porté sur moi ? Souvenons nous : « Une question leur

1. BERNANOS, *Le Journal d'un curé de campagne*, p. 255.

vint à l'esprit : lequel d'entre eux pouvait bien être le plus grand ? » (Lc 9, 46). Laissons Dieu être Dieu... un Dieu Tout-Autre, un Dieu Très-Bas parce qu'il est Très-Haut, et suspendons notre jugement aussi bien envers ceux qui ont le bonheur d'accepter d'être aimés, qu'envers ceux qui « craignent le sentiment comme la peste » ; laissons ces derniers être, bien malgré eux, mystérieusement aimés *aussi* de Dieu.

Pour nous, constatons simplement qu'il y a des lois qui président au fonctionnement mental et aux échanges relationnels. Et faisant maintenant abstraction de ce qui a été ou non reçu, demandons-nous ce qu'on peut attendre de l'autre pour construire sa propre vie – Quelles sont donc les conditions relationnelles qui permettent à quelqu'un de sentir qu'il a de la valeur et que la vie vaut la peine d'être vécue ?

Nous en avons déjà longuement traité au début de ce livre quand nous avons évoqué « la mère suffisamment bonne » et comment une mère peut, ou non, rendre l'enfant vivant en lui facilitant l'accès à un espace partagé, l'espace transitionnel. Et la question que, citant Winnicott, nous posions alors était celle-ci : l'apport de l'environnement va-t-il au-devant des besoins de l'enfant, ou échoue-t-il à les rejoindre ? C'est cette question qu'il nous faut maintenant transposer si nous voulons traiter à la fois de la maturité affective et du fait de donner ou non la vie : *allons-nous au-devant des besoins de ceux que nous rencontrons ou échouons-nous dans cette tâche ?*

Cette question concerne tout un chacun, qu'il soit célibataire ou marié : *si nous voulons donner la vie, il nous faut donc* :

– *d'abord nous montrer fiables en tenant notre place, toute notre place et rien que notre place, car c'est la condition* sine qua non *pour que l'autre puisse avoir confiance*. Être pour l'autre un « homme sûr » voilà ce qui est attendu de nous, mais finalement qui n'est pas aussi fréquent qu'on le pense, comme il est dit dans les Proverbes (20, 6) : « Beaucoup de gens se proclament hommes de bien, mais un homme sûr, qui le trouvera ? »

En effet pour être un homme sûr, il faut d'abord avoir accepté de recevoir d'un tiers sa place[1]. Souvenons-nous du combat de Jacob avec l'Ange pour être béni ; c'est la reprise exacte de la bénédiction qu'il avait dans un premier temps, complice avec sa mère, volée à Isaac – cette fois, il va accepter de *la recevoir d'un tiers*, lui rendant possible le partage avec son frère Ésaü. Et voilà qu'en effet Jacob peut enfin parler à son frère et *transmettre à son tour une bénédiction* : « Prends donc ma bénédiction apportée pour toi, oui, Elohim m'a fait grâce et *j'ai tout pour moi*[2]. » Volant la place de son frère il avait supprimé tout espace entre l'autre et lui et avait fantasmatiquement transformé son frère en ennemi potentiel – et maintenant qu'il « a tout pour lui », et qu'il n'a plus besoin de lui voler quoi que ce soit, il peut désormais *se laisser affecter aussi bien dans le plaisir que dans le déplaisir, autrement dit, transmettre la bénédiction reçue*. De même que le visage de la mère se devait d'être miroir pour son enfant, nous nous devons d'être visage où l'autre peut se voir aimé, dans la satisfaction comme dans la peine. Et réinsistons sur l'importance majeure que prennent *le partage de plaisir* et la capacité à compatir dans la peine, car ce sont les seules expériences partagées qui font des partenaires, des égaux et font naître ce terrain commun à soi et à l'autre, où s'enracine la confiance.

Dans un beau livre qui s'intitule *Au risque de Jésus-Christ*, S. P. Arnold fustige ainsi ces communautés qui se méfient, elles aussi, du sentiment comme de la peste :

« Que d'infantilisme pieux dans nos communautés ! Il est important d'accueillir le risque des sentiments et des relations [...]. Accueillir sans crainte et sans jugement la réalité des sentiments, en nous et entre nous, est une condition nécessaire de l'humanisation de nos communautés[3]. »

1. Dans le champ psychanalytique, accepter d'un tiers sa place est corrélé à la résolution du complexe d'Œdipe. On voit ici comment Dieu peut jouer ce rôle de tiers et d'ouverture.

2. Gn 33, 11 trad. Chouraqui.

3. P. 51.

Avec beaucoup d'humour, T. Radcliffe disait qu'on met toujours en avant le risque d'« amitiés particulières », mais qu'à son avis il faut plutôt se méfier des « inimitiés particulières » ! Même si on peut aisément imaginer combien la vertu de prudence est nécessaire dans de tels contextes.

Mais si nous ne voulons pas ajouter à la maladie de l'idéalisation, il va nous falloir nuancer ces propos et les considérer comme une asymptote, ou du moins les moduler ; la plupart des témoignages que j'ai recueillis invitent à le faire car il me semble que l'important n'est pas d'abord d'« accueillir sans crainte et sans jugement la réalité des sentiments ». Nous l'avons déjà noté, beaucoup de ces célibataires pour Dieu – pour ne pas parler des prêtres mariés – étaient dans une grande difficulté à reconnaître les sentiments qu'ils pouvaient éprouver. Ce fut bien le drame d'Edith Stein de n'avoir pas reçu d'un père sa place et d'avoir tenté de la conquérir seule en hyperinvestissant le domaine intellectuel, censé la défendre contre ses sentiments. Sa rencontre avec le Christ, nous l'avions interprétée comme l'avènement d'un tiers dans sa vie qui lui a permis, comme Jacob, de recevoir enfin sa place. Mais, cela étant, aucune transformation ne peut être magique et il est impossible que des mécanismes défensifs mis en place disparaissent ainsi brusquement. D'une certaine façon, Moïse, pourtant le plus grand des prophètes, restera ce qu'il était, mais dans le « faire » avec d'autres il va peu à peu s'approprier cette place qu'il a reçue. Ce sera le cas de beaucoup des personnes que nous avons écoutées. La plupart ont gardé, de façon prédominante, leurs investissements intellectuels, voire artistiques, en tout cas, ont essayé dans des stratégies de déplacement de mettre leurs affects à distance, mais contrairement au personnage de Bernanos, ils ne sont apparus, ni avides, ni durs, ni insatisfaits de leur vie car *précisément ils ont su, à leur façon, et aidés par leur rencontre avec le Christ, trouver un lieu de créativité où partager autrement des plaisirs avec d'autres* :

l'une me racontera son grand bonheur à faire la cuisine[1] pour la communauté et à sans cesse essayer de nouvelles recettes, une autre me parlera de sa joie à travailler sa (très belle) voix pour chanter les Psaumes, un autre me dira son bonheur à composer chaque matin de magnifiques bouquets dans l'église, une autre encore me racontera son plaisir à essayer de remettre à niveau des jeunes qui sont hospitalisés et qui ne peuvent pas suivre les cours au lycée, une dernière me racontera l'année épuisante passée à faire travailler tous les soirs une jeune fille qui jusque-là se droguait, et l'incroyable bonheur éprouvé et partagé avec elle le jour où elle a su qu'elle était reçue au concours d'infirmière… bien sûr il s'agit là de plaisirs et d'affects médiatisés, mais médiation ou pas, *l'important reste de trouver à partager du plaisir et ce faisant de construire entre les autres et soi un terrain commun, un espace de co-création.*

Parlant du monastère, nous avons vu combien le « faire » à travers la liturgie, le travail et le partage de vie avec d'autres était une école d'humanisation ; en effet nous avons beaucoup insisté sur les conditionnements et le fait que la liberté n'était pas donnée. Elle est une conquête qui passe toujours par un agir, mais un agir qui doit trouver un destinataire accréditant ce qui est donné : c'est toujours dans le faire-avec-d'autres, que, accédant à une nouvelle compréhension et à un meilleur amour de moi-même, je peux progressivement me libérer. Et ce n'est pas un hasard si nous avons tellement insisté sur l'expérience d'être ENSEMBLE *pardonné et pardonnant.* À propos de la parabole de l'enfant prodigue, nous disions que le Royaume des cieux était comparable au moment festif de l'accueil réciproque où le plaisir partagé introduisait à un monde de gratuité. Dans ce partage de vérité sur chacun, est trouvée là une autre façon

1. Bien sûr, réussir une recette de cuisine, donner à entendre sa très belle voix, etc., peut tout aussi bien servir l'unique besoin de se faire valoir et d'apparaître comme « le plus grand »… Tout demeure dans l'intention secrète.

de créer des liens dans la confiance, avec un destinataire qui est double : c'est en même temps celui avec qui je vis ici et maintenant, et c'est le Christ. Or c'est cette médiation par le Christ qui fait passer d'un registre narcissique à un registre objectal – en effet s'il n'y a pas d'autre de l'autre dans celui que j'aime… je m'aime moi-même. Médiation par le Christ qui est lui-même fondé par l'altérité : n'est-il pas Autre dans le Père, mais aussi Autre en chacun de nous ? Et c'est depuis cette Altérité qu'à sa mesure et suivant les dons reçus, chacun est appelé à construire un monde en devenir-d'être-rassemblé. C'est la communauté des personnes engagée dans une histoire-en-train-d'être-créée qui est image de Dieu.

Ainsi l'expérience spirituelle ne se situe pas seulement « dedans » – personne n'est dans un tête-à-tête avec un Christ à l'intérieur de soi ; elle se trouve à l'intersection dedans-dehors, dans un jeu permanent entre dehors et dedans ; elle est dans un entre-deux de co-création :

– elle est « dehors », s'appuyant sur un modèle identificatoire, un visage aimant, qui joue le rôle de promesse – « Je serai avec toi » et parce que l'autre est avec moi, j'agis dans le monde ;

– elle est « dedans » : puisqu'il va y avoir intériorisation de cette présence aimante qui en retour se fera médiatrice des rencontres.

Il y a souvent dans l'Église des positions claires et tranchées sur ce qu'est le bien et ce qu'est le mal avec une redoutable tendance à l'irénisme et à l'idéalisation, faisant courir le risque d'être à côté du réel, et à côté de soi-même par impossibilité à « gérer » le négatif, et oserais-je dire… à gérer l'altérité.

Or le bien n'est ni ici, ni là – il est dans la possibilité de liaison, et seul le plaisir partagé avec l'autre offre cette possibilité. Le mal non plus n'est ni ici ou là, le mal n'est créé que par la rupture du lien à l'autre, et le bien, par la possibilité de renouer ce lien. Car c'est toujours dans un lien à un autre que je peux modifier quelque chose en moi, trouver peu à peu à m'unifier et créer du nouveau :

« Si quelqu'un est là, quelqu'un qui peut vous renvoyer ce qui s'est passé, les fragments ainsi traités deviennent partie de vous et ne meurent pas. Le sentiment de soi se constitue sur la base d'un état non intégré qui cependant par définition n'est ni observé, ni remémoré par l'individu et qui est perdu, *à moins qu'il ne soit observé et renvoyé en miroir par un être en qui on peut avoir confiance, qui justifie cette confiance et va au-devant de la dépendance*[1]. »

Rappelons-nous : ce sera bien l'expérience faite par Moïse au buisson ardent. Moïse avait, avec le meurtre de l'Égyptien, enterré ses désirs de venir en aide aux Hébreux ; or voilà que Dieu qui se dit « résolu à délivrer son peuple » va renvoyer en miroir les propres désirs de Moïse qui avaient avorté et *en allant au-devant de la dépendance*, Il leur donne un avenir… : *Dieu s'en remet entièrement à Moïse pour réaliser ses désirs et Il n'agira qu'à l'intérieur des actes posés par Moïse*. Nous ne sommes pas habitués à cette vision paradoxale de la grâce où Dieu et l'homme ne font pas nombre. Écoutons en écho quelques versets de Jérémie qui ne disent pas autre chose :

« Ne tremble pas devant eux,
Sinon Je te ferai trembler devant eux » (1, 17).

Ou bien :

« Si tu reviens,
Je te ferai revenir à mon service » (15, 18).

Aller au-devant de la dépendance, prendre ce risque insensé pour Dieu de s'en remettre à un homme fragile et inconstant… pour construire Son Royaume ! Quelle folie ! Charles Péguy renchérit[2] : « Effrayante liberté de l'homme. Nous pouvons faire tout manquer […]. Nous pouvons manquer à Dieu. Voilà le cas où il s'est mis. Le mauvais cas. Il s'est mis dans le cas d'avoir besoin de nous. » Cependant n'est-ce pas ce visage si proche et si insolite de l'Amour que Dieu cherche à nous révéler dans Sa Parole et qui prendra

1. WINNICOTT, *Jeu et réalité*, p. 85.
2. *Le Porche du mystère de la deuxième vertu*, p. 254.

chair en Jésus-Christ ? Visage d'un Dieu pauvre et démuni qui rencontre alors nos expériences humaines, car nous ne pouvons nous accepter pauvres et démunis qu'avec quelqu'un, Dieu ou homme, qui s'accepte tel…

Ce visage de l'Amour qui se dit là, il est bien en continuité avec nos expériences et nos aspirations les plus profondes ; pour Moïse, ce désir de venir en aide à son peuple avait été d'abord le sien. « L'amour de soi est à l'amour de Dieu ce que le blé en herbe est au blé mûr. Il n'y a pas de rupture de l'un à l'autre. » Et en même temps ce visage de Dieu-Amour qui accepte de prendre le risque de s'en remettre totalement à Moïse va se montrer aux antipodes des désirs spontanés de ce dernier : « Haut est le ciel au-dessus de la terre, aussi hautes sont mes voies au-dessus de vos voies et mes pensées au-dessus de vos pensées » (Is 55, 9). Et à cette mesure-là « l'amour de soi n'est pas à l'amour de Dieu ce que le blé en herbe est au blé mûr. Il y a totale rupture de l'un à l'autre ».

Mais finalement cela ne nous éclaire-t-il pas sur le paradoxe de vie *que représente le fait de s'en remettre à un A-autre et d'aller au-devant de la dépendance, aussi bien en ce qui concerne le célibat pour Dieu, qu'en ce qui concerne le mariage ?*

Si j'ai expérimenté qu'entre l'A-autre et moi existe bien un terrain commun, un espace potentiel partagé du devenir-ensemble, alors la dépendance, la remise de soi à cet A-autre non seulement ne prennent plus le sens d'un esclavage subi, d'une démission, voire d'une dépossession de soi, mais sont compris comme le seul lieu où une chance existe de co-créer ce monde. Ainsi, dans cet espace potentiel de mutualité, *la liberté se gagne-t-elle à choisir de dépendre de l'autre*, témoignant par là d'une indépendance intérieure conquise… Beaucoup de ceux que j'ai écoutés m'ont dit leur bonheur d'avoir pris ce risque d'une remise de soi dans la confiance car, comme il est écrit dans le Deutéronome, ils y ont trouvé la vie : « Vois, je te propose aujourd'hui vie et bonheur, mort et malheur. Si tu écoutes les commandements de YHWH ton Dieu que je te prescris aujourd'hui, et que tu aimes YHWH ton Dieu, que tu marches dans ses voies […] tu vivras et tu multiplieras […]. Choisis donc la vie, pour que toi et ta postérité vous viviez[1]. »

1. 30, 15 . 19.

CONCLUSION

Karl Rahner écrivait : « Aujourd'hui beaucoup pensent que la plupart des affirmations théologiques sont des mythes et qu'il n'y a plus lieu d'y croire [...]. C'est que les énoncés théologiques ne sont pas formulés de telle façon que l'homme puisse saisir *comment ce qu'ils visent se relie à la compréhension de lui-même que lui donne sa propre expérience*[1]. »

Nous avons donc essayé de relever ce défi : nous sommes partie de ces expériences d'hommes et de femmes pour chercher en quoi, pour beaucoup, la rencontre de Dieu avait pu les rendre vivants et les révéler à eux-mêmes. En effet si Dieu est important pour l'homme, c'est d'abord et avant tout parce qu'Il révèle à l'homme qui il est : à Sa ressemblance[2].

Nous avons cherché à analyser, à trouver des raisons et des causes aux diverses vocations et aux façons d'arriver ou non à vivre un engagement. Oui, sans doute, il y a beaucoup de tout ça. Mais j'aimerais terminer cette recherche en « mettant plutôt ma main sur ma bouche. J'ai parlé une fois... je ne répéterai pas ; deux fois, je n'ajouterai rien » (Jb 40, 4-5)... sauf un petit extrait où C. Bobin, parlant en poète de François d'Assise, rend à l'appel entendu le halo de mystère qui entoure toujours ce type d'expérience :

1. *Théologie et anthropologie*, p. 115.

2. Voir les très belles pages de J.-L. MARION à ce sujet dans son livre *Au lieu de soi*, particulièrement p. 342-352 où, commentant saint Augustin, il montre comment l'homme n'a pas d'autre essence que sa référence à Dieu.

« Les chroniques disent : Dieu lui parle et l'arrête en chemin. Les chroniqueurs font des hommes des marionnettes et de Dieu un ventriloque. Quelque chose se passe bien à Spolète, oui ; mais rien de clair : ni Dieu le Père avec ses tambours, ni le Très-Haut avec sa voix de foudre. Juste le Très-Bas qui chuchote à l'oreille du dormeur, qui parle comme seulement il peut parler : très bas. Un lambeau de rêve. Un pépiement de moineau. Et cela suffit pour que François renonce à ses conquêtes et s'en retourne au pays. Quelques mots pleins d'ombre peuvent changer une vie. Un rien peut vous donner à votre vie, un rien peut vous en enlever[1]. »

1. C. BOBIN, *Le Très-Bas*, p. 54.

Bibliographie

ABEL, O., *Le mariage a-t-il encore un avenir ?*, Bayard, 2005.

ALLENDESALAZAR, M., *Thérèse d'Avila, l'image au féminin*, Éd. du Seuil, 2002.

ARNOLD, S. P., *Au risque de Jésus-Christ*, Lessius, 2007.

AUGUSTIN (saint), t. XIII *Confessions*, DDB, 1962.

BATZDORF, *S. Edith Stein, ma tante*, Lessius, 2000.

BERNANOS, G., *Le Journal d'un curé de campagne* (1936), Pocket, 2005.

BIANCHI, E., *Aux prêtres*, Éd. Parole et silence, 2006.

Bible de Jérusalem, Paris, Éd. du Cerf, 1956.

BLANCHOT, M., *L'Attente, l'Oubli*, Gallimard, 1962.

BOBIN, C., *Le Très-Bas*, Gallimard, 2006.

BOFF, L., *Témoins de Dieu au cœur du monde*, Éd. du Centurion, 1982.

BONHOEFFER, D., *De la vie communautaire* (1940), Labor et Fides, 2007.

—, *Éthique* (1949), Labor et Fides, 1965.

—, *Le Prix de la grâce*, Delachaux et Niestlé, 1967.

CASSIEN, J., *Les Conférences – De l'abbé Pafnuce, les trois renoncements*, coll. « Sources chrétiennes » Éd. du Cerf, n° 42, 1955.

CASSINGENA-TRÈVEDY, F., *Étincelles* I, Ad Solem, 2005 ; *Étincelles* II, Ad Solem, 2007.

CHALIER, C., *Transmettre de génération en génération*, Buchet-Chastel, 2008.

CHERGÉ, Ch. DE, *L'Invincible Espérance*, Bayard, 1997.

CHITTISTER, Joan, *Le Feu sous les cendres*, Bellarmin, trad. de l'anglais M. Gagnon, 1998.

CLAUDEL, P., *Partage de midi* (1905), *Œuvres complètes*, Gallimard, coll. « Folio », 1972.

COOL, Michel, *Messagers du silence*, Albin Michel, 2008.

CORNUZ, Michel, *Le Ciel est en toi*, Labor et Fides, 2001.

DUMAS, A., *Dietrich Bonhoeffer, une théologie de la réalité* Genève, Labor et Fides, 1968.

ÉLISABETH DE LA TRINITÉ, *Écrits spirituels*, Éd. du Seuil, coll. « La vigne du Carmel », 1949.

FOURMOND, M., *Quoi de neuf sur Dieu ?*, Éd. de l'Atelier, 2006.

FREUD, S., *Un souvenir d'enfance de Léonard de Vinci* (1910), *Œuvres complètes*, X, PUF, 1973.

GILLES François *et al.*, *Madeleine Delbrel connue et inconnue*, Livre du centenaire – spiritualité, Nouvelle Cité, 2004.

GORDON, THOMAS, *Les Célibataires de Dieu enquête sur la sexualité dans l'église*, 1987.

HÉBRARD, Monique, *Prêtres, enquête sur le clergé d'aujourd'hui*, Buchet-Chastel, 2008.

HENNING, Ch., *Petite vie des moines de Tibhirine*, DDB, 2006.

JEAMMET, N., *Les Destins de la culpabilité. Une lecture de l'histoire de Moïse aux frontières de la psychanalyse et de la théologie*, PUF, 1993.

—, *L'Entretien clinique et son analyse singulière* et/ou comparée, dans O. BOURGUIGNON (éd.), *La Recherche clinique en psychopathologie*, Paris, PUF, 1995, p. 111-121.

—, *Amour, sexualité, tendresse, la réconciliation ?*, O. Jacob, 2005.

JEAMMET, Ph., *Pour nos ados, soyons adultes*, O. Jacob, 2008.

LECUIT, J.-B., *L'Anthropologie théologique à la lumière de la psychanalyse*, Éd. du Cerf, 2007.

LESEGRETAIN, C., *Être ou ne pas être... célibataire*, Éd. Saint-Paul, 1998.

LONGEAT, J.-P., *24 heures de la vie d'un moine*, Éd. du Seuil, 2008.

MARION, J.-L., *Au lieu de soi*, PUF, 2008.

MARLÉ, R., *Dietrich Bonhoeffer témoin de Jésus-Christ parmi ses frères*, Casterman, 1979.

MAUCO, G., *Les Célibataires*, Aubier-Montaigne, 1973.

MEISSNER, W., *Ignace de Loyola, la psychologie d'un saint*, Lessius, 2001.

MIJOLLA, Sophie DE, *La Sublimation* – PUF, coll. « Que sais-je ? », 2005, 127 p.

—, *Mystiques et politiques*, Bartoli et coll. *Lumen vitae*, 2005.

NIETZSCHE F., *Généalogie de la morale (1887)*, *Œuvre complète*, H. ALBERT (dir.), Mercure de France.

PÉGUY, Charles, *Le Porche du mystère de la deuxième vertu*, *Œuvres complètes*, Gallimard, coll. « La Pléiade », 1951.

PLETTNER, Claude, *Le Corps bouleversé*, DDB, 2002.

RAHNER, K., *Théologie et anthropologie*, Écrits théologiques, t. XI, DDB, 1970.

RICŒUR, P., *L'Herméneutique biblique*, Éd. du Cerf, coll. « La nuit surveillée », 2000.

ROUET, A., *Des prêtres parlent*, Bayard, 2007.

ROUSSILLON, R., *Le Jeu et l'Entre-je(u)* PUF, coll. « Le fil rouge », 2008.

SCHILLEBEECKX, E., *Dieu et l'homme*, Éd. du Cerf, 1965.

—, *Autour du célibat du prêtre*, Éd. du Cerf, 1967.

—, *L'Histoire des hommes, récit de Dieu*, Éd. du Cerf, 1992.

STEIN, E., *Vie d'une famille juive* (1891-1942), Ad Solem-Éd. du Cerf, 2001.

—, *Chemins vers le silence intérieur*, Parole et silence, 2006.

—, *Source cachée*, Ad Solem-Éd. du Cerf, 2004.

THÉRÈSE D'AVILA, *Ma vie*, Fayard, 1962.

—, *Le Chemin de la perfection*, Fayard, 1963.

THÉVENOT, X., *Compter sur Dieu*, Éd. du Cerf, 1992.

TONNAC, J. P. DE, *La Révolution asexuelle*, Albin Michel, 2006.

UWE, MÜLLER A. et NEYER M. A., *Edith Stein, une femme dans le siècle*, J.-C. Lattès, 2002.

VACHETTE, F., *Sur cette parole s'appuie ma confiance*, Éd. de l'atelier, 2007.

VARELA, F., *L'Inscription corporelle de l'esprit*, Éd. du Seuil, 1993.

Vocations religieuses et monde moderne, Éd. Saint-Paul, 1963.

WINNICOTT, D., *Jeu et réalité*, Gallimard, 1975.

—, *De la pédiatrie à la psychanalyse*, Payot, 1969.

Articles de revues.

ANZIEU, D., « Du code et du corps mystiques et de leurs paradoxes », dans « Résurgences et dérivés de la mystique », *Nouvelle revue de psychanalyse*, n° 22, automne 1980, p. 159.

JEAMMET, N., « Ébauche de méthodologie dans le champ de la recherche clinique », dans *Psychiatrie de l'enfant*, XXV, 2, 1982.

MIJOLLA-MELLIOR, S., « La famélique pensée », revue *Adolescence*, n° 63, (Mystique et expériences) 2008, p. 159.

Table des matières

COLLECTION

L'histoire à vif

Jean-Mohammed Abd-el-Jalil : *Témoin du Coran et de l'Évangile.*
Alya Aglan : *Mémoires résistantes. Histoire du réseau Jade-Fitzroy (1940-1944).*
Nilo Agostini : *L'Option communautaire.*
Charles Antoine : *Guerre froide et Église catholique. L'Amérique latine.*
Charles Antoine (éd.) : *La Bête et la Tourterelle. Martyrs du XXe siècle.* Témoignages traduits de l'espagnol.
Gracchus Babeuf : *La Guerre de la Vendée et le système de dépopulation.*
Alain Arvin-Bérod : *Les Enfants d'Olympie.*
Maurice Borrmans : *Prophètes du dialogue islamo-chrétien. Louis Massignon, Jean-Mohammed Abd-el-Jalil, Louis Gardet, Georges C. Anawati.*
Charles Antoine : *Les Catholiques brésiliens sous le régime militaire (1964-1985).*
Mgr Teodoro C. Bacani : *Église et politique aux Philippines.*
Lytta Basset, Éric Fassin, Timothy Radcliffe : *Les Chrétiens et la sexualité au temps du SIDA.*
Bat Ye'Or : *Les Chrétiens d'Orient entre jihad et dhimmitude.*
Élisabeth Behr-Sigel : *Un moine de l'Église d'Orient, le Père Lev Gillet.*
David N. Bell : *Une nuée de témoins. Les débats des premiers siècles.*
David N. Bell : *Par mille chemins. Développement et diversité de la théologie médiévale.*
Réda Benkirane : *Le Désarroi identitaire. Jeunesse, islamité et arabité contemporaines.*
Jean-Baptiste Béraud : *Des chrétiens face à la dictature. Chili 1970-1988.*
Roger Berg : *Histoire des Juifs à Paris. De Chilpéric à Jacques Chirac.*
Malou Blum : *Le Choix de la Résistance.*
François Bœspflug, Évelyne Martini (dir.) : *S'initier aux religions. Une expérience de formation continue dans l'enseignement public (1995-1999).*
Pierre Boismorand (éd.) : *Magda et André Trocmé. Figures de résistance.*
Françoise Brian, Didier Monget (éd.) : *La Joie et l'espérance du cardinal Pierre Eyt.*
Pierre Bridonneau : *Oui, il faut parler des négationnistes. Roques, Faurisson, Garaudy et les autres.*
José de Broucker : *Les Nuits d'un prophète. Dom Helder Camara à Vatican II. Lecture des Circulaires conciliaires de Dom Helder Camara (1962-1965).*
Jean-Paul Bourre : *Bob Dylan. Vivre à plein.*
Gerda Burg : *La Vie quand même. Airbus A.320.*
Teofilo Cabestrero : *Le Cri du Nicaragua.*
Jean-Yves Calvez : *Le Père Arrupe. L'Église après le Concile.*
Jean-Yves Calvez, Anatole Krassikov : *Église et Société. Un dialogue orthodoxe russe-catholique romain.*

Jean-Yves Calvez : *Croyant chrétien.*
Fidel Castro : *Entretiens sur la religion avec Frei Betto.*
CEFAL : *Faire Église… autrement ! En Amérique latine et en France.*
Élias Chacour : *Frères de sang.*
Albert Chambon : *An 2000. Déclin et renouveau de la civilisation occidentale.*
Marc-André Charguéraud : *Survivre.Français, belges, hollandais et danois face à la Shoah 1939-1945.*
François Charles : *La Génération défroquée.*
Pierre Chaunu : *Leçons pour la paix.*
Gérard Cholvy, Marie-Thérèse Cheroutre (éd.) : *Le Scoutisme.*
Paul Christophe : *Souffrance dans l'Église au XXe siècle. Savants et théologiens français dans l'épreuve.*
Paul Christophe : *Le Rappel. Journal d'Algérie.*
Paul Christophe : *Les Sentences des papes. Pour chaque semaine de l'année, ou l'Éspérance du passé.*
Pierre Claverie : *Humanité plurielle.*
Henri Coindé : *Curé des sans-papiers. Journal de Saint-Bernard.*
Collectif : *La Religion au lycée. Conférences au lycée Buffon 1989-1990.*
Collectif : *Vivre le sida. Le livre blanc des états généraux du 17 et 18 mars 1990 à Paris.*
Collectif : *Le Changement climatique. Aubaine ou désastre ?*
Jean Corbon : *L'Église des Arabes.*
Jean-Georges Cornélius : *Lettres à une carmélite.*
Claude Dagens : *La Nouveauté chrétienne dans la société française. Espoirs et combats d'un évêque.*
Claude Dagens : *Méditation sur l'Église catholique en France : libre et présente.*
Mahmud Darwish : *Poèmes palestiniens.*
Bernard Devert : *Une ville pour l'homme. l'aventure d'Habitat et Humanisme.*
Hechmi Dhaoui et Gérard Haddad : *Musulmans contre Islam ? Rouvrir les portes de l'Ijtihad.*
Anastasia Douroff : *La Russie au creuset.*
Marcel-Jacques Dubois : *Nostalgie d'Israël. Entretiens avec Olivier-Thomas Venard. Avec la collaboration d'Annie Laurent.*
Shirley du Boulay : *La Grotte du cœur. La vie de Swami Abhishiktananda – Henri Le Saux.*
Robert Dumont : *Aux carrefours de la liberté.*
Alain Durand : *La Foi chrétienne aux prises avec la mondialisation.*
Alain Durand : *Pratiquer la justice. Fondements, orientations, questions*
Jean-Dominique Durand : *L'Esprit d'Assise. Discours et messages de Jean-Paul II à la communauté Sant'Egidio.*
Claude Durix : *De la Gaule au Japon par les chemins de Dieu.*
Renaud Escande (dir.) : *Le Livre noir de la Révolution française.*
Hélène Falconetti : *« Falconetti ».*
Jacques Fontaine (dir.) : *Actualité de Jean Daniélou.*
Stravos S. Fotiou : *L'Église dans le monde moderne.*
Louis et Marie Francœur : *Plus fort que la mort.*
Henri Froment-Meurice : *Les Femmes et Jésus.*

Stanislas Fumet : *Histoire de Dieu dans ma vie.*
Jean-Jacques Gabut : *Église, religions et franc-maçonnerie. Le dossier complet.*
Jacques Gagey : *La Nouvelle Intériorité.*
Jean-Marie Gaudeul : *Appelés par le Christ, ils viennent de l'islam.*
Christophe Geffroy : *Benoît XVI et « la paix liturgique ».*
Anatole Ghestin, s. j. : *Désormais, je m'appelle Ting Ming Cheng.*
Mercedes Gomez-Ferrer : *Une voix de femme.*
Hildegard Goss-Mayr : *Oser le combat non-violent.*
Pierre Grelot : *Combats pour la Bible en Église.*
Jean-Pierre Guérend : *Le Moine, le prêtre et le général. Les Frères Lalande ou le dépassement de soi.*
Marguerite Harl : *La Bible en Sorbonne ou la Revanche d'Érasme.*
Marie-Jo Hazard : *Une écharpe rouge.*
Emmanuel Hirsch : *Aides solidaires.*
Jean-Marie Huret, Maurice Combe : *Fidèle insoumission.*
André Jacques : *Madeleine Barot. Une indomptable énergie.*
André Jacques : *L'Interdit ou la Torture en procès.*
Nicole Jeammet : *Le Célibat pour Dieu. Une autre manière de créer des liens. Regard psychanalytique.*
Luke Timothy Johnson : *Jésus sans parti pris. La quête chimérique du Jésus historique et la vérité des évangiles.*
Philippe Julien : *La Psychanalyse et le religieux. Freud – Jung – Lacan.*
Ariane Kalfa et Michaël de Saint Cheron (éd.) : *Élie Wiesel. En hommage.*
Jacob Kaplan : *L'Affaire Finaly.*
Jacques Keryell : *Afîf Osseïrane. Un chemin de vie.*
Erich Kräml : *Carnets de route des chemins singuliers de Compostelle.*
Geneviève Laplagne : *L'Histoire de « La Vie ». Un journal et ses lecteurs.*
Laurent Larcher: *La Face cachée de l'écologie. Un antihumanisme contemporain ?*
Laurent Larcher: *Cités de l'espérance. En banlieue, parmi les nouveaux aventuriers de Dieu.*
Françoise Latour : *Cette force vive.*
Jean Laurain : *De l'ennui à la joie.*
Pierre de Lauzun : *L'Évangile, le chrétien et l'argent.*
Binka Le Breton : *Le Piège ! Les esclaves d'aujourd'hui.*
Pierre Le Clerc (dir.) : *L'Apostolat populaire : Le Père Anizan et les Fils de la Charité.*
Jean-Paul Lefebvre-Filleau : *L'Affaire Bernadette Soubirous. L'enquête judiciaire de 1858.*
Damien Le Guay : *Qu'avons-nous perdu en perdant la mort ?*
Damien Le Guay : *La Face cachée d'Halloween.*
Michel Legrain : *Le Père Adolphe Jeanjean.*
Cardinal Karl Lehmann : *Il est temps de penser à Dieu.*
Guy Lescanne : *15 / 25 ans – « On ne sait plus qui croire ... »*
Olga Lossky : *Une Vie d'Élisabeth Behr-Sigel (1907-2005).*
Philippe Maillard : *L'Évangile aux voyous.*
Philippe Maillard, Jacky van Thuyne : *Le Rebelle.*

Manohar Malgonkar : *Les Hommes qui tuèrent Gandhi.*
François Malley : *Le Père Morelli, de Dachau à Netza.*
Daniel Massignon : *Louis Massignon et le dialogue des cultures.*
Robert Masson : *Tibhirine. Les veilleurs de l'Atlas.*
Robert Masson : *Jusqu'au bout de la nuit. L'Église d'Algérie.*
Thaddée Matura : *François d'Assise. Héritage et héritiers huit siècles après.*
Henri Maurier : *Les Missions.*
Jean-François Mayer : *Confessions d'un chasseur de sectes.*
Meir Mendes : *Le Vatican et Israël.*
Jean-Marie Mérigoux : *Va à Ninive ! Un dialogue avec l'Irak. Mossoul et les villages chrétiens. Pages d'histoire dominicaine.*
Francis Messner (éd.) : *La Culture religieuse à l'école.*
Thierry Meynard : *Jean Lefeuvre, jésuite et sinologue.*
Emilo F. Mignone : *Les Disparus d'Argentine.*
Jean Mistler : *Le Bout du monde. Récit.*
Françoise Monroe : *États-Unis, la métamorphose hispanique. Une bonne nouvelle pour l'Amérique et pour le monde.*
Gilbert Naccache : *Le Ciel est par-dessus le toit. Nouvelles, contes et poèmes de prison et d'ailleurs.*
Georges Neyrac : *Les Larmes du Kosovo.*
Godfrey Nzamujo : *Songhaï. Quand l'Afrique relève la tête.*
Christine Oddo : *Une femme, le carmel, la République. La princesse Jeanne Bibesco – Mémoires apocryphes.*
Desmond O'Grady : *La Nouvelle Donne. Le christianisme avant et après la chute du Mur.*
Nicole Peltier : *Les Mères de l'ombre.*
Jean-Jacques Pérennès : *Pierre Claverie. Un Algérien par alliance.*
Jean-Jacques Pérennès : *Georges Anawati (1905-1994). Un chrétien égyptien devant le mystère de l'islam.*
Daniel Perrot : *Les Fondations de la Mission de France.*
Emilio Platti : *Islam... étrange ? Au-delà des apparences, au coeur de l'acte d'islam, acte de foi.*
Emilio Platti : *L'Islam, ennemi naturel ?*
Arild Pollestad : *Le Chemin de Rome. Récit d'une conversion.*
Émile Poulat : *Poussières de raison.*
Samuel Pruvot : *Citoyens du ciel. Conversations derrière la clôture.*
Hugues Puel : *Économie et humanisme dans le mouvement de la modernité.*
Joseph Ratzinger : *Le Sel de la terre. Entretiens avec Peter Seewald.*
Gianfranco Ravasi: *Martini. Mes trois villes: Rome, Jérusalem, Milan.*
Marie-Christine Ray : *Le Cardinal Duval.*
Geneviève Reynaud : *Sortir du ghetto.*
Gerhart M. Riegner : *Ne jamais désespérer. Soixante années au service du peuple juif et des droits de l'homme.*
Jean Rolland : *Monseigneur Maillet et le Petits Chanteurs à la croix de bois.*
Angelo Giuseppe Roncalli : *Journal de France* I.
Christoph Schönborn : *Hasard ou plan de Dieu ? La création et l'évolution vues à la lumière de la foi et de la raison.*

Christoph Schönborn : *Le Défi du christianisme*
Graham Stanton : *Parole d'Évangile ? Un éclairage nouveau sur Jésus et les évangiles.*
Maxime Steinberg : *Les Yeux du témoin et le Regard du borgne.*
Danielle Storper-Perez, Maxime Kaufman Nunn : *Israéliens et Palestiniens, les mille et une voix de la paix.*
Christoph Stückelberger : *Une éthique du commerce mondial.*
Jean-François Théry : *Pour en finir une bonne fois pour toutes avec la censure.*
Jean Thuillier : *Kim En Joong. Peintre de lumière.*
Joël Thoraval : *Charité à cœur ouvert. Entretiens avec Jacqueline Dornic.*
Daniel Tollet : *Les Vérités des uns et celles des autres.*
Bernadette Toneto : *Frère Henri Burin des Roziers. Avocat des sans-terre.*
Yvon Tranvouez : *Catholiques et communistes. La crise du progressisme chrétien (1950-1955).*
Bernard Ugeux : *Les Petites Communautés chrétiennes.*
Jean Vinatier : *Le Père Louis Augros. Premier supérieur de la Mission de France.*
Christian Weber : *Vivre en RDA. Pourquoi je reste !*
Carl Friedrich von Weizsäcker : *Le temps presse.*
Edgar Weber, Georges Reynaud : *Croisade d'hier, djihad d'aujourd'hui.*
Alain Woodrow : *Le Tour du « Monde » en 8000 jours, ou les Dix Commandements du parfait journaliste.*
Cardinal Wyszynski : *Notes de prison.*
Joseph Yacoub : *Fièvre démocratique et ferveur fondamentaliste*
Dominantes du XXIe siècle.
Limore Yagil : *Internet et les droits de la personne. Nouveaux enjeux éthiques à l'âge de la mondialisation.*
Frère Yohanan : *Juifs et chrétiens d'hier à demain.*
Giancarlo Zizola : *Dialogue de la Grande Muraille.*
Pedro Meca Zuazu, Blandine de Dinechin : *La Vie, la nuit.*

HORS SÉRIE

Jean-François Collinot : *Drogue, la tête à l'enfer.*
Paul Gauthier : *Chronique du procès Barbie.*

Dernières parutions :

Pierre Claverie : *Humanité plurielle.*
Joseph Yacoub : *Fièvre démocratique et ferveur fondamentaliste*
Dominantes du XXIe siècle.
Jean-Pierre Guérend : *Le Moine, le prêtre et le général. Les Frères Lalande ou le dépassement de soi.*
Claude Dagens : *La Nouveauté chrétienne dans la société française. Espoirs et combats d'un évêque.*
Jean-Jacques Pérennès : *Georges Anawati (1905-1994). Un chrétien égyptien devant le mystère de l'islam.*

Stravos S. Fotiou : *L'Église dans le monde moderne.*
Arild Pollestad : *Le Chemin de Rome. Récit d'une conversion.*
Erich Kräml : *Carnets de route des chemins singuliers de Compostelle.*
Christophe Geffroy : *Benoît XVI et « la paix liturgique ».*
Thaddée Matura : *François d'Assise. Héritage et héritiers huit siècles après.*
Françoise Monroe : *États-Unis, la métamorphose hispanique. Une bonne nouvelle pour l'Amérique et pour le monde.*
Gracchus Babeuf : *La Guerre de la Vendée et le système de dépopulation.*
Maurice Borrmans : *Prophètes du dialogue islamo-chrétien. Louis Massignon, Jean-Mohammed Abd-el-Jalil, Louis Gardet, Georges C. Anawati.*

Composition : Arts Graphiques Drouais (28100 Dreux)

N° d'impression : 090805
N° d'édition : 14510
Achevé d'imprimer en mars 2009
Par Normandie Roto Impression s.a.s.
Dépôt légal : avril 2009